2024 | 서울교통공사 | **NCS**

고시넷
공기업

서울교통공사
NCS
기출예상모의고사

8회

gosinet
(주)고시넷

정오표 확인 방법

고시넷은 오류 없는 책을 만들기 위해 최선을 다합니다. 그러나 편집 과정에서 미처 잡지 못한 실수가 뒤늦게 나오는 경우가 있습니다. 고시넷은 이런 잘못을 바로잡기 위해 정오표를 실시간으로 제공합니다. 감사하는 마음으로 끝까지 책임을 다하겠습니다.

고시넷 홈페이지 접속 > 고시넷 출판-커뮤니티 > 정오표

www.gosinet.co.kr

모바일폰에서 QR코드로 실시간 정오표를 확인할 수 있습니다.

학습 질의 안내

학습과 교재선택 관련 문의를 받습니다. 적절한 교재선택에 관한 조언이나 고시넷 교재 학습 중 의문 사항은 아래 주소로 메일을 주시면 성실히 답변드리겠습니다.

이메일주소 **qna@gosinet.co.kr**

서울교통공사 소개 & 채용 절차

서울교통공사의 미션, 비전, 경영목표, 인재상 등을 수록하였으며 최근 채용 절차 및 지원자격 등을 쉽고 빠르게 확인할 수 있도록 구성하였습니다.

서울교통공사 기출 유형분석

최근 기출문제 유형을 분석하여 최신 출제 경향을 한눈에 파악할 수 있도록 하였습니다.

실제와 같은 기출예상문제로 실전 연습 & 실력 UP!!

2023년 변경된 필기시험 평가방식을 반영한 총 8회의 기출예상문제로 자신의 실력을 점검하고 완벽한 실전 준비가 가능하도록 구성하였습니다.

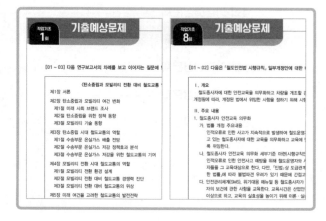

인성검사 & 면접으로 마무리까지 OK!!!

최근 채용 시험에서 점점 중시되고 있는 인성검사와 면접 질문들을 수록하여 마무리까지 완벽하게 대비할 수 있도록 하였습니다.

상세한 해설과 오답풀이가 수록된 정답과 해설

상세한 해설과 오답풀이 및 보충 사항들을 수록하여 문제풀이 과정에서의 학습 효과가 극대화될 수 있도록 구성하였습니다.

서울교통공사 소개

 ## CI

Safety(시민안전) + Service(공공서비스) + Seoul(교통공사)

서울교통공사 CI는 시민안전(Safety)과 공공서비스(Service) 확보를 최우선으로 내세우는 서울교통공사(Seoul Metro)의 출범의지를 '에스(S)'로 상징한다. 지상과 지하를 달리는 역동적 이미지의 교통수단으로 'S'를 표현하여 향후 대중교통 통합 운영을 지향하는 미래상을 제시한다. CI의 심벌에 '순환, 지구, 세계' 등을 상징하는 원형을, '신뢰'를 상징하는 파란색을 사용하여 원활한 교통체계를 구축하고 세계 속에 우뚝 서는 글로벌 No.1 기업의 의지를 표현한다.

 ## 슬로건

M😊ve the City

'Move the City'는 '도시를 움직이다, 도시를 감동시키다'라는 뜻으로, 서울교통공사가 제공하는 교통서비스가 도시의 활력을 만들어 낸다는 의미를 담았다. 활기찬 도시의 움직임을 이끌어가는 서울교통공사의 미래 비전을 표현한 그래픽으로, 하늘색 원 안에 담긴 행복한 미소는 공사와 시민의 만남과 소통을 상징한다. 'the City'는 서울교통공사의 기술과 노하우로 변화하는 대한민국과 세계의 도시들을 가리킨다.

 ## 캐릭터

서울교통공사의 공식 캐릭터 '또타'는 시민과 늘 함께하는 서울지하철의 모습을 밝고 유쾌한 이미지로 표현한다. 캐릭터의 얼굴을 전동차의 측면 모양으로 디자인하여 일상적으로 이용하는 대중교통수단의 모습을 참신한 느낌으로 담아냈고, 메인 컬러인 파란색은 시민과 공사 간의 두터운 신뢰를 상징한다.

미션·비전

미션	안전한 도시철도, 편리한 교통 서비스
비전	사람과 도시를 연결하는 종합교통기업 서울교통공사

 경영목표

시스템 기반 최고 수준의 안전운행	미래 성장동력 발굴 및 조직경쟁력 강화	더 나은 서비스를 통한 고객만족도 제고	지속가능한 경영관리 체계 구축

 **인재상**

열정과 도전정신을 가진 인재		
안전분야 최고를 지향하는 인재	혁신을 주도하는 인재	열린 마음으로 협력하는 인재
세계 최고 수준의 안전 전문가가 되기 위해 노력하는 인재	실패를 두려워하지 않고 이를 통해 배우고 성장함으로써, 끊임없이 발전을 주도해 나가는 인재	나와 동료의 성공, 공사 발전에 기여하고 협력할 수 있는 영향력 있는 인재

채용 절차

원서접수 및
서류검증

필기시험

인성검사

면접시험

신체검사
결격조회

신규교육

임용

- 단계별 합격자에 한하여 다음 단계 응시 자격 부여

 ## 입사지원서 접수

■ 서류전형

- 인터넷 접수
- 필수자격, 자기소개 불성실 작성 검증 등 실시
- 접수마감일은 동시접속에 의한 시스템 장애가 발생할 수 있으니 가급적 마감일을 피해 지원하시기 바랍니다.
- 입사지원서를 제출한 이후에는 수정, 취소가 불가하니 최종 제출 전 반드시 재확인 후 제출하시기 바랍니다.

 ## 필기시험

■ 시험과목

- NCS 직업기초능력평가(40문항)

대상	NCS 직업기초능력평가
전 직종(공통)	의사소통능력, 수리능력, 문제해결능력, 조직이해능력, 정보능력, 자원관리능력, 기술능력, 자기개발능력, 대인관계능력, 직업윤리

• 직무수행능력평가(40문항)

직종	직무수행능력평가	직종	직무수행능력평가
사무	행정학, 경영학, 법학, 경제학 중 택1	전자	전자일반, 통신일반 택1
승무	기계일반, 전기일반, 전자일반 택1	궤도 · 토목	궤도 · 토목 일반
차량	기계일반, 전기일반, 전자일반 택1	건축	건축일반
전기	전기일반	승강장안전문	전기일반, 전자일반, 통신일반 택1
정보통신	통신일반	보건관리	산업안전보건법
신호	신호일반	후생지원(조리)	위생법규 일반
기계	.기계일반, 전기일반 택1		

• 평가문항 및 배점
 NCS 직업기초능력평가 40문항(50%)+직무수행능력평가 40문항(50%) / 100분간
 ※ 직무수행능력평가 선택과목 간 난이도 차이로 인한 점수 편차 해소를 위해 조정점수 적용
 ※ 2023년부터 사무직종 필기시험 평가방법 변경 : 직무수행능력평가 추가
• 합격결정 : 각 과목 만점의 40% 이상 득점자 중 가산점수를 합산한 총득점자 순
• 합격인원 : 채용예정인원의 1.5배수 범위 내
    (채용예정인원이 5명 이하인 경우, 채용예정인원에 3명을 합한 인원)

 인성검사

• 면접 당일 인성검사 후 면접 진행, 인성검사 결과는 적격 · 부적격 판정으로 결정
• 직무수행 및 직장생활 적응에 요구되는 기초적인 인성 측정

 면접시험

• 직원으로서의 정신자세, 전문지식과 응용능력, 의사발표의 정확성과 논리성, 예의 · 품행 및 성실성, 창의력 · 의지력 및 기타 발전가능성
• 시험방법 : 상황(PT) 면접 + 집단 면접(3~4명) / 각 15점 만점
• 합격결정 : 필기점수, 면접점수를 50 : 50의 비율로 환산하여 고득점자 순
 ※ 상황(PT) 면접, 집단 면접 각각 10점 이상 득점한 자에 한함.
• 합격인원 : 채용예정인원의 1배수

2024.01.20. 서울교통공사 기출문제 분석

문번	구분		문항구조	평가요소	소재
1	의사소통능력	문서이해	장문, 표 1, 2문항	자료이해	보호구역 종합관리대책
2					
3		문서이해	장문, 2문항	자료이해	선로유실물 관련 보도자료
4		문서작성			
5	수리능력	기초연산	단문, 1문항	자료계산	일률 계산
6		기초연산	단문, 1문항	자료계산	수열
7		기초연산	중문, 1문항	개념이해	드 모르간의 법칙
8		도표분석	표 1, 1문항	자료계산	건전지의 지속시간
9	문제해결능력	문제처리	표 3, 2문항	자료이해	세미나실 대관 신청
10				자료계산	
11		문제해결	중문, 2문항	개념이해	추론을 통한 문제해결
12					
13	조직이해능력	경영이해	그림 1, 2문항	자료이해	한국철도공사의 경영목표
14				개념이해	
15		조직이해	중문, 그림 1, 2문항	개념이해	조직화와 조직구조
16					
17	정보능력	컴퓨터활용	중문, 2문항	자료이해	팩토리얼 함수 구현
18					
19		정보처리	그림 1, 표 1, 2문항	자료이해	순서도
20					
21	자원관리능력	시간관리	중문, 1문항	자료계산	시차 계산
22		자원관리	중문, 1문항	개념이해	효율적인 자원관리방법
23		인적자원관리	중문, 1문항	개념이해	인맥의 중요성
24		예산관리	표 2, 1문항	자료계산	출장비 계산

문번	구분		문항구조	평가요소	소재
25	기술능력	기술이해	중문, 2문항	개념이해	디지털 전환
26					
27		기술선택	중문, 2문항	개념이해	벤치마킹
28					
29	자기개발능력	자아인식	중문, 1문항	개념이해	자아의 유형
30		자기개발	중문, 1문항	개념이해	자기개발의 장애요인
31		자기관리	중문, 2문항	개념이해	자기관리의 절차
32					
33	대인관계능력	리더십	중문, 1문항	개념이해	서번트 리더십
34		고객서비스	중문, 1문항	개념이해	서비스품질지표
35		갈등관리	중문, 1문항	개념이해	과업 갈등과 관계 갈등
36		팀워크	중문, 1문항	개념이해	팀워크의 구성요소
37	직업윤리	직업윤리	장문, 1문항	자료이해	중대재해처벌법
38					
39		직업윤리	중문, 1문항	개념이해	직업윤리의 종류
40		공동체윤리	표 1, 1문항	개념이해	직장 내 성희롱

2023.06.24. 서울교통공사 기출문제 분석

문번	구분		문항구조	평가요소	소재
1	의사소통능력	문서이해	중문, 3문항	자료이해	철도교통 연구보고서
2					
3					
4		문서작성	중문, 1문항	개념이해	순화어 사용
5	수리능력	도표분석	표 1, 2문항	자료이해	지하철 이용객 수
6				자료계산	
7		도표분석	표 1, 2문항	자료계산	거리비례 정기권 운임
8					
9	문제해결능력	문제처리	표 2, 2문항	자료계산	대관료 계산
10				자료이해	
11		사고력	중문, 1문항	자료이해	워크숍 일정 배치
12		사고력	중문, 1문항	자료이해	인사발령 진위판단
13	조직이해능력	체제이해	중문, 2문항	개념이해	조직문화의 유형
14					
15		조직이해	중문, 2문항	개념이해	조직변화의 요소와 유형
16					
17	정보능력	컴퓨터활용	중문, 2문항	자료이해	팩토리얼 함수 구현
18					
19		정보처리	그림 1, 표 1, 2문항	자료이해	순서도
20					
21	자원관리능력	시간관리	중문, 표 2, 2문항	자료이해	생산 일정 계산
22					
23		인적자원관리	표 4, 2문항	자료이해	공개채용 서류전형 채점
24					

문번	구분		문항구조	평가요소	소재
25	기술능력	기술적용	중문, 1문항	개념이해	4차 산업혁명의 기술
26		기술능력	중문, 1문항	개념이해	지속가능한 기술
27		기술선택	중문, 표 1, 1문항	자료이해	기술 평가 결과서
28		기술선택	그림 1, 1문항	자료이해	열차 사고대응 매뉴얼
29	자기개발능력	자아인식	중문, 그림 1, 2문항	개념이해	경력 닻 유형
30					
31		자기관리	중문, 그림 1, 2문항	개념이해	직무 스트레스
32					
33	대인관계능력	협상능력	중문, 2문항	개념이해	협상의 전략
34					
35		대인관계	중문, 그림 1, 2문항	개념이해	인간관계의 심리적 요인
36					
37	직업윤리	공동체윤리	중문, 그림 1, 2문항	개념이해	기업의 사회적 책임
38					
39		근로윤리	중문, 2문항	개념이해	공공기관의 도덕적 해이
40					

2022.10.15. 서울교통공사 기출문제 분석

문번	구분		문항구조	평가요소	소재
1	의사소통능력	문서이해	중문, 표, 2문항	자료이해	면접시험 안내문
2					
3		문서이해	장문, 3문항	자료이해	미세먼지 저감 사업 보도자료
4					
5		문서작성			
6		문서이해	장문, 3문항	자료이해	서울 지하철 1호선 설명자료
7					
8		문서작성			
9	수리능력	도표분석	표 1, 2문항	자료이해	연도별 고용 현황
10				자료변환	
11		도표분석	표 2, 3문항	자료이해	대중교통 이용 현황
12				자료계산	
13				자료변환	
14		도표분석	표 1, 3문항	자료이해	차령별 전철 보유 현황
15				자료계산	
16				자료변환	
17	문제해결능력	문제처리	중문, 표 1, 2문항	자료이해	지하안전영향평가제도
18				자료변환	
19		문제처리	중문, 표 2, 3문항	자료이해	생활물류센터 서비스
20				자료변환	
21				자료이해	
22		문제처리	장문, 표 2, 3문항	자료이해	기간제업무직 채용 공고문
23					
24					
25	조직이해능력	업무이해	표 2, 2문항	자료계산	운영 실적 평가
26					

문번	구분		문항구조	평가요소	소재
27		업무이해	표 2, 2문항	자료계산	근태 규정
28					
29		업무이해	표 3, 2문항	자료계산	성과급 지급
30					
31		업무이해	표 2, 2문항	자료계산	유급 휴가비
32					
33	정보능력	컴퓨터활용	중문, 2문항	자료이해	암호 설정
34					
35		컴퓨터활용	중문, 2문항	자료이해	비밀번호 찾기
36					
37		컴퓨터활용	장문, 표 2, 그림 2, 4문항	자료이해	시스템 모니터링
38					
39					
40					
41	자원관리능력	예산관리	표 2, 2문항	자료계산	업체 선정
42					
43		시간관리	그림 1, 2문항	자료이해	최소 이동 시간
44					
45					
46		예산관리	표 2, 3문항	자료계산	가용예산에 따른 생산이익
47					
48					
49	기술능력	기술이해	표 1, 2문항	자료이해	제품 코드
50					
51		기술선택	표 1, 그림 1, 3문항	자료이해	기기 사용 매뉴얼
52					
53					
54		기술선택	표 2, 3문항	자료이해	기기 점검 시기
55				자료계산	
56					

문번	구분		문항구조	평가요소	소재
57	자기개발능력	자기개발	중문, 1문항	개념이해	자기개발의 이유
58		경력개발	중문, 1문항	개념이해	경력개발의 방법
59		자기관리	중문, 1문항	개념이해	거절의 의사표현
60		자기개발	중문, 1문항	개념이해	자기개발의 장애요인
61		자기개발	중문, 1문항	개념이해	자기개발의 설계전략
62		자기개발	중문, 1문항	개념이해	자기개발의 특징
63		경력개발	중문, 1문항	개념이해	경력개발 단계
64		자아인식	중문, 1문항	개념이해	흥미와 적성
65	대인관계능력	팀워크	중문, 1문항	개념이해	팀워크 촉진
66		팀워크	단문, 1문항	개념이해	팀워크의 개념
67		리더십	단문, 1문항	개념이해	팔로워십
68		고객서비스	중문, 1문항	개념이해	고객 불만 처리 프로세스
69		리더십	중문, 1문항	개념이해	리더와 관리자
70		갈등관리	단문, 1문항	개념이해	갈등의 증폭 요인
71		협상능력	표 1, 1문항	개념이해	협상에서의 대처법
72		리더십	표 1, 1문항	개념이해	임파워먼트의 장애요인
73	직업윤리	직업윤리	중문, 1문항	개념이해	직업윤리의 덕목
74		직업윤리	단문, 1문항	개념이해	개인윤리와 직업윤리
75		직업윤리	단문, 1문항	개념이해	윤리적 규범
76		직업윤리	단문, 1문항	개념이해	직업윤리의 덕목
77		근로윤리	중문, 1문항	개념이해	근면의 종류
78		직업윤리	중문, 1문항	개념이해	직업의 조건
79		공동체윤리	단문, 1문항	개념이해	직장 내 괴롭힘
80		근로윤리	중문, 1문항	개념이해	비윤리적 행위의 유형

2021.10.09. 서울교통공사 기출문제 분석

문번	구분		문항구조	평가요소	소재
1	조직이해능력	업무이해	중문, 표, 3문항	시간 계산	휴가 규정
2					
3					
4		업무이해	표 3, 3문항	자료이해	근태 규정
5				시간 계산	
6				금액 계산	
7		체제이해	단문, 표 3, 2문항	자료이해	조직의 구조
8					
9	문제해결능력	문제처리	단문, 표, 그림, 2문항	자료이해	역명병기사업 공고문
10					
11		문제처리	단문, 표 2, 2문항	자료이해	문화사업 공고문
12					
13		문제처리	단문, 표, 그림, 2문항	자료이해	기술지원사업 공고문
14					
15		문제처리	표 2, 2문항	자료이해	시설 임대 및 환불규정
16					
17	의사소통능력	문서이해	중문, 2문항	자료이해	인구주택 총 조사
18					
19		문서이해	중문, 2문항	자료이해	지하철 내 공유오피스
20					
21		문서이해	장문, 2문항	자료이해	시스템 구축 사업 공고문
22					
23		문서이해	중문, 2문항	자료이해	고객서비스 관련 보도자료
24					
25	수리능력	도표분석	표 2, 2문항	자료이해	지역별 온라인쇼핑 이용인원
26				자료계산	

문번	구분		문항구조	평가요소	소재
27		도표분석	표 2, 그래프, 2문항	자료이해	운수업 현황 자료
28		도표작성		자료변환	
29		도표작성	표 3, 그래프, 2문항	자료변환	부정승차 적발현황
30		도표분석		자료이해	
31		도표분석	표 2, 2문항	자료계산	회계결산
32				자료계산	
33		시간관리		시간 계산	
34		예산관리	단문, 그림, 3문항	비용 계산	지하철 노선도
35		시간관리		경로 계산	
36	자원관리능력	인적자원관리	표, 그림, 3문항	자료이해	부서 배치
37					
38					
39		예산관리	단문, 표 2, 2문항	자료이해	소양 교육 프로그램
40				자료이해	
41		경력개발	그래프 2, 1문항	개념이해	경력개발 관련 이슈
42		자기개발	그림 4, 1문항	개념이해	자기개발의 개념
43		자기관리	단문, 1문항	개념이해	올바른 거절 방법
44	자기개발능력	경력개발	표 1, 1문항	개념이해	경력 단계의 특징
45		자기관리	단문, 1문항	개념이해	성과 향상을 위한 행동 전략
46		자아인식	단문, 1문항	개념이해	자기성찰의 개념
47		자기관리	단문, 1문항	개념이해	자기관리의 과정
48		자기개발	단문, 1문항	개념이해	자기개발 계획의 어려움
49		기술이해	단문, 표 2, 3문항	자료이해	열차번호 부여지침
50					
51					
52	기술능력	기술이해	표 1, 단문, 2문항	시간 계산	선로의 주기별 점검표
53					
54		기술이해	단문, 그림, 3문항	자료이해	철도표지
55					
56					

문번	구분		문항구조	평가요소	소재
57	정보능력	컴퓨터활용	표 4, 그림 2, 4문항	자료이해	시스템 모니터링 화면
58					
59					
60					
61		컴퓨터활용	표 4, 그림, 4문항	자료이해	시스템 모니터링 화면
62					
63					
64					
65	직업윤리	공동체윤리	단문, 1문항	개념이해	비즈니스 예절
66		공동체윤리	단문, 1문항	개념이해	상호존중의 문화
67		공동체윤리	중문, 1문항	개념이해	직장 내 괴롭힘 금지 규정
68		근로윤리	중문, 1문항	개념이해	성실함의 개념
69		공동체윤리	그림, 1문항	개념이해	SERVICE의 의미
70		직업윤리	단문, 1문항	개념이해	윤리의 개념
71		직업윤리	단문, 1문항	개념이해	직업윤리의 기본원칙
72		공동체윤리	그림, 1문항	개념이해	준법정신
73	대인관계	대인관계	단문, 1문항	개념이해	대인관계 향상 방법
74		갈등관리	단문, 1문항	개념이해	갈등 해결 방법
75		갈등관리	단문, 1문항	개념이해	윈-윈 갈등관리법
76		팀워크	단문, 1문항	개념이해	효과적인 팀의 특징
77		리더십	단문, 1문항	개념이해	내적 동기부여 방법
78		팀워크	단문, 1문항	개념이해	팔로워십의 유형
79		협상	단문, 1문항	개념이해	협상의 전략
80		고객서비스	단문, 1문항	개념이해	불만 고객 대처법

고시넷 서울교통공사 **NCS**

영역별 출제비중

- 개념이해 55%
- 자료이해 30%
- 자료계산 15%

▶ 철도 산업 연구보고서 이해하기
▶ 철도 관련 통계자료 해석하기
▶ 조건에 따라 인력 선발하기
▶ 함수 구현 코드 작성하기
▶ 순서도 이해하기
▶ 업무 규정 이해하기
▶ 기업의 사회적 책임 이해하기

2023년 개편된 서울교통공사 직업기초능력평가는 NCS 10개 문항을 각 4문제씩, 총 40문항으로 구성하여 출제하였다. 의사소통능력에서는 철도 관련 연구자료나 보도자료를 해석하는 문제, 수리능력에서는 기초연산과 도표계산 문제, 문제해결능력과 자원관리능력은 관련 이론의 이해과 자료계산 문제가 출제되었고, 정보능력에서는 함수를 구현하는 코드 작성과 순서도 해석 문제가 출제되었다. 그 외의 영역에서는 대체로 해당 영역에 대응하는 이론에 대한 다양한 형식의 해설자료를 제시하고 그에 대한 이해를 묻는 개념이해 유형의 문제들이 출제되었다.

서울교통공사

파트 1 기출예상모의고사

[01 ~ 03] 다음 연구보고서의 차례를 보고 이어지는 질문에 답하시오.

01. 다음은 제1장 서론의 일부이다. 이를 통해 알 수 없는 내용은?

> 4차 산업혁명으로 AI, IoT, 빅데이터, 증강현실 등 새로운 디지털화된 기술들이 개발되면서 수송부문에서도 새로운 모빌리티 교통수단이 등장하고 있다. 새로운 모빌리티 교통수단은 전기화와 더불어 디지털기술인 C-ITS, IoT, ADAS 등과 접목하고 있다. 미래에는 전기 · 수소 자동차, 자율주행 자동차, 도심 항공 모빌리티(UAM, Urban Air Mobility), 하이퍼튜브 등 새로운 모빌리티 생태계가 구축될 전망이다. 새로운 모빌리티 교통수단의 등장으로 현 교통체계가 새로운 패러다임으로 전환될 것이다. 교통의 패러다임이 변화되는 미래에 대량수송수단인 철도교통이 어떤 방향으로 발전해야 할지에 관한 선도적인 계획과 전략이 필요한 시점이다.
>
> 본 연구는 탄소중립과 새로운 모빌리티 환경에 대비하여 철도교통의 역할을 정립하고 철도교통의 발전전략을 제시하는 것을 목적으로 한다. 철도교통의 발전을 위해 다음과 같이 세 가지 측면에서 본 연구의 목표를 설정하였다. 첫째, 탄소중립 시대에 국가 수송체계 안에서 철도교통의 역할을 규명한다. 둘째, 자율주행차, UAM 등 새로운 모빌리티 교통수단에 대비하여 철도교통의 경쟁력을 진단한다. 셋째, 철도교통의 발전방향에 입각한 발전전략과 중장기적인 추진체계를 제시한다.
>
> 본 연구의 내용적 범위는 화물교통을 제외한 여객교통으로 국한하였다. 본 연구는 메가트렌드 분석과 텍스트 마이닝으로 철도교통의 대외적인 여건을 고찰하였다. 탄소중립 시대에 요구되는 철도교통의 역할을 규명하기 위하여 국가 온실가스 배출량을 시뮬레이션으로 추정하고 수송부문 정책효과를 분석하고자 한다. 또한 새로운 모빌리티 교통수단을 대비한 철도교통의 경쟁력과 발전방향 그리고 발전전략을 도출하기 위하여 델파이조사를 수행하였다. 델파이조사는 교통 관련 전문가를 대상으로 순차적으로 설문하며 철도교통의 경쟁력과 발전 방향에 대한 합의점을 도출하였다.

① 연구의 배경   ② 연구의 목적   ③ 연구의 내용
④ 연구의 기대효과   ⑤ 연구의 방법

02. 다음은 연구보고서 제6장 제2절 정책제언의 일부이다. 이를 통해 연구자가 제안하는 내용이 아닌 것은?

> 본 연구는 탄소중립 시대에 철도교통의 역할이 중요한 정책 방안임을 증명하고 미래에 철도교통의 기여로 수행할 수 있는 온실가스 감축 효과를 정량적으로 제시하였다. 탄소중립 실현을 위해 해외에서는 철도 이용자, 철도 운영자, 철도역사, 철도차량 등 실질적으로 철도 산업 환경에 노출된 이용자에게 직접적으로 온실가스 배출량을 직접적으로 제시하고 있다. 개인 이용자에게는 본인이 이동하며 배출한 온실가스 배출량을 제시하고, 철도 운영자는 열차 차량별로 배출한 온실가스 배출량을 관리·감독하여 철도 이용자들에게 탄소중립에 대한 중대함과 동기부여를 유발한다. 우리나라 역시 탄소중립 실현을 위해 그리고 철도교통 이용자의 자발적인 노력과 철도산업 전반의 노력을 위해 철도 이용자, 운영자 등에게 실시간으로 온실가스 배출량을 제시할 것을 제안한다. 향후 전 국민 스스로가 탄소중립에 관심을 갖고 자발적으로 온실가스 배출량을 관리하는 환경이 조성될 것을 기대한다.
>
> 또한 「탄소중립·녹색성장 기본법」 제32조에 명시된 대로 철도교통 수송분담률에 따른 중장기적 목표 설정 및 관리가 필요하다. 탄소중립의 중간 목표 연도인 2030년, 최종 목표 연도인 2050년에 온실가스 배출량 목표치를 달성할 수 있도록 현 단계에서부터 주간별, 월별 혹은 연도별로 온실가스 배출량을 관리하고 수송체계 변화에 따른 온실가스 배출량을 모니터링해야 한다. 탄소중립은 전 세계적으로 참여하는 중요한 국제협약인 만큼 우리나라의 국가 수송체계 변화에 따른 온실가스 배출 관리 및 감독이 필요하다.
>
> 모빌리티 전환 시대에 철도교통은 고속성과 정시성의 경쟁력을 제고하여 철도교통 중심의 국가수송체계를 구축해야 함을 확인하였다. 국가수송체계가 철도교통이 중심이 되는 동시에 자율주행차, UAM 등 모빌리티 교통수단이 철도교통을 보조하는 환경이 필요하다. 이를 위하여 국내에서 모빌리티 통합 서비스 구축 환경을 마련하는 것이 시급하다. 공유 자율주행차, UAM 등 모빌리티 교통수단이 철도교통과 서로 연계될 것이다. 또한, 철도교통 안에서도 도시철도, 일반철도, 고속철도 등의 승차권 조회, 예약, 결제 등이 한 시스템 안에서 가능한 RaaS(Rail as Service)가 조성되길 기대한다.

① 철도 운영자와 이용자에게 실시간 온실가스 배출량을 제시해야 한다.

② 수송체계 변화에 따른 온실가스 배출량을 모니터링해야 한다.

③ 우리나라의 국가 수송체계 변화에 따른 온실가스 배출에 대한 관리와 감독이 필요하다.

④ 국내의 모빌리티 통합 서비스를 구축할 수 있는 환경을 조성해야 한다.

⑤ 우리나라도 전 세계가 참여하는 탄소중립을 위한 국제협약에 가입해야 한다.

03. 다음은 연구보고서 제2장부터 제5장까지의 내용이다. (가) ~ (라)를 문맥에 맞게 순서대로 나열한 것은?

(가) 본 장에서는 미래 여건의 기술적인 요인으로 새로운 모빌리티 교통수단의 등장이 철도교통의 위상에 어떠한 변화를 미칠 것인지를 진단하였다. 앞선 장에서는 미래 여건의 환경적인 요인으로 탄소중립에 철도교통이 기여할 수 있는 영향을 분석하였으며, 본 장에서는 자율주행차, UAM 등 새로운 모빌리티 교통수단의 등장이 철도교통의 위상에 어떤 변화를 가져올 것인지 진단하였다. 교통 전문가를 대상으로 델파이조사를 수행하여 모빌리티 전환 시대에 철도교통의 경쟁력을 진단하고 미래 변화하는 철도교통의 위상을 통하여 철도교통이 나아갈 역할을 고찰하였다.

(나) 본 장에서는 철도교통의 대외적인 두 가지 여건인 탄소중립과 새로운 모빌리티 교통수단의 등장을 고려하여 미래 철도교통의 발전방향과 발전전략을 제시하고자 한다. 탄소중립 시대에 온실가스 배출량을 저감하기 위하여 철도교통 수송분담률을 증가시켜 철도교통을 활성화시키는 것이 철도교통의 중대한 역할임을 확인하였다. 또한, 자율주행차, UAM 등 새로운 모빌리티 교통수단을 고려한 철도교통의 위상을 확인하여 철도교통 중심의 수송체계 개편이 필요함을 확인하였다. 본 연구는 미래 보고서를 통하여 철도교통 수송분담률을 제고하고 철도교통이 새로운 모빌리티 교통수단과 상존하기 위한 미래 철도교통 구상안을 고찰하였다. 그리고 교통 전문가를 대상으로 델파이조사를 연속적으로 수행하여 철도교통의 발전방향과 이에 입각한 발전전략 추진체계를 제시하였다.

(다) 본 연구는 철도교통의 역할과 발전전략을 제시하기 전에 선행적으로 철도교통의 대외적인 여건 변화를 검토하였다. 철도교통의 발전방향을 제시하기 위해서는 인구변화, 4차 산업, 기후환경 등 변화되는 미래 사회의 여건 진단이 필요하다. 미래 사회 여건에는 본 연구의 중요한 배경인 탄소중립과 모빌리티 전환이 내포되어 있다. 이러한 대외적인 여건 변화는 철도교통 산업에 직ㆍ간접적인 영향을 미칠 것으로 보인다. 본 연구는 철도교통의 대외적인 여건 변화를 검토하기 위하여 메가트렌드를 검토하였고 주된 여건 변화에 따른 철도교통의 영향을 고찰하였다.

(라) 앞선 장에서 미래 사회에서 주요한 트렌드 변화를 진단하고 철도교통에 직접적으로 영향을 미치는 대외적인 두 가지 요인으로 기술적 측면에서는 새로운 모빌리티 교통수단의 등장, 환경적 측면에서는 탄소중립 시대를 선정하였다. 본 장에서는 환경적 측면에서 탄소중립 시대에 대표적인 친환경수단인 철도교통의 역할을 진단하였다. 국가수송체계 안에서 수송분담률에 따른 온실가스 배출량을 분석하고 탄소중립 목표치에 맞는 적정한 철도교통 수송분담률을 제시하였다.

① (가) → (나) → (라) → (다)
② (나) → (다) → (가) → (라)
③ (나) → (라) → (다) → (가)
④ (다) → (나) → (가) → (라)
⑤ (다) → (라) → (가) → (나)

04. 다음은 국토교통부의 철도용어 순화에 관한 보도자료이다. 일본식 표현을 우리말 철도용어로 쉽게 바꾸었을 때, 적절하지 않은 것은?

국토교통부에서는 철도용어의 순화를 위해 한국철도공사, 국가철도공단, 서울교통공사, 철도문화재단, 한국철도학회 등의 관련 기관들과 함께 〈철도 전문용어표준화위원회〉를 구성했다. 위원회는 철도산업정보센터, 철도관련 규정, 교육교재 등 철도용어 1만 3,500개의 활용 빈도를 분석하고, 보도자료 등 단어의 노출 횟수를 비교하여 1차 대상용어를 514개 선정했다. 그중에서 전문가 회의·관계기관 설문으로 262개를 대상용어로 선정한 후 심의와 대국민 설문조사를 통해 96개 철도 전문용어를 순화하기로 최종 결정했다.

이에 따라 바뀌는 철도용어들을 살펴보면, 어려운 전문용어의 대표적인 사례로는 멀티플타이 탬퍼(Multiple Tie Tamper → 자갈다짐장비), 팬터그래프(Pantograph, Pantagraph → 차량집전장치), 바라스트 레규레이터(Ballast Regulator → 자갈정리장비) 등이 있고, 불필요한 외래어의 대표적인 사례로는 씨비티씨(CBTC, Communication Based Brain Control), 스크린도어(Screen Door), 콩코스(Concourse)가 있다. 일본식 표현으로 사용되는 신호모진(Signal over Run), 조발(Starting ahead of Time Schedule), 운전휴지(Cancelled Operation) 등도 불필요하게 사용되는 용어로, 이번에 쉬운 우리말로 바뀐다.

① 운전휴지 → 운행중지
② 조발 → 빠른출발
③ 신호모진 → 정지신호
④ 홈대합실 → 승강장 대기실
⑤ 입환 → 차량정리

05. 다음 일정한 규칙에 따라 숫자를 나열할 때, 20번째에 오는 숫자를 고르면?

5, 7, 12, 20, 31, …

① 447
② 500
③ 556
④ 615
⑤ 677

[06 ~ 07] 다음은 20X2 ~ 20X6년 운영기관별 지하철 이용객 수를 나타낸 자료이다. 이어지는 질문에 답하시오.

〈지하철 운영기관별 이용객 수〉

(단위 : 백만 명)

구분	20X2년	20X3년	20X4년	20X5년	20X6년
서울교통공사	1,748	1,753	1,771	1,279	1,352
부산교통공사	332	318	345	257	262
대구도시철도공사	167	165	172	118	134
인천교통공사	110	119	114	87	94
대전교통공사	36	40	42	29	31

06. 다음 중 위 자료에 대한 설명으로 옳지 않은 것은?

① 20X2년 대비 20X6년의 이용객 증감률이 가장 큰 운영기관은 부산교통공사이다.

② 운영기관별 5개 연도 중 지하철 이용객 수가 두 번째로 적은 해는 서로 일치한다.

③ 운영기관과 관계없이 지하철 이용객 수의 가장 큰 변화를 보이는 시기는 20X5년이다.

④ 20X4년과 비교하여 20X5년의 대전교통공사 지하철 이용객 수는 30% 이상 감소하였다.

⑤ 인천교통공사가 20X7년에 20X6년과 동일한 증감률을 보인다면 이용객 수는 1억 명 이상이 된다.

07. 각 운영기관의 20X1년의 지하철 이용객 수가 각 운영기관의 20X2 ~ 20X4년의 이용객 수의 평균과 같다고 할 때, 20X1년 부산교통공사와 대전교통공사의 지하철 이용객 수의 합은?

① 3억 5,100만 명   ② 3억 6,100만 명
③ 3억 7,100만 명   ④ 3억 8,100만 명
⑤ 3억 9,100만 명

08. 45,000원의 예산 내에서 A ~ D 중 한 종류의 건전지를 선택해 최대 개수로 구입하여 스톱워치에 사용하려고 할 때, 스톱워치를 가장 오랜 시간 지속시킬 수 있는 건전지 종류부터 가장 짧은 시간 지속시킬 수 있는 건전지 종류까지를 순서대로 옳게 연결한 것은?

〈건전지 종류별 가격〉

건전지 종류	A	B	C	D
1개당 가격	25,000원	12,500원	10,000원	13,000원
개당 스톱워치 지속 시간	25시간	6시간	4시간	10시간

※ 건전지 1개의 지속 시간이 끝나고 다음 건전지로 교체하는 사이에 소요되는 시간은 고려하지 않으며, 스톱워치 자체의 에너지 손실은 없음.

※ 스톱워치 1개당 한 종류의 건전지만 사용 가능하며, 스톱워치에는 각각 건전지 1개만 들어감.

① A-B-C-D 　　② A-D-B-C 　　③ C-B-D-A

④ D-A-C-B 　　⑤ D-A-B-C

09. ○○회사에 A, B, C, D, E 5명의 사원이 새로 입사하였다. 이들은 인사팀, 재무팀, 영업팀, 기획팀, 마케팅팀의 5개 팀에 각 1명씩 배치될 예정이다. 인사발령과 관련한 소문을 들은 5명의 신입사원은 자신이 들은 소문을 〈보기〉와 같이 2가지씩 말하였다. 직원별로 발언 중 하나는 참이고, 다른 하나는 거짓일 때, 이를 통해 알 수 있는 기획팀에 배치될 사원은?

보기

A : B는 영업팀에 배치될 예정이고, 나는 기획팀에 배치될 것이라고 해.

B : 나는 영업팀에 배치될 것이고, D는 인사팀에 배치될 것이라고 해.

C : 나는 재무팀에 배치될 것이고, A는 마케팅팀에 배치될 것이라고 해.

D : 나는 영업팀에 배치될 것이고, E는 기획팀에 배치될 것이라고 해.

E : 나도 내가 기획팀에 배치될 것이라고 들었고, C는 재무팀에 배치될 것이라고 하던데.

① A 　　② B 　　③ C

④ D 　　⑤ E

[10 ~ 11] 다음은 대관사업을 하는 W 업체의 대관 정보와 고객사별 대관 신청 현황이다. 이어지는 질문에 답하시오(단, 제시된 조건 이외의 내용은 고려하지 않는다).

□ W 업체 대관 정보

세미나실	수용인원	기본요금		대관 가능시간 (평일·주말·공휴일)
		평일	주말·공휴일	
A	100명 이내	시간당 130,000원	시간당 기본요금의 1.2배	08:00 ~ 23:00
B	101명 ~ 250명 이내	시간당 285,000원	시간당 기본요금의 1.2배	

※ 단, 21:00 ~ 23:00까지 사용하는 경우는 추가요금을 부과하며, 추가요금은 기본요금의 2배로 책정함.

□ W 업체의 고객사별 대관 신청현황(9월 25일 기준)

고객사	대상인원(명)	고객사가 신청한 대관 일정	대관 장소	비고
(가)	120	10/2(월) 08:00 ~ 19:00	세미나실 B	
(나)	95	10/3(화) 12:00 ~ 18:00	세미나실 A	9월 25일 취소 문의 접수
(다)	150	10/10(화) 08:00 ~ 21:00	세미나실 A	
(라)	170	10/12(목) 11:00 ~ 23:00	세미나실 B	
(마)	240	10/12(목) 10:00 ~ 22:00	세미나실 B	

□ W 업체 대관 신청 및 취소 관련 규정
 – 대체휴무일과 정기휴관일을 제외하고는 모든 날짜에 대관이 가능
 – 동시간대 같은 세미나실이 중복 예약되었을 경우에는 대상인원수가 더 많은 고객사를 우선 배정하며, 후순위 고객사에는 일정 또는 세미나실을 변경하도록 안내
 – 인원 대비 예약한 세미나실이 크거나 작을 경우, 고객사에게 해당 내용을 안내하고 장소 변경 여부를 확인
 – 대관 신청이 확정된 경우 고객사에게 안내 후, 상세 내용을 고객사 담당자 이메일로 송부
 – 고객사는 일정 변경 및 취소 문의 시 예약된 행사일을 제외하고 7일 전까지(주말 제외) 문의해야 하며, 기한 내 신청한 건에 한해 일정 변경 및 취소를 진행
 ㉔ 10월 31일(화)에 예약된 일정을 변경·취소할 경우, 주말을 제외한 7일 전인 10월 20일(금)까지 문의 및 취소 가능

□ 10월 달력

일	월	화	수	목	금	토
9/24	25	26	27	28 추석연휴	29 추석연휴	30 추석연휴
10/1 추석연휴	2 대체휴무일	3 개천절	4	5	6	7
8	9 한글날	10	11	12	13	14
15	16	17	18	19	20	21
22	23	24	25	26	27	28
29	30 정기휴관일	31				

10. W 업체에 근무하는 P 주임은 10월 달력과 고객사의 대관 신청현황을 기준으로 일정 또는 장소 변경이 필요한 고객사에 해당 내용을 안내하려고 한다. 다음 중 P 주임이 고객사에 안내할 내용으로 적절하지 않은 것은?

① (가) : 대관을 신청하신 날짜는 대체휴무일이므로 다른 날짜로 변경해주시길 바랍니다.

② (나) : 대관 취소 가능 기간이 지나서 취소가 불가능한 점 양해 부탁드립니다.

③ (다) : 대상인원은 예약하신 장소에서 모두 수용할 수 없어 장소를 변경하여야 합니다.

④ (라) : 대관을 신청하신 시간대는 대관 가능한 시간대가 아니오니 다시 확인하신 후 신청 부탁드립니다.

⑤ (마) : 신청하신 대관 내역이 확정되었습니다. 자세한 사항은 이메일을 확인 부탁드립니다.

11. 고객사별 대상인원과 일정이 다음과 같이 변동되었다고 할 때, 세미나실 대관료가 가장 높은 고객사와 두 번째로 낮은 고객사를 바르게 나열한 것은?

〈대관 일정〉

고객사	대상인원(명)	고객사가 신청한 대관 일정	대관 장소
(가)	243	10/3(화) 08:00 ~ 19:00	세미나실 B
(나)	100	10/3(화) 12:00 ~ 18:00	세미나실 A
(다)	98	10/15(일) 08:00 ~ 21:00	세미나실 A
(라)	75	10/12(목) 11:00 ~ 23:00	세미나실 A
(마)	245	10/12(목) 10:00 ~ 23:00	세미나실 B

	대관료가 가장 높은 고객사	대관료가 두 번째로 낮은 고객사
①	(가)	(나)
②	(가)	(라)
③	(나)	(다)
④	(마)	(나)
⑤	(마)	(라)

12. ○○공사는 올해 팀별 워크숍을 계획하고 있다. 디자인팀, 마케팅팀, 영업팀, 인사총무팀, 재무팀, 회계팀의 여섯 개 팀이 주말을 포함하여 4월 16일(월요일)부터 매일 한 팀씩 순차적으로 워크숍을 떠나기로 하였다. 팀별 워크숍 일정이 다음과 같다면, 영업팀이 워크숍을 떠나는 날은?

> – 인사총무팀이 가장 먼저 워크숍을 떠난다.
> – 일정상 인사총무팀과 재무팀이 연이어 워크숍을 떠난다.
> – 재무팀이 떠난 후, 디자인팀이 떠나기 전에 두 팀이 워크숍을 떠난다.
> – 영업팀은 마케팅팀보다 먼저 워크숍을 떠난다.
> – 회계팀은 영업팀보다 먼저 워크숍을 떠난다.

① 17일(화요일)   ② 18일(수요일)   ③ 19일(목요일)
④ 20일(금요일)   ⑤ 21일(토요일)

[13 ~ 14] 다음 조직화와 조직구조에 대한 글을 읽고 이어지는 질문에 답하시오.

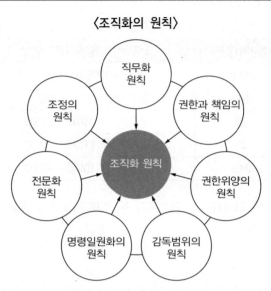

〈조직화의 원칙〉

조직(Organization)이란 조직 목적을 효과적으로 달성하기 위해 수직적 혹은 수평적으로 업무를 분담하여 업무에 대한 권한과 책임 관계를 명확히 하는 것이다. 조직화(Organizing)는 조직의 목표를 효과적으로 달성하기 위해 조직화의 원칙에 따라 최적의 조직을 구성하고 유지하는 것이다. 즉, 조직구성원들이 조직의 목표를 달성하기 위하여 가장 효율적으로 협력할 수 있도록 업무의 내용을 명확하게 편성하고, 직무수행에 관한 권한과 책임을 명확하게 하여 상호관계를 설정하는 과정이다.

한편 조직구조(Organization Structure)란 조직 내의 직무 또는 부문 사이에 형성된 비교적 정태적인 관계를 의미하며 조직의 구성요소와 직무 간의 상호관계를 설정하는 것이다. 조직구조는 활동의 전문화와 표준화, 조정 및 의사결정의 집권화와 분권화, 그리고 과업의 규모 등으로 분류할 수 있다. 대표적인 조직구조의 유형에는 관료제 조직, 기능적 조직, 사업부 조직, 매트릭스 조직, 프로젝트 조직, 네트워크 조직, 가상 조직 등이 있다.

조직화는 조직구조 그리고 조직이라는 개념과 구분되어야 한다. 조직구조는 동태적인 표현으로서 조직을 형성하고 유지하기 위한 과정을 말하며, 조직은 정태적인 표현으로서 그러한 조직화의 결과로 형성된 실체라고 할 수 있다.

13. 다음은 조직화 원칙 중 하나에 대한 설명이다. 빈칸에 들어갈 조직화 원칙으로 가장 적절한 것은?

> 통일화의 원칙이라고도 불리는 이 원칙은 조직의 각 구성원이 분담하는 업무는 기업 전체적인 관점에서 가장 효과적으로 수행할 수 있도록 상호 통합되어야 한다는 원칙이다. 현대경영은 조직의 능률을 향상시키기 위하여 업무의 전문화와 부문화를 시도하고 있지만 이로 인해 각 부문이나 기능 간에 목표가 상이해져 마찰이 생길 수 있다. 따라서 이러한 마찰을 최소화하고 상호협력을 통하여 조직의 목표를 효율적으로 달성하기 위해서는 (   )이 불가피하다.

① 조정의 원칙(principle of coordination)

② 전문화 원칙(principle of specialization)

③ 직무화 원칙(principle of functionalization)

④ 권한위양의 원칙(principle of delegation of authority)

⑤ 권한과 책임 원칙(principle of authority and responsibility)

14. 윗글에서 제시한 조직구조의 유형 중 밑줄 친 ㉠과 같은 문제가 발생할 가능성이 가장 높은 조직구조의 유형은?

> 명령일원화의 원칙(principle of unity of command)은 각 구성원에게 분담된 업무가 조직의 공동목표와 관련이 있고, 동시에 조직 질서를 유지하기 위해 한 사람의 하위자는 1인 직속 상위자로부터 명령 지시를 받아야 한다는 원칙이다. 만약 ㉠명령계통이 일원화되지 못하면 명령의 복선이 생기어 조직의 질서가 혼란스럽게 되고 구성원들의 책임이 모호해지게 되어 조직능률이 저하되기 때문이다.

① 관료제 조직   ② 사업부 조직

③ 기능적 조직   ④ 매트릭스 조직

⑤ 네트워크 조직

[15 ~ 16] 다음은 조직문화 혁신으로 조직 통합을 성공적으로 이뤄낸 사례이다. 이어지는 질문에 답하시오.

서울교통공사는 서울메트로와 서울특별시 도시철도공사를 통합하여 2017년 5월 31일 설립된 서울특별시 산하 지방 공기업이다. 서울교통공사는 통합을 성공적으로 이루는 데에는 20년 이상 달랐던 양사의 조직문화를 융합하는 것이 가장 중요하다고 판단하였다. 따라서 빠른 시일 내에 조직 안정화를 꾀하고 통합 시너지를 창출하기 위해 조직문화 융합 활동을 전사적으로 전개하였다. 서울교통공사는 "1998년 독일의 다임러벤츠사와 미국의 크라이슬러사는 인수합병으로 공동 생산과 연구 개발을 통해 규모의 경제를 실현하려 하였으나, 결국 다임러크라이슬러사는 2007년 약 32조 원의 손해를 보고 크라이슬러사를 매각했다."라며 "인수합병 실패는 완고하고 서열을 중시하는 독일 기업 문화와 유연하고 자유로운 성과 중심의 미국 기업 문화의 충돌로 시너지 창출에 실패했기 때문"이라고 설명했다.

조직문화 융합 작업은 통합 전부터 준비됐다. 서울메트로와 서울도시철도공사는 '서울교통공사 기업문화 통합전략 태스크 포스(TF)'를 구성해 전문 상담기관과 공동으로 조직문화를 진단하고 통합 후 있을 수 있는 조직 갈등을 예측했다. 연구 결과 두 조직은 리더십과 기업문화 부문에서는 다소 차이가 있었지만 비전·인사·조직·직무 등 6개 부문에서는 유사했다. 다만 (가) 수직적 위계 중심의 의사소통 방식의 조직문화가 (나) 부서·직원 간 수평적 의사소통 방식의 조직문화로 바뀌어야 한다는 진단이 있었다. 이에 따라 서울교통공사는 사람 융합, 제도 융합, 일 융합이라는 3대 전략 방향을 수립하고 6개 분야로 총 18개 조직문화융합 프로그램을 마련했다.

서울교통공사는 리더십·교육·소통·인사 등 6개 분야로 나눈 후 간부직 기업문화책임자 (CCO) 역할 강화, 직무 전문가 후보 인력풀 구성·육성, 소통 워크숍, 할 일과 하지 않아야 할 일(To-do & Not to-do) 캠페인, 인사 평가 면담−피드백 제도 도입 등의 프로그램을 운영하여 조직문화 혁신에 성공하였다.

15. 윗글의 밑줄 친 (가), (나)를 다음에 제시된 그림의 조직문화 유형에 따라 분류할 때, 연결이 가장 적절한 것은?

조직문화 연구의 목적은 조직구성원들의 공유된 가치를 파악하고 이러한 가치를 근거로 변화하는 환경에 적극적으로 대처하여 궁극적으로 조직의 유효성을 높이는 데 있다. 조직문화에 대한 유형화 연구 중에서 가장 대표적인 이론은 퀸(Quinn)의 경쟁가치모형이다. 퀸에 따르면 조직은 몇 가지 상호 모순되는 가치들을 동시에 만족시킬 수 있어야 높은 성과를 얻을 수 있다. 퀸은 내부와 외부, 통제지향/안정과 신축지향(유연성)/재량의 두 가지 차원을 축으로 하여 다음 그림과 같이 4개의 조직문화의 유형을 도출하였다.

〈조직문화 유형 – 경쟁가치모형〉

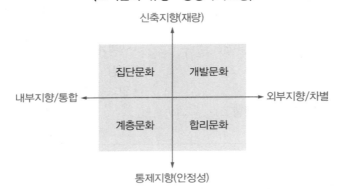

신축성과 재량을 강조하는 조직문화, 즉, 신축지향적 조직문화에서는 구성원들의 자발적이고 자유로운 의사결정이 강조되며, 조직의 권위가 분권화되어 있는 특징이 있다. 반면에 통제와 안정을 지향하는 조직문화 즉, 통제지향적 조직문화는 예측 가능의 조정과 균형, 조직의 집권화와 통합을 강조한다.

	(가)	(나)
①	계층문화	합리문화
②	계층문화	개발문화
③	개발문화	집단문화
④	합리문화	계층문화
⑤	집단문화	계층문화

16. 다음 글에서 제시한 조직문화 진단을 위한 부문 중 '조직구조 · 인사제도'를 진단하기 위한 설문 문항으로 가장 적절한 것은?

> 행정안전부는 행정기관이 스스로 조직문화 인식 수준을 진단할 수 있도록 「공직사회 조직문화 진단 가이드라인(2021)」을 마련하여 45개 중앙행정기관에 송부하였다. 가이드라인은 공공기관의 조직문화를 개선하고 변화의 필요성을 인지할 수 있도록 지원하기 위해 마련되었다. 이번 가이드라인은 관행 · 관습 타파, 인권 및 윤리의식, 리더십 등을 평가할 수 있는 11개 부문 50개의 설문조사 문항으로 구성했다.
>
> <「공직사회 조직문화 진단 설문조사」 주요내용>
>
> - 조직문화 : 5개 문항
> - 관행 · 관습 타파 : 4개 문항
> - 인권 · 윤리의식 : 4개 문항
> - 리더십 : 7개 문항
> - 소통 : 5개 문항
> - 조직융화활동 : 4개 문항
> - 조직구조 · 인사제도 : 4개 문항
> - 일하는 방식 : 5개 문항
> - 역량개발 : 4개 문항
> - 성장 · 성취 : 4개 문항
> - 일과 삶의 균형 : 4개 문항

① 정시 퇴근, 휴일근무, 자유로운 연차 사용 여부
② 상하직급 간 원활한 소통, 건의사항 경청 · 반영 여부
③ 공직생활을 통한 성장 여부, 이직 고려 여부, 보상의 적절성
④ 조직 활성화 프로그램 존재 여부, 회식문화
⑤ 합리적인 자원 배분, 공정한 인사제도, 성과평가

[17 ~ 18] 다음은 팩토리얼 함수와 이를 코드로 구현하는 방법에 대한 내용이다. 이어지는 질문에 답하시오.

□ 팩토리얼 함수 $Fac(n)$의 개요

$Fac(n)$은 n에서 1씩 작아지면서 1까지 곱하는 함수이다.

$Fac(n) = n \times (n-1) \times \cdots \times 3 \times 2 \times 1 = n!$ (n은 1 이상의 양의 정수)

㉠ $Fac(5) = 5 \times 4 \times 3 \times 2 \times 1 = 120$

□ 재귀 구조로 $Fac(n)$을 구현하는 코드

```
procedure Fac(n)
    if n = 1 then return   (가)
    else return n × Fac(n − 1)

end
```

□ 반복 구조로 $Fac(n)$을 구현하는 코드

```
procedure Fac(n)
    x = 1
    for i = 1 to n
        x = x × i
    return   (나)
end
```

17. 다음 중 (가)에 들어갈 내용으로 가장 적절한 것은?

① $Fac(n)$ 　　　　② n 　　　　③ 1

④ $Fac(n-1)$ 　　　　⑤ $Fac(n+1)$

18. 다음 중 (나)에 들어갈 내용으로 가장 적절한 것은?

① i 　　　　② x 　　　　③ n

④ $x+1$ 　　　　⑤ $n+1$

[19 ~ 20] 다음 명령체계에 대한 자료를 보고 이어지는 질문에 답하시오.

〈순서도 구성 요소〉

기호	기능	기호	기능
→	프로세스의 실행 순서를 나타낸다.	↑	입력된 데이터에서 오름차순으로 정렬한 데이터를 생성하여 반환하는 프로세스를 나타낸다.
⬭	프로그램의 시작과 끝을 나타낸다.	max	입력된 데이터에서 최댓값을 반환하는 프로세스를 나타낸다.
▱	데이터의 입력을 나타낸다.	〈#〉	입력된 데이터에서 앞쪽부터 #번째 값을 추출해주는 프로세스를 나타낸다. 예 [10,20,30,40]에서 〈2〉는 "20"이다.
▭	데이터의 출력을 나타낸다.	mod(a,b)	a를 b로 나눈 나머지를 나타낸다. 예 mod(5,2)=1
◇	프로그램이 실행되는 두 가지 경로 중에 하나를 결정하는 조건부 실행을 나타낸다.		

〈순서도〉

```
          시작
           │
          [A]
           │
          max
           │
 Yes ─────◇───── No
  │   mod([입력값],3)=1   │
 [A]                    [A]
  │                      │
  ↑                     〈2〉
  │                      │
 〈4〉                     │
  │                      │
  └──────────○───────────┘
             │
           ▭
             │
           종료
```

19. 다음 중 〈순서도〉의 [A]에 입력했을 때 순서도 출력 결과가 가장 큰 것은?

① [A]=[8, 21, 20, 25, 23]　　　　② [A]=[22, 23, 11, 14, 21]

③ [A]=[17, 23, 25, 19, 28]　　　　④ [A]=[24, 22, 25, 10, 19]

⑤ [A]=[11, 20, 16, 27, 26]

20. 다음 중 오름차순으로 정렬하는 프로세스를 내림차순으로 정렬하는 프로세스로 변경하고 [A]에 [9, 11, 34, 22, 15]를 입력했을 때, 출력 결과로 옳은 것은?

① 9　　　　　　　② 11　　　　　　　③ 15

④ 22　　　　　　　⑤ 34

21. 다음은 인맥에 대한 글이다. 다음 중 인맥에 대한 설명으로 가장 적절하지 않은 것은?

> 인맥(人脈)은 정계, 재계, 학계 따위에서 형성된 사람들의 유대 관계라 사전에서 정의하고 있지만 실생활에선 이에 국한하지 않고 모든 개인에게 적용되는 개념으로 자신이 알고 있거나 관계를 형성하고 있는 사람들, 일반적으로 가족, 친구, 직장동료, 선후배, 동호회 등 다양한 사람들이 포함된다. 현대 사회에서 개인 및 조직차원의 인적자원관리는 매우 중요한 일 중에 하나이다. 따라서 자신의 인맥을 잘 관리할 수 있는 능력을 함양하는 것이 필요하며, 또한 협동 작업이 많은 지금 자신의 팀 및 조직의 인적자원을 관리하는 능력을 겸비하는 것이 필요할 것이다.

① 인맥은 자신과 직접적인 관계에 있는 사람들로 이루어질 수도 있고, 그들로부터 알게 된 파생적인 관계의 사람들로 이루어질 수도 있다.

② 인맥은 관계를 통해 자기 스스로를 알 수 있는 계기가 되며, 삶을 탄력적으로 변화시키는 데 기여한다.

③ 기업의 경우, 인맥을 통해 충실한 고객을 확보하여 사업의 발전 원동력으로 삼는 등 조직 성과를 개발할 수 있다.

④ 직업을 위해 인맥을 활용하는 것은 공정성에 어긋나므로 스스로의 힘만으로 취업에 성공해야 한다.

⑤ 인맥은 각종 정보 획득의 경로가 될 수 있으며, 유사시 필요한 도움을 서로 주고받을 수 있다.

[22 ~ 23] 다음은 교육용 기자재 납품 업체인 ○○기업이 생산 위탁한 업체의 현황과 생산조건이다. 이어지는 질문에 답하시오.

○○기업은 ▲▲교육청과 ▲▲지역 각 학교에서 사용할 전자칠판 300대의 납품 계약을 체결했다. 납기 요청일까지 시간이 많지 않아 11월 1일 수요일부터 생산을 시작하여 최대한 빠른 시일 내에 납품해야 한다. 다음 생산조건에 따라 4곳의 거래업체 인력을 최대한 활용하여 생산하였다.

업체명	1대당 생산 소요 시간	생산인력 수	1대당 생산비용
A	4시간	7명	45만 원
B	5시간	10명	50만 원
C	4시간	5명	40만 원
D	6시간	9명	35만 원

– 생산업체 네 곳 모두 하루 조업시간은 8시간이다.
– A, B, C의 조업일은 월 ~ 토이며, D 조업일은 월 ~ 금이다. 단, C의 경우 토요일 조업시간은 4시간이다.
– 1대당 생산 소요 시간은 생산인력 1명 당 소요 시간이다.
– 생산인력은 모두 동시에 투입되며 그만큼 소요 시간은 절감된다. 예를 들어 생산인력 1명이 1대를 생산할 때 2시간이 걸리는 업체에서 2명을 1대 생산에 투입하면 1시간이 소요된다.
– 최대한 해당 일자에 생산 가능한 업체는 모두 동시에 생산하도록 한다.

22. 모든 조건을 충족하며 비용이 가장 적게 드는 경우, C 업체에서 생산할 전자칠판의 개수는?

① 51대　　　　　　② 56대　　　　　　③ 60대
④ 65대　　　　　　⑤ 66대

23. 모든 조건을 충족하며 비용이 가장 적게 드는 경우, ○○기업이 거래업체 4곳에 지불해야 하는 총금액은?

① 126,800천 원　　　② 127,500천 원　　　③ 128,600천 원
④ 130,300천 원　　　⑤ 130,850천 원

24. 다음은 ○○공사의 국내 출장비 규정이다. 다음 중 영업부 K 과장이 아래와 같이 출장을 다녀왔을 때, 출장비로 받게 될 금액은?

> □ 국내 출장비 규정
> - 집행원칙
>   - 사전출장신청을 원칙으로 하며 교통비, 일비, 식비, 숙박비를 지급한다.
>   - 교통비는 철도(KTX 포함), 버스(고속, 시외), 선박, 항공기 이용요금을 실비로 정산한다.
>   ※ 시내버스 및 택시, 렌터카, 공유차량 서비스 이용요금은 지급하지 않음
>   - 식비, 숙박비는 실비로 정산한다.
>   - 식비는 1일 3식 이내로 지급하며 1회당 10,000원을 한도로 한다.
>   - 숙박비는 1박당 100,000원을 한도로 한다.
>   - 일비기준
>
> | 직급 | 사원 | 대리 | 과장 | 차장 | 부장 |
> |---|---|---|---|---|---|
> | 일비 | 65,000원 | 80,000원 | 110,000원 | 130,000원 | 150,000원 |
>
>   ※ 출발시간부터 본사 도착시간까지 기준으로 일비 지급
>   ※ 24시간 경과 시 1일분 지급
> - 불인정사항
>   - 증빙이 미비한 경우, 개인성 출장, 출장지역 및 출장목적 외의 사용, 출장비 규정에 초과된 내역
>
> □ K 과장의 출장 및 지출내역
>
> | 구분 | 세부내용 | 지출내역 |
> |---|---|---|
> | 출장일시 | 20X1. 12. 4.(월) 10:00 출발~
20X1. 12. 7.(목) 19:00 본사 도착 | • 식비 : 110,000원(총 9식)
• 교통비
 － KTX : 116,000원(서울 ~ 부산 왕복)
 － 택시비 : 12,000원
• 숙박비 : 340,000원(3박) |
> | 출장목적 | 고객사 미팅 | |
> | 출장지 | 부산 | |
> | 교통수단 | KTX(서울 ~ 부산 왕복) | |
> | 숙박지 | 부산 L 호텔 | |

① 946,000원 ② 906,000원 ③ 896,000원
④ 856,000원 ⑤ 836,000원

[25 ~ 26] 다음은 디지털 전환에 대한 글이다. 이어지는 질문에 답하시오.

디지털 전환(Digital Transformation, DX)이란 인공지능, 클라우드 컴퓨팅, 빅데이터, IoT 등 디지털 기술의 상호작용을 기반으로 기업의 조직 문화, 비즈니스 모델 및 산업 생태계를 혁신하고 고객과 시장의 변화에 대응하여 새로운 가치를 창출할 수 있는 기업으로 변환하는 과정을 뜻합니다.

디지털 전환은 시스템뿐 아니라 기업의 경영전략, 내부 조직 구조 및 프로세스, 비즈니스 모델 등 전반적인 영역에서 디지털화가 이루어져 전통적인 사업 구조를 디지털 시장 및 소비자 니즈에 맞게 재편성하는 것을 의미합니다. 코로나19 팬데믹을 겪으며 경제·사회 부문에서 디지털화의 잠재력이 강조되고 있습니다.

특히 제조업 분야에서 디지털 기술을 융합한 스마트 제조, IoT를 기반으로 한 서비스 제공 모델 등 디지털 전환이 촉진되고 제조업의 비즈니스 모델도 변화하고 있습니다. 따라서 이에 디지털 전환을 추진함으로써 기업의 효율성 및 생산성을 향상시켜 시장수요 및 산업구조 변화에 대응하고 경쟁력을 확보하는 것이 중요합니다. 디지털 전환의 목표는 디지털 전환 자체가 아닌, 이를 통해 경쟁 우위를 확보하고 시장 점유율 확대와 마진을 달성하는 것에 있습니다.

25. 다음 중 윗글을 바탕으로 디지털 전환의 기대효과를 〈보기〉에서 모두 고른 것은?

> **보기**
>
> ㄱ. 산업 간 또는 기업 간 격차 완화
> ㄴ. 기업의 생산 및 업무 효율성 극대화
> ㄷ. 끊임없이 변화하는 기술 환경에서 경쟁력 유지
> ㄹ. 새로운 제품 또는 서비스의 등장 및 변화 촉진

① ㄴ, ㄷ   ② ㄱ, ㄴ, ㄷ   ③ ㄱ, ㄷ, ㄹ
④ ㄴ, ㄷ, ㄹ   ⑤ ㄱ, ㄴ, ㄷ, ㄹ

26. 다음 중 윗글을 바탕으로 디지털 전환에 대해 유추할 수 있는 내용으로 가장 적절한 것은?

① 디지털 전환은 대기업이나 제조기업에만 필요한 것이다.
② 모든 직군에서 고용안정에 긍정적인 효과를 준다고 할 수 있다.
③ 새로운 기술을 도입하면 디지털 전환에 성공했다고 할 수 있다.
④ 작업을 얼마나 더 빠르게 수행할 수 있는지가 가장 중요한 요소이다.
⑤ 비대면과 온택트에 기반한 산업생태계의 패러다임 변화가 디지털 전환을 가속시켰다.

27. 다음은 ○○부서에서 새로운 기술을 적용하기 위해 회의한 내용의 일부이다. 아래 기술 평가 결과서의 신기술 (가) ~ (마) 중 회의 내용에 따라 도입할 신기술로 가장 적절한 것은?

> 팀장 : 다음 프로젝트에서 도입해야 할 신기술의 고려 사항에 대해 의견을 제시하기 바랍니다.
>
> 팀원 A : 이번 신기술 도입은 예산을 고려하여야 합니다. 지난번 도입한 기술은 성과는 좋았지만 비용이 많이 들어 예산 확보에 어려움이 있었습니다.
>
> 팀원 B : 신기술을 적용하고 이 기술에 적응하는 데 걸리는 시간이 너무 길지 않아야 합니다. 하지만 도입한 신기술이 너무 빨리 변화되어 활용 시간이 짧은 것은 적절하지 않다고 봅니다.
>
> 팀원 C : 이번 신기술은 고객 안전이라는 우리 부서의 경영 혁신과 목표에 부합할 수 있는 기술이어야 합니다.
>
> 팀장 : 그렇군요. 그렇다면 의견을 주신 고려 사항에 따라 신기술을 평가했을 때 만일 평가 점수가 같으면 기술 적용에 따른 성과를 고려해서 선택하는 것이 좋겠습니다.

▫ 기술 평가 결과서

평가내용	(가)	(나)	(다)	(라)	(마)
기술 적용에 따른 비용은 적절한가?	우수☐ 보통■ 미흡☐	우수■ 보통☐ 미흡☐	우수■ 보통☐ 미흡☐	우수☐ 보통■ 미흡☐	우수☐ 보통■ 미흡☐
기술 적용에 따른 성과는 적절한가?	우수■ 보통☐ 미흡☐	우수☐ 보통■ 미흡☐	우수☐ 보통☐ 미흡■	우수■ 보통☐ 미흡☐	우수☐ 보통■ 미흡☐
기술 적용에 걸리는 시간은 적절한가?	우수☐ 보통■ 미흡☐	우수■ 보통☐ 미흡☐	우수☐ 보통■ 미흡☐	우수■ 보통☐ 미흡☐	우수■ 보통☐ 미흡☐
기술의 수명 주기는 적절한가?	우수☐ 보통■ 미흡☐	우수☐ 보통■ 미흡☐	우수☐ 보통■ 미흡☐	우수☐ 보통■ 미흡☐	우수☐ 보통■ 미흡☐
기술은 경영 혁신과 목표에 부합하는가?	우수■ 보통☐ 미흡☐	우수☐ 보통☐ 미흡■	우수☐ 보통■ 미흡☐	우수☐ 보통☐ 미흡■	우수■ 보통☐ 미흡☐

※ 단, 배점은 우수 3점, 보통 2점, 미흡 1점으로 한다.

① (가)   ② (나)   ③ (다)

④ (라)   ⑤ (마)

28. 다음 지하철 사고(충돌) 대응 흐름도를 참고하여 주어진 〈사례〉의 '상황발생'에서 '상황종료' 사이에 처리되는 내용으로 적절한 것을 〈보기〉에서 모두 고른 것은?

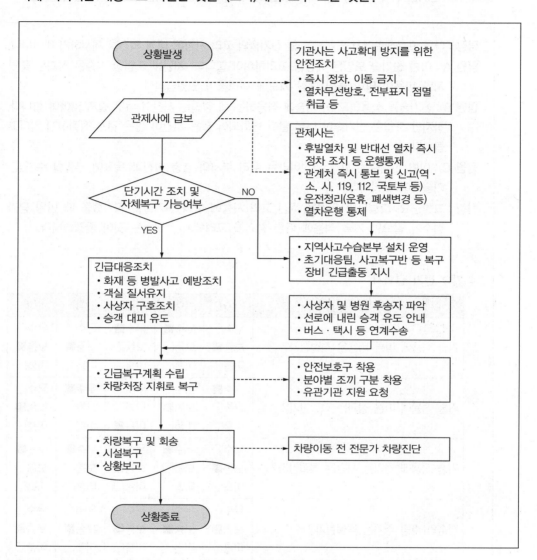

사례

20X1년 4월 30일 오전 8시 25분경 A역에 도착하는 지하철 ○호선 열차가 철로에 떨어진 대형 낙하물을 보고 급히 제동하던 중 객실 내 일부 승객이 넘어지는 안전사고가 발생하였으나, 열차는 단시간 내 조치와 자체복구가 가능한 상태임을 확인하였다.

보기

ㄱ. 후발열차 및 반대선 열차를 즉시 정차 조치한다.
ㄴ. 객실 내 승객의 질서유지와 사상자 구호조치를 취한다.
ㄷ. 선로에 내린 승객을 유도 안내하고 버스 등으로 연계 수송한다.
ㄹ. 긴급복구계획을 수립하고 유관기관에 지원을 요청한다.

---

① ㄹ   ② ㄱ, ㄴ   ③ ㄱ, ㄴ, ㄹ
④ ㄴ, ㄷ, ㄹ   ⑤ ㄱ, ㄴ, ㄷ, ㄹ

[29 ~ 30] 다음은 경력 지향성을 8가지 유형으로 분류한 '경력 닻 유형'에 관한 내용이다. 이어지는 질문에 답하시오.

> 샤인(Schein)은 MIT 슬론 경영대학원 졸업생 440명을 대상으로 실시한 패널조사를 통해 개인의 경력 관련 의사결정을 하는 데 있어서 일정한 경향을 보이는 것과, 그러한 일정한 경향은 직무 관련 경험이 축적될수록 더욱 명확해진다는 것을 발견하였다. 조사 대상자들은 자신들의 경력과 관련하여 특정한 경향을 보인다는 것을 의식하지 못하였지만, 그 경향을 특정한 개념으로 제시하였을 때는 쉽게 인식할 수 있을 정도로의 내재화가 이루어지고 있었다.
>
> 이 연구에 따르면 개인이 조직에 들어간 시점부터 조직과 개인은 상호 관찰을 시작하면서 서로에 대한 정보를 얻게 된다. 더욱 중요한 것은 개인이 직무와 관련한 경험을 계속하면서 직무와 관련한 자아 이미지를 발견하게 되고 그 이미지를 점차 확고히 한다는 것이다. 샤인은 이러한 경향을 '경력 닻(Career Anchors)'이라고 명명하고, 다음의 8가지 '경력 닻 유형'을 제시하였다.

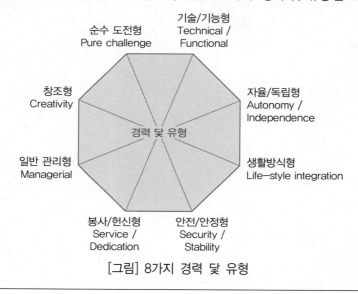

[그림] 8가지 경력 닻 유형

29. 다음 MZ세대가 선호하는 일자리 조사 결과에 대한 보도자료에서 '일과 삶의 균형이 맞춰지는 일자리'를 선호하는 유형과 가장 유사한 경력 닻 유형은?

> 한국경영자총협회(이하 경총)가 이른바 'MZ세대'로 불리는 1984 ~ 2003년 출생자 1천 명을 대상으로 일자리 인지 조사를 한 결과, 이들 세대는 워라밸을 중시하는 동시에 수도권에 있는 연봉 3천만 원대 직업을 '괜찮은 일자리'로 생각하는 것으로 나타났다.
>
> 경총에 따르면 괜찮은 일자리의 판단기준을 묻는 말에 응답자의 66.5%(복수응답)가 '일과 삶의 균형이 맞춰지는 일자리'라고 답했다. 이어 '공정한 보상이 이뤄지는 일자리'(25.9%) 순이었다. 이에 반해 '정년 보장 등 오래 일할 수 있는 일자리'를 꼽은 비율은 14.0%에 그쳤다.
>
> 경총 고용정책팀장은 "이번 조사를 통해 워라밸과 실리를 추구하는 동시에 공정에 민감한 MZ세대의 특징을 엿볼 수 있었다"라며 "한 직장에서만 일하고 돈을 벌어 생계를 유지하는 전통적 일자리의 개념이 변했다는 점도 확인했다"라고 말했다.

① 순수 도전형　　　　　② 자율/독립형　　　　　③ 일반 관리형
④ 생활방식형　　　　　⑤ 안전/안정형

30. 청년층의 취업 관련 의사결정에 관한 다음 보도자료의 내용과 가장 유사한 경력 닻 유형은?

> A 씨는 학군단 생활 이후 장교로 일했지만 지난 6월 전역한 후 한복 대여점 아르바이트를 하고 있다. 근무시간은 주 30시간 정도에 불과하다. A 씨는 남는 시간을 활용해 극단 활동을 하고 있다. 반년 넘게 준비한 뮤지컬 무대에 오르면서 그는 "전역 후 기업에 취직하는 대신 아르바이트하며 전공인 성악도 살리고 노래를 마음껏 불러 행복하다"고 말했다.
>
> 회사에 전일제로 취직하는 대신 아르바이트로 생계를 유지하는 청년 '프리터족'이 증가세다. 청년 취업자 중 주 36시간 미만 일하는 '초단기 근로자'가 전년 대비 22% 늘어나면서 100만 명을 돌파하였다. 초단기 근로자 증가는 기업과 자영업자들이 경기 불확실성 증대로 단시간 일자리를 늘린 게 가장 큰 원인이지만, 일부 청년들은 '자발적 프리터족'이 되는 것을 선택했다. 오래 근무해야 하는 전일제 일자리에 얽매이기보다는 최소한의 노동으로 생계를 유지하며 진짜 하고 싶은 일을 하는 청년들이 늘어난 결과로 분석된다.

① 기술/기능형　　　　　② 자율/독립형　　　　　③ 창조형
④ 봉사/헌신형　　　　　⑤ 안전/안정형

[31 ~ 32] 다음 자기관리에 대한 글을 읽고 이어지는 질문에 답하시오.

> 자기관리는 자신을 이해하고, 목표를 성취하기 위해 자신의 행동 및 업무수행을 관리하고 조정하는 것이며, 자기관리능력은 이러한 자기관리를 잘 할 수 있는 능력을 의미한다. 자기관리의 절차는 자신의 비전과 목표를 정하고, 자신의 역할 및 능력을 분석하여 과제를 발견하고, ㉠<u>일의 우선순위</u>에 따라 구체적인 일정을 수립하여 월간계획 → 주간계획 → 하루계획 순으로 작성하고 이에 따라 수행한다. 이렇게 시행된 결과는 지속적인 자기관리를 위하여 반성하고 피드백하여 다음 수행에 반영한다.

31. 다음 중 윗글에 따라 '자기관리 절차'를 올바르게 나열한 것은?

① 과제 발견 → 일정 수립 → 수행 → 반성 및 피드백 → 비전 및 목표 정립
② 과제 발견 → 비전 및 목표 정립 → 일정 수립 → 수행 → 반성 및 피드백
③ 비전 및 목표 정립 → 과제 발견 → 수행 → 일정 수립 → 반성 및 피드백
④ 비전 및 목표 정립 → 과제 발견 → 일정 수립 → 수행 → 반성 및 피드백
⑤ 일정 수립 → 과제 발견 → 비전 및 목표 정립 → 수행 → 반성 및 피드백

32. 다음 (가) ~ (라)를 윗글의 밑줄 친 ㉠에 따라 바르게 나열한 것은?

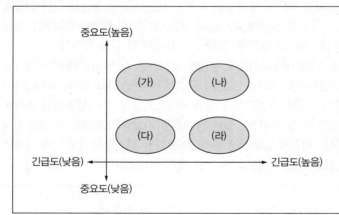

> 우선순위는 진행하고 있는 업무와 해야 할 업무를 모두 작성한 후에 업무의 중요도와 긴급성을 파악하여 결정해야 한다. 우선순위가 너무 많을 경우 우선순위를 결정하지 않은 것과 마찬가지이므로, 반드시 중요도를 긴급도보다 우선으로 결정한다.

① (가) → (나) → (다) → (라) ② (가) → (라) → (나) → (다)
③ (나) → (가) → (라) → (다) ④ (나) → (가) → (다) → (라)
⑤ (나) → (라) → (가) → (다)

33. 다음은 '서번트 리더십을 발휘하는 리더들의 행동 특성'이다. 다음 중 아래 [그림]의 '자각'에 대한 설명으로 가장 적절한 것은?

서번트 리더십을 발휘하는 리더들의 행동 특성은 경청, 공감, 선견지명, 설득 등 다음 [그림]과 같이 다양하게 나타난다. 서번트 리더십은 추종자에게 방향을 제시하며 추종자의 판단력 함양에 도움을 주고, 미래를 예측해 비전을 제시하고 추종자가 상황에 알맞게 대처하도록 유도한다. 또한 신뢰를 바탕으로 추종자를 육성 · 성장시키고 협동과 공동체 의식을 강조하며, 추종자가 자발적으로 조직의 목표를 달성하도록 추종자들을 섬기고 지원하는 리더십을 의미한다.

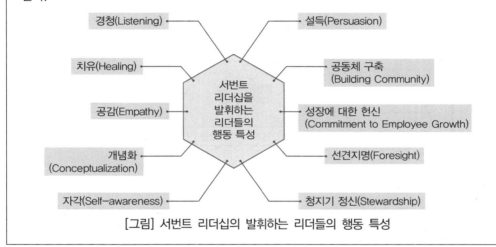

[그림] 서번트 리더십의 발휘하는 리더들의 행동 특성

① 조직 목표를 달성하기 위하여 구성원들과 협력하고 적극적으로 의사소통한다.
② 경험과 직관을 이용해 현재와 미래를 예측한다.
③ 추종자들의 합의를 이끌고 양방향의 의사소통으로 추종자에게 영향력을 행사한다.
④ 리더의 개인적 욕구보다 다른 사람의 욕구를 우선으로 생각하고 배려한다.
⑤ 자신을 알고 주변 상황을 분석하여 전체 상황과 역학관계를 정확히 파악한다.

[34 ~ 35] 다음은 '인간관계에 영향을 미치는 심리적 요인'에 관한 내용이다. 이어지는 질문에 답하시오.

현대사회에서 많은 사람들은 물질적 풍요 속에 살아가고 있지만 산업화, 기계화로 인한 인간소외에서 벗어나지 못하고 있다. 인간관계 자체도 적막한 경우가 많으며, 가족의 고유기능인 애정 기능이 약해짐에 따라 가족 내 인간관계도 악화되고 있다.

인간은 '인간관계' 그 자체라고 할 수 있다. 즉, 사람은 이러한 인간관계 때문에 비로소 사람인 것이다. 따라서 바람직한 인간관계를 형성하는 것은 매우 중요하며 이를 위해서는 먼저 인간관계에 영향을 미치고 있는 심리적 요인들을 이해할 필요가 있다. 다음 [그림]은 '인간관계의 심리학적 설명 모형'이다.

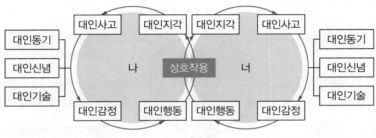

[그림] 인간관계의 심리학적 설명 모형

위의 모형은 관계 형성의 주체는 ㉠각자의 심리적 요인인 대인동기, 대인신념, 대인기술을 바탕으로 ㉡상대방과 상호작용할 때의 심리적 요인인 대인지각, 대인사고, 대인감정, 대인행동에 따라 상대방을 판단하게 되는데, 그 결과로 인간관계가 지속될 수도 단절될 수도 있게 되는 것을 보여주고 있다. 즉 인간관계의 형성 및 유지, 단절을 결정하는 것은 각자의 심리적 요인을 바탕으로 상호작용에서 발생되는 심리적 요인이 결합하여 나타난다.

34. 다음 중 윗글의 밑줄 친 ㉠에 대하여 아래의 A ~ C가 의미하는 것을 옳게 연결한 것은?

A. 인간관계를 성공적으로 이끌어갈 수 있는 사교적 능력
B. 다른 사람과 관계를 맺고자 하는 내면적 욕구
C. 인간과 인간관계에 대해 가지고 있는 지적인 이해와 믿음

	A	B	C		A	B	C
①	대인기술	대인신념	대인동기	②	대인기술	대인동기	대인신념
③	대인동기	대인신념	대인기술	④	대인동기	대인기술	대인신념
⑤	대인신념	대인동기	대인기술				

35. 다음은 윗글의 밑줄 친 ⓒ에 관한 내용이다. 다음 중 빈칸 A ~ E에 들어갈 대인지각적 오류를 모두 옳게 연결한 것은?

우리는 살면서 수많은 사람을 만나게 되고, 그 과정에서 끊임없이 그 사람을 판단하게 된다. 하지만 왜 우리는 다른 사람을 제대로 보지 못할까? 그것은 타인이 객관적이고 타당한 방법으로 지각하는 것이 아니라 개인이 가진 틀 속에서 평가하는 경향이 많기 때문이다. 대표적으로 다음과 같은 경우이다.

첫째는 (A)이다. 이것은 어떤 특성이 좋으면 다른 특성도 좋으리라 판단하는 것을 말한다. 공부를 잘하는 학생은 인격도 좋고 교우관계도 좋고 봉사활동도 잘하리라 생각하는 것이다. 특히 외모와 같이 겉으로 타인을 평가할 때 강하게 영향을 미친다. 따라서 외모에 별 호감이 가지 않는 학생은 그렇지 않은 학생보다 불리한 평가를 받을 가능성이 크다.

둘째는 (B)이다. 이것은 사람의 성취를 높이는 긍정적인 요인으로 작용하기도 하지만(피그말리온 효과), 이것에 어긋났을 때는 성격 특성과는 무관하게 평가되기도 한다.

셋째는 (C)이다. 이것은 행동의 원인이 어디에 있었는가를 파악하는 과정에서 오류가 나타나는 것이다. 사람들은 "남이 하면 불륜, 내가 하면 로맨스"처럼, 타인의 행동에 대해서는 그의 개인적인 원인을 과대 강조하고, 자신의 행동에 대해서는 그러한 원인을 강조하지 않는 경향이 있다. 즉 자신의 성공은 노력이나 자질('내가 잘나서') 덕분이고, 실패는 외부요인('운이 나빠서') 때문이라고 생각하는 것이다.

넷째는 (D)이다. 이것은 우리가 보고 싶은 것만 보고, 듣고 싶은 것만 듣는다는 것이다. 그래서 전체를 바라보지 못하고 부분적인 것만 받아들이게 되어 타인에 대한 과대평가 혹은 과소평가가 나타나게 된다.

다섯째는 (E)이다. 이것은 평가자가 피평가자의 실제 능력이나 실적보다도 더 높게 평가하려는 것이다. 그 이유는 평가결과가 나쁜 경우에 그 원인이 평가자의 통솔력, 지도력 부족 등으로 오인될까봐 염려하기 때문이다. 또한 평소에 피평가자에 대한 관찰을 소홀히 하여 잘 모르거나 낮은 평가를 해서 굳이 불리하게 만들 필요가 없다고 생각하기 때문이다.

이러한 것들은 일반 사람들이 타인을 지각할 때 대부분 공통적으로 경험하는 것으로, 극복되어야 할 대인지각의 오류이다.

	A	B	C	D	E
①	귀인오류	관대화 경향	고정관념	부정성 효과	상동적 태도
②	기대	귀인오류	상동적 태도	고정관념	후광효과
③	후광효과	기대	귀인오류	선택적 지각	관대화 경향
④	고정관념	선택적 지각	초두효과	귀인오류	부정성 효과
⑤	초두교화	고정관념	부정성 효과	상동적 태도	귀인오류

36. 다음은 ○○공사의 '고객을 위한 약속'이다. 다음 중 아래에서 언급한 서비스품질지표(SQI)로 가장 적절하지 않은 것은?

고객을 위한 약속

○○공사 임직원 일동은 「안전한 도시철도, 편리한 교통서비스」 제공을 사명이자 보람으로 여기고 다음과 같이 고객을 모시기 위해 최선을 다하겠습니다.

[고객서비스 헌장]

우리는 고객의 안전을 최우선으로 합니다.
우리는 고객의 시간을 소중히 지킵니다.
우리는 고객을 쾌적하고 편안하게 모십니다.
우리는 고객의 입장에서 생각하고 행동합니다.
우리는 공공기관의 사회적 책임을 다합니다.

위와 같은 약속을 지키기 위하여 다음과 같은 서비스품질지표(SQI)를 제정하고, 이를 성실히 이행할 것을 다짐합니다.

○○공사 임직원 일동

---

① 열차 내 질서 저해자 불편민원 처리율
② 재정 안정화를 위한 승소율
③ 승강편의시설 일평균 장애 발생률
④ 고객서비스 인력 생산성
⑤ 화장실 환경개선 이행률

37. 다음 사례 1과 사례 2의 두 사람이 갖추어야 할 직업윤리를 옳게 연결한 것은?

> **[사례 1]**
> 식당을 운영하는 K 씨는 최근 전기요금은 물론 각종 공과금까지 올라 부담이 크다. 그래서 한 푼이라도 아끼려는 마음에 음식물 쓰레기를 갈아서 몰래 하수도에 버렸다.
>
> **[사례 2]**
> 건설사에 근무하는 P 대리는 상사로부터 매일 퇴근 전에 현장에 들러서 공사 진행 상황과 각종 건설 자재·공구 등의 정리·정돈 상태를 직접 꼼꼼하게 확인하라는 지시가 받았지만, 이전에 현장에 나가서 눈으로 상황을 대충 훑어보고 보고했을 때 아무 일도 없었기에 오늘도 대충 훑어보고 있다.

	[사례 1]	[사례 2]			[사례 1]	[사례 2]
①	성실성	정직성		②	성실성	준법성
③	준법성	봉사성		④	준법성	성실성
⑤	봉사성	준법성				

38. 다음 (가) ~ (마)에 들어갈 내용으로 가장 적절하지 않은 것은?

〈직장 내 성희롱 성립 요건〉

피해자	행위자	행위 유형	행위로 인한 피해	업무 관련성
(가)	(나)	(다)	(라)	(마)

① (가)-기업체 등의 사용자 및 종사자, 근로자로부터 성희롱을 당한 여성에 한함

② (나)-기업체 등의 사용자 및 종사자, 근로자

③ (다)-상대방이 원하지 않는 성적 의미가 내포된 육체적·언어적·시각적 언어나 행동

④ (라)-상대방에게 성적 굴욕감이나 혐오감을 느끼게 하는 행위 또는 이에 대한 불응을 이유로 근로조건 및 고용에서 불이익을 주는 행위

⑤ (마)-직장 내의 지위를 이용하거나 사적인 만남이라도 업무수행을 빙자하여 성적 언동을 한 경우

[39 ~ 40] 다음은 기업의 사회적 책임에 관한 내용이다. 이어지는 질문에 답하시오.

기업의 사회적 책임(CSR, Corporate Social Responsibility)란 기업들이 자발적으로 사회적, 환경적 관심을 영업활동과 그들의 이해관계자들과의 상호작용에 통합시키는 개념으로 정의되고 있다. 즉 기업이 생산 및 영업활동을 하면서 환경경영, 윤리경영, 사회 공헌과 노동자를 비롯한 지역사회 등 사회 전체에 이익을 동시에 추구하며, 그에 따라 의사 결정 및 활동을 하는 것을 말한다. 이를 통해 기업들은 경제, 문화, 사회 측면에서 성과를 창출하여 지속 가능한 기업의 가치를 증진하려 한다.

국제 표준화 기구인 ISO는 기업의 사회적 책임에 대한 첫 국제표준으로서 기업 등의 사회적 책임 이행을 판단하는 기준을 제시하는 'ISO 26000'을 제시하였다. ISO 26000은 민간, 공공 및 비영리 부문을 포함하여 규모가 크든 작든 관계없이 모든 형태의 조직에 적용될 수 있으며 정부조직의 경우도 예외는 아니다. 다음 그림은 'ISO 26000의 7개 핵심주제'이다.

〈ISO 26000의 7개 핵심주제〉

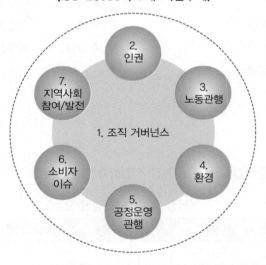

위의 7개의 핵심주제는 주제마다 여러 개의 쟁점으로 구성되어 있으며, 그 쟁점들이 조직과 관련이 있느냐, 얼마나 중대하냐 하는 것은 이해관계자들과 소통함으로써 조직이 스스로 결정할 수 있다.

39. ISO 26000의 쟁점 사항에 관한 다음 ㉠ ~ ㉤을 윗글의 ISO 26000의 7개 핵심주제와 바르게 연결한 것은?

> ㉠ 반부패, 공정경쟁
> ㉡ 오염방지, 기후변화 완화와 적응
> ㉢ 필수 서비스에 대한 접근, 지속 가능한 소비
> ㉣ 시민권과 정치적 권리, 근로에서의 근본원칙과 권리
> ㉤ 근로에서의 보건과 안전, 근로조건과 사회적 보호

	㉠	㉡	㉢	㉣	㉤
①	지역사회참여/발전	환경	공정운영관행	인권	노동관행
②	지역사회참여/발전	환경	인권	공정운영관행	노동관행
③	공정운영관행	환경	소비자 이슈	인권	노동관행
④	공정운영관행	지역사회참여/발전	소비자 이슈	노동관행	환경
⑤	환경	지역사회참여/발전	공정운영관행	노동관행	소비자 이슈

40. 다음 ○○공사의 사업 내용 중 윗글의 CSR과 직접 관련된 것을 모두 고른 것은?

> ㉠ 효율적인 자산관리를 통한 재무 건전성 확보
> ㉡ 대내외 소통 활성화로 생동감 있는 조직 구현
> ㉢ 지역사회 저소득 다문화가정 지원 프로그램 시행
> ㉣ 장애 없는 따뜻한 세상을 위한 장애인 주거환경개선 지원
> ㉤ 직원 만족도 제고를 위한 직원행복 이벤트 다양화
> ㉥ '천원의 희망' 나눔 기금의 사회복지공동모금회 기탁으로 취약계층 지원
> ㉦ 사회공헌 특별기금 '사촌통장' 개설을 통한 농촌마을 지원 및 일손 돕기 행사

① ㉠, ㉡, ㉣, ㉥
② ㉠, ㉢, ㉣, ㉤
③ ㉡, ㉢, ㉤, ㉦
④ ㉡, ㉤, ㉥, ㉦
⑤ ㉢, ㉣, ㉥, ㉦

[01 ~ 02] 다음은 선로유실물에 대한 보도자료이다. 이어지는 질문에 답하시오.

서울교통공사에서 2023년 1 ~ 8월까지 공사에 접수된 선로유실물이 총 1,276건이었는데 이 중 휴대전화가 547건(43%)으로 가장 많은 선로유실물 유형이라고 밝혔다. 2023년 8월까지 공사에 접수된 선로유실물은 휴대전화 547건(43%), 이어폰 등 전자기기 203건(16%), 지갑 132건(10%) 순으로 집계되었다.

승객들이 이어폰을 착용하고 휴대전화를 사용하며 열차를 기다리는 모습은 일상 속에서 흔히 볼 수 있는 장면이다. 하지만 열차와 승강장 사이 틈을 인지하지 못한 채 열차에서 승·하차하다가 휴대전화나 이어폰을 빠트리는 경우가 늘어나고 있다. 2023년 1 ~ 8월까지 접수된 선로유실물은 1,276건으로 월평균 160건이 접수되고 있다. 2022년 월평균 접수 건수가 144건이고 2021년 월평균 접수 건수는 97건인 것에 대비해볼 때 해가 갈수록 수치가 증가하는 양상을 보이고 있다.

선로유실물 중 휴대전화와 블루투스 이어폰 등의 전자기기는 2023년 8월까지 750건이 접수되어, 선로유실물 접수 건수 1,276건 중 절반 이상인 약 59%를 차지했다. 2021년과 2022년에도 휴대전화와 블루투스 이어폰 등 전자기기는 가장 빈번하게 선로에 빠지는 유실물이었다. 휴대전화는 2021년 547건(47%), 2022년 772건(45%)을 기록했으며, 블루투스 이어폰을 비롯한 전자기기는 2021년과 2022년에 각각 126건(11%), 216건(13%)이 선로유실물로 접수됐다.

휴대전화와 이어폰은 크기가 작은 만큼 주의하지 않으면 승강장 틈 사이로 빠질 수 있기 때문에 각별한 주의가 필요하다. 특히 열차 승·하차 시 승객 간 부딪힘이 발생하거나, 뛰는 등 급하게 승·하차를 하게 되면 휴대전화를 떨어뜨리거나 착용하고 있던 이어폰을 분실하게 되는 경우가 발생할 수 있다.

선로로 물건이 떨어졌다면 당황하지 않고 물건을 떨어뜨린 승강장 위치를 기억해 두어야 한다. 물건의 종류와 승강장 위치를 함께 고객안전실로 신고하면 역 직원이 영업 종료 후 수거해 다음 날부터 인계받을 수 있다. 열차와 승강장 사이 틈을 통해 선로로 물건을 떨어뜨린 경우 당일에 유실물을 찾아 가기는 어려운데 이는 선로에 떨어진 유실물은 안전을 위해 열차 운행 시간에는 회수하지 않기 때문이다. 간혹 영업 중에도 물건을 찾아달라고 요구하는 고객이 있을 때는 해당 역 직원이 매우 난감해 한다. 한 역 직원은 "㉠소중한 소지품을 지켜내면서 안전하게 지하철을 이용하기 위해서는 마음의 여유를 가지고 승·하차에 주의하며 열차를 이용하는 것이 중요하다."라며 "안전을 위해 열차 운행 시간 중에는 선로에 들어갈 수 없다는 점을 이해해 주시기 바란다."라고 말했다.

선로로 떨어진 소중한 소지품을 역 직원이 본인 일처럼 친절하게 찾아주었다는 칭찬 민원도 여러 건 접수되어 훈훈함을 안겨주고 있다. 지난 6월 고려대역 승강장에서 하차 중 휴대전화가 떨어져 난감한 상황이 펼쳐졌지만, 역 직원이 안전하게 수거함과 동시에 깨끗하게 닦고 충전까지 하여 돌려주었다며 고객의 소리를 통해 감사 인사를 전했다.

□ 선로유실물 관련 칭찬 민원 사례

　# 2023년 6월 27일 저녁 6호선 고려대역에서 하차 중 선로에 떨어뜨린 휴대전화를 직원이 안전하게 수거하여 깨끗하게 닦고 말리고 100% 충전 후 전달하여 무한 감동을 받았다며 고객이 서울교통공사 고객의 소리로 알려왔다.

　# 2023년 7월 24일 저녁 3호선 고속터미널역에서 선로에 떨어뜨린 휴대전화를 비가 많이 온 날이라 찾기 쉽지 않았지만 다음 날까지 수색해 찾아줬다며, 이틀 내내 고객안전실에 찾아갈 때마다 친절하게 응대해준 직원들에게 감사를 표했다.

　한편 유실물 접수 후 과정은 다음과 같다. 각 역에서 유실물이 접수되면 우선 경찰청 유실물 포털 사이트인 'lost112(www.lost112.go.kr)'에 등록하며, 이후 호선별로 운영 중인 유실물센터로 인계된다. 접수된 유실물을 확보했지만 이후에 승객이 바로 찾아가지 않을 경우 해당 역에 1주일 간 보관 후 경찰서로 이관한다.

01. 다음 중 윗글을 이해한 내용으로 적절하지 않은 것은?

① 2023년 1월부터 8월까지 접수된 선로유실물 가운데 휴대전화와 전자기기는 전체 선로유실물 접수 건의 절반이 넘는다.

② 승강장에서 열차에 탑승하다가 선로로 물건이 떨어진 경우, 물건의 종류와 물건을 떨어뜨린 승강장 위치를 고객안전실에 즉시 신고해도 당일에 인계받기 어려울 수 있다.

③ 2021년에 선로유실물로 접수된 유실물 중 휴대전화의 수는 유실물로 접수된 블루투스 이어폰 및 전자기기의 수의 6배 이상이다.

④ 각 역에서는 유실물이 접수되면 경찰청의 유실물 포털 사이트에 해당 유실물을 등록한 후에 호선별 유실물센터로 인계하고 일주일간 보관한다.

⑤ 역 직원들과 승객들의 안전을 위해 열차 운행 시간에는 선로에 들어갈 수 없으므로 출근 시간대에 유실물 신고 접수를 했더라도 영업 종료 후에 역 직원의 유실물 수거가 가능하다.

02. 다음 중 윗글의 밑줄 친 ㉠을 참고하여 보도자료의 제목을 짓는다고 할 때 가장 적절한 것은?

① 평일 지하철 승·하차 시 안전에 유의해야

② 선로유실물 3년 새 급증… 월평균 160건 접수돼

③ 역 내 분실물 하루 내 찾아드리는 서울 지하철역 서비스

④ 선로유실물 찾아달라는 민원, 열차사고 발생률 증가 위험해 안 돼

⑤ '5초 마음의 여유'… 모두의 안전과 소중한 소지품을 지킵니다.

[03 ~ 04] 다음 보도자료를 읽고 이어지는 질문에 답하시오.

서울시는 어린이·노인·장애인의 교통약자 모두가 안전하고 편리하게 다닐 수 있는 서울형 보호구역을 조성하기 위해 「2023년 서울시 보호구역 종합관리대책」을 발표했다. 교통약자의 보행 편의를 높이기 위해 안전하게 다닐 수 있는 보행공간을 조성하는 현장 맞춤형 보호구역 관리방안 기준을 마련한다.

교통약자 보행사고는 주로 낮 시간대, 도로 횡단 중에 집중적으로 발생하는 특징을 지니고 있으며 특히 어린이 보호구역 내 사망사고의 대부분이 보도와 차도가 구분되지 않는 이면도로에서 발생하는 경향이 크다.

지난 5년간 서울시 어린이 보호구역에서 발생한 사고 중 54%가 하교시간대인 14 ~ 18시에 발생했으며, 차 대 사람 사고 중 도로 횡단 사고 발생비율이 60%를 차지했다. 게다가 10년간 서울시 어린이 보호구역에서 발생하는 교통사고의 75.8%가 1 ~ 2차로의 좁은 이면도로에서 발생했으며, 해당 구역에서 발생한 사망사고의 80% 또한 이면도로에서 발생한 바 있다. 한편 지난 5년간 노인 보행사고의 55%는 활동량이 많은 주간시간대(10 ~ 18시)에 발생했으며, 차 대 사람 사고 중 도로 횡단 사고 발생비율이 42%를 차지했다.

이번 종합관리대책은 '보행로 조성을 통한 차량과 보행자의 물리적 분리', '시인성 향상을 위한 횡단보도 안전시설물 확대', '과속 및 불법 주·정차 최소화를 위한 촘촘한 감시체계 구축', '보호구역 확대 및 운영 효율화'의 핵심분야 4가지를 선정하고 10개의 세부과제로 나누어 연간 약 485억 원을 투입할 예정이다.

아울러, 보호구역 교통안전 실태조사를 통해 시설의 효율적인 관리와 사고발생 위험요소를 사전에 분석하고, 주변여건을 고려한 맞춤형 지침을 마련해 보호구역을 정비한다. 또한, 이번 종합관리대책이 실효성 있게 추진될 수 있도록 경찰, 교육청, 자치구와도 협력을 지속해 나갈 예정이다. 윤○○ 서울시 도시교통실장은 "보행자와 차량이 혼재되어있는 도로를 중점적으로 정비해 교통약자가 편리하고 안전하게 다닐 수 있는 서울형 보호구역을 만들기 위해 최선을 다하겠다."라며 "교통약자를 위해 지정된 보호구역 내에서는 운전자들의 세심한 주의가 필요하다."라고 밝혔다.

〈4가지 핵심분야별 세부내용〉

핵심분야	세부내용
1. 보행로 조성을 통한 차량과 보행자의 물리적 분리	보도와 차도가 구분되지 않아 사고 위험이 높은 이면도로를 대상으로 보도 신설 및 제한속도 하향 등 보행친화 도로 조성을 추진
2. 시인성 향상을 위한 횡단보도 안전시설물 확대	• 차 대 사람 사고 중 절반에 가까운 사고가 도로 횡단 중 발생하는 것을 고려해 횡단보도 안전시설을 강화 • 바닥신호등, 음성안내 보조신호기 등의 스마트 안전시설 550개를 설치하고, 기존 신호기가 없는 구간에 신호기를 신설하는 등 안전한 횡단환경 320개소를 조성
3. 과속 및 불법 주 · 정차 최소화를 위한 촘촘한 감시체계 구축	• 과속방지 및 불법 주 · 정차 최소화를 위해 더욱 촘촘한 감시체계 조성 • 보호구역 및 인근 도로에 과속단속카메라를 추가 설치해 보호구역 내 차량의 진입속도를 낮춰 사고발생 가능성 낮추기 • 불법 주 · 정차 차량 단속을 통해 보행자 및 운전자의 시야가림 현상을 없애 사고 위험요소를 제거
4. 보호구역 확대 및 운영 효율화	• 초등학생을 위해 등하굣길을 동행하는 교통안전지도사를 운영 • 차량을 통해 초등학교, 학원 등에 등교 · 등원하는 어린이들을 위해 어린이 승하차구역을 지정하는 등 어린이 통학로 안전을 더욱 강화

03. 다음 중 윗글을 통해 알 수 있는 내용으로 적절하지 않은 것은?

① 교통약자 보행사고의 주요 특징

② 보호구역 교통안전 실태조사의 목적

③ 2023년 종합관리대책 투입 비용

④ 지난 5년간 주간시간대 노인 보행사고 발생비율

⑤ 장애인의 대중교통 이용 불편사항

04. 다음 ⓐ ~ ⓘ는 위 보도자료에서 제시한 「2023년 서울시 보호구역 종합관리대책」의 4가지 핵심분야별 세부과제의 일부이다. 세부과제 ⓐ ~ ⓘ를 핵심분야별로 바르게 구분한 것은?

ⓐ 과속단속카메라 연내 200대 추가 설치

ⓑ 이면도로 70개소 제한속도 20km/h로 하향

ⓒ 어린이 승하차구역 지점 100개소 확대

ⓓ 음성안내 보조신호기 80개소 신설 및 교체

ⓔ 250개교 초등학교 등하굣길에 545명의 어린이 교통안전지도사 동행

ⓕ 이면도로 20개소에 보도 신설 등 보행공간 확보

ⓖ 횡단보도 대기공간 옐로카펫 및 주변 안전시설 240개소 정비

ⓗ 불법 주·정차 단속체계 강화

ⓘ 횡단보도에 스마트 안전시설 550개 설치

	핵심분야 1	핵심분야 2	핵심분야 3	핵심분야 4
①	ⓒ, ⓔ	ⓓ, ⓖ	ⓐ, ⓑ, ⓗ	ⓕ, ⓘ
②	ⓑ, ⓕ	ⓓ, ⓖ, ⓘ	ⓐ, ⓗ	ⓒ, ⓔ
③	ⓑ, ⓕ	ⓓ, ⓘ	ⓐ, ⓖ, ⓗ	ⓒ, ⓔ
④	ⓑ, ⓘ	ⓓ, ⓖ	ⓐ, ⓗ	ⓒ, ⓔ, ⓕ
⑤	ⓑ, ⓒ, ⓔ	ⓓ, ⓖ	ⓐ, ⓗ	ⓕ, ⓘ

05. 다음은 논리적 법칙에 대한 설명이다. 다음 중 ㉠, ㉡에 들어갈 말을 바르게 연결한 것은?

영국의 수학자이자 논리학자인 드 모르간(De Morgan, 1806 ~ 1871)이 논리적 명제와 집합 연산에서의 기초 규칙인 '드 모르간의 법칙(De Morgan's laws)을 발견하였는데 이 법칙은 논리 연산자 NOT(부정), AND(논리곱), OR(논리합)에 대해서 아래의 두 가지 변형으로 나타낼 수 있다.

1) NOT(AB)=(NOT A) OR (NOT B) : 어떤 명제나 진술 A와 B가 주어졌을 때, 두 명제의 논리곱이 부정된다면 그것은 각각의 명제를 부정하고 논리합을 취한 것과 같다는 법칙이며, 다음과 같이 표현할 수 있다. $(A \cap B)^c = A^c \cup B^c$

2) NOT(A+B)=(NOT A) AND (NOT B) : 어떤 명제나 진술 A와 B가 주어졌을 때, 두 명제의 논리합이 부정된다면 그것은 각각의 명제를 부정하고 논리곱을 취한 것과 같다는 법칙이며, 다음과 같이 표현할 수 있다. $(A \cup B)^c = A^c \cap B^c$

[예시]
– 전공, 교양과목 모두 A 학점 이상인 학생에게 성적 장학금을 줄 때, 장학금을 못 받는 학생들은 [　　　　㉠　　　　] 인 학생들이다.
– 전공 또는 교양과목이 A 학점 이상인 학생에게 성적 장학금을 줄 때, 장학금을 못 받는 학생들은 [　　　　㉡　　　　] 인 학생들이다.

	㉠	㉡
①	전공 또는 교양과목이 A 학점 미만	전공과 교양과목 둘 다 A 학점 미만
②	전공 또는 교양과목이 A 학점 미만	전공과목은 A 학점 이상이지만 교양과목이 A 학점 미만
③	전공과 교양과목 둘 다 A 학점 미만	전공 또는 교양과목이 A 학점 미만
④	전공과 교양과목 둘 다 A 학점 미만	교양과목에 상관없이 전공과목이 A 학점 이상
⑤	전공과 교양과목 둘 다 A 학점 미만	전공과목에 상관없이 교양과목이 A 학점 이상

[06 ~ 07] 다음은 지하철 거리비례용 정기권 운임에 관한 자료이다. 이어지는 질문에 답하시오.

□ 거리비례용 종류별 정기권 운임
- 교통카드 기준 운임을 기준으로 1 ~ 18단계로 나뉘어 가격이 정해진다.
- 정기권 운임은 종류별 교통카드 기준 운임×44(회)의 가격에 15%를 할인한 금액을 10원 단위에서 반올림하여 정한다(단, 1,600원 이내 구간은 1,400원×44회가 적용된다).

〈지하철 거리비례용 종류별 정기권 운임표〉

(단위 : 원)

종류별	교통카드 기준 운임	정기권 운임	이전 단계와의 운임 차이
1단계	1,600	61,600	–
2단계	1,700	( )	( )
3단계	1,800	( )	( )
4단계	1,900	( )	( )
5단계	2,000	( )	( )
6단계	2,100	( )	( )
7단계	2,200	( )	( )
8단계	2,300	( )	( )
9단계	2,400	( )	( )
10단계	2,500	( )	( )
11단계	2,600	( )	( )
12단계	2,700	( )	( )
13단계	2,800	( )	( )
14단계	2,900	( )	( )
15단계	3,000	( )	( )
16단계	3,100	( )	( )
17단계	3,200	( )	( )
18단계	3,300	( )	( )

06. 다음 중 14단계 정기권의 운임은?

① 106,500원   ② 107,000원   ③ 107,500원

④ 108,000원   ⑤ 108,500원

07. 2 ~ 18단계 중에서 이전 단계와의 정기권 운임 차이가 3,800원인 단계의 개수는?

① 5   ② 6   ③ 7

④ 8   ⑤ 9

08. A가 혼자 일하면 6시간, B가 혼자 일하면 9시간이 걸리는 일이 있다. A가 혼자서 2시간을 일한 후, A와 B가 함께 남은 일을 모두 끝내려고 할 때, 두 사람이 같이 일을 하는 시간은?

① 2시간   ② 2시간 10분   ③ 2시간 24분

④ 2시간 40분   ⑤ 2시간 44분

[09 ~ 10] 다음은 공간 대여업체 A사에 관한 자료이다. 이어지는 질문에 답하시오.

<대관요금표>

(단위 : 원)

시간대	시간당 요금(1인 기준)		빔프로젝터	커피머신
	월~목요일	금요일		
07:00 ~ 10:00	10,000	11,000	시간당 5,000	1인당 1,500
10:00 ~ 13:00	12,000	15,000		
13:00 ~ 17:00	15,000	18,000		
17:00 ~ 20:00	13,000	15,000		
20:00 ~ 24:00	10,000	11,000		

※ 커피머신 사용 시 대여인원 수 만큼 비용을 부과함.

<다음 주 예약현황>

대여자명	인원(명)	요일	이용시간	빔프로젝터 이용 여부	커피머신 이용 여부
김○○	3	화	13:00 ~ 20:00	○	○
정○○	5	목	11:00 ~ 16:00	X	○
한○○	4	금	09:00 ~ 14:00	○	X
윤○○	7	목	15:00 ~ 18:00	○	○
백○○	5	화	10:00 ~ 15:00	○	X
곽○○	6	금	18:00 ~ 22:00	X	X

※ 대관일 이틀 전까지 취소 및 세부사항을 변경할 수 있음.

09. 다음 주 대여자 중 가장 많은 이용료를 지불할 사람은 누구인가?

① 김○○   ② 정○○   ③ 한○○

④ 윤○○   ⑤ 백○○

10. 다음 중 A사의 다음주 예약현황의 내용으로 알맞은 것은?

① 다음 주 예약현황에서 지불금액의 최댓값과 최솟값의 차이는 4만 원 이하이다.

② 한○○의 지불금액보다 윤○○의 지불금액이 더 적다.

③ 다음 주는 월~목요일 매출이 금요일 매출의 두 배보다 높을 것이다.

④ 정○○이 사용인원을 6명으로 늘린다면, 8만 원을 더 지불해야 한다.

⑤ 김○○은 빔프로젝터와 커피머신 사용료를 제외한 대관료로만 298,000원을 지불했다.

[11 ~ 12] 다음은 의사결정에 대한 글이다. 이어지는 질문에 답하시오.

> 의사결정은 추론이나 문제해결과 밀접한 관련이 있다. 의사결정과 추론 모두 주어진 정보를 바탕으로 결정을 내리는 것처럼 보이지만 추론은 논리성이 반드시 요구된다는 점에서 의사결정과는 차이를 보인다. 또한 의사결정은 문제해결과정에 항상 존재한다. 하지만 의사결정은 가능한 대안들 중에서 선택하는 것에 초점이 맞추어져 있는 반면에, 문제해결은 가능한 해결책을 생성해내는 것이 가장 중요하다는 점에서 다르다.
>
> 추론에는 일반적인 것에서 특수한 것으로 추리가 진행되는 ⓐ연역적 추리와 특수한 것에서 일반적인 것으로 추리가 진행되는 ⓑ귀납적 추리가 있다. 귀납적 추리는 가능한 여러 대안들 가운데에서 최선의 것이라 판단되는 것을 확률적으로 혹은 과거 경험에 근거해 결정한다. 귀납적 추리에서는 과학 활동의 핵심인데 과학의 목표는 각기 다른 사건들이 무엇을 공유하는가를 결정하는 것이기 때문이다. 따라서 귀납적 추리의 대표적인 사례가 ⓒ의사결정 과정이라고 볼 수 있다.

11. 다음 중 윗글의 밑줄 친 ⓐ, ⓑ에 대한 설명으로 옳은 것을 〈보기〉에서 모두 고르면?

> **보기**
>
> ㄱ. ⓐ는 전제로부터 결론을 논리적으로 도출하는 추론방식이다.
> ㄴ. ⓐ가 성립되기 위해 명제는 동시에 참과 거짓이 될 수 없어야 한다.
> ㄷ. ⓑ는 '비둘기는 난다. 참새는 난다'라는 개별적 사실에서 '새는 난다'라는 일반적인 규칙을 유도해내는 추론이다.
> ㄹ. ⓑ는 여러 개별적인 사실로부터 일반적인 규칙을 도출하는 추론을 말한다.

① ㄱ, ㄴ   ② ㄱ, ㄷ   ③ ㄱ, ㄴ, ㄹ
④ ㄴ, ㄷ, ㄹ   ⑤ ㄱ, ㄴ, ㄷ, ㄹ

12. 다음은 윗글의 밑줄 친 ⓒ를 수행하기 위한 문제해결 방법인 퍼실리테이션에 대한 내용이다. 아래 문제상황에서 확인할 수 있는 A 사장의 문제해결 태도로 적절하지 않은 것은?

> 퍼실리테이션이란 '촉진'을 의미하며, 어떤 그룹이나 집단이 의사결정을 잘하도록 도와주는 일이다. 최근 여러 조직에서는 보다 생산적인 결과를 가져올 수 있도록 그룹이 나아갈 방향을 제시하고, 의사결정 시 주제에 대한 공감을 쉽게 이룰 수 있도록 도와주는 퍼실리테이터를 활용하고 있다.
>
> □ 문제상황
>   A 사장 : 부서별로 최근 매출 감소 사태의 해결방안에 대해 논의하도록 합시다. 우선 판매 부진의 원인에 대해 의견을 나눠보면 좋겠습니다.
>   영업팀장 : 판매 부진의 원인으로는 최근 경쟁업체 E에서 신제품을 출시했기 때문이라고 생각합니다.
>   A 사장 : 네, 알겠습니다. 그럼 해외 시장의 상황은 어떤가요?
>   해외사업팀장 : 중국 시장에서는 우리 제품이 선전하고 있는 상황이나 미국 시장은 경쟁업체 E가 공급망을 제대로 확보하지 못하여 일부 주에서만 우위를 점하고 있는 상황입니다.
>   A 사장 : 그럼 시장을 침투하고 매출을 높일 수 있는 방안에는 무엇이 있을까요?
>   생산부장 : 중국과 미국 두 시장에 우리 제품의 광고 선전비용을 늘려 홍보를 하는 것이 어떻겠습니까?
>   A 사장 : 알겠습니다. 중국과 미국 시장에 마케팅 비용을 늘리는 것을 검토하도록 하겠습니다. 그리고 현재 우리 제품의 재고와 공급망은 어떤 상황입니까?
>   관리부장 : 6개월분의 주문량에 맞춰 재고를 관리하고 있습니다. 따라서 생산량을 늘려도 재고 관리와 제품 공급을 위한 물류 이동에는 이상이 없는 상황입니다.

① 특정 발언자의 의견을 지지하여 전원이 합의할 수 있는 지점을 찾아내고 있다.

② 각 부장들의 의견을 수용하며 회의를 이끌어 나가고 있다.

③ 타협과 조정을 통해 해결방안을 찾을 수 있도록 회의 방향을 유도하고 있다.

④ 문제상황이 발생한 원인에 대해 책임을 지적하기보다는 상호 간 문제점을 이해하고 해결방향에 집중할 수 있도록 이끌어 나가고 있다.

⑤ 발언자의 의견에 긍정적인 태도를 보이며 자연스럽게 해결방안 아이디어를 제시할 수 있도록 발언권을 부여하고 있다.

[13 ~ 14] 다음 S 공사의 〈2024년 경영목표〉를 보고 이어지는 질문에 답하시오.

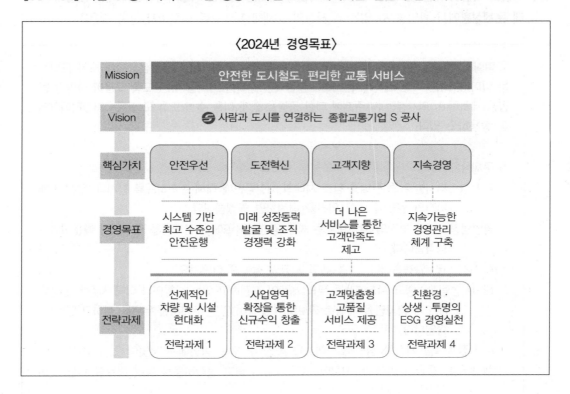

13. 다음은 〈2024년 경영목표〉의 전략과제를 나열한 것이다. 이를 전략과제 1 ~ 4와 바르게 연결한 것은?

> ㄱ. 공사 고유의 안전관리 시스템 고도화
> ㄴ. 소통 · 협업 기반 창의적 조직역량 확보
> ㄷ. 도시철도 이용환경 개선 및 편리성 강화
> ㄹ. 경영합리화를 통한 비용 절감 및 효율성 제고

	전략과제 1	전략과제 2	전략과제 3	전략과제 4
①	ㄱ	ㄹ	ㄷ	ㄹ
②	ㄱ	ㄷ	ㄹ	ㄴ
③	ㄱ	ㄹ	ㄷ	ㄴ
④	ㄷ	ㄱ	ㄹ	ㄴ
⑤	ㄷ	ㄹ	ㄴ	ㄱ

14. 다음 S 공사에 대한 보도자료에서 설명하는 ESG 경영의 필수 분야 세 가지로 적절한 것은?

> S 공사는 작년에 이어 올해도 ESG 경영으로 에너지 절감과 일자리 창출 등의 성과를 이어
> 간다. 특히 환경과 사회 부문의 성과뿐 아니라 고객 안전과 서비스 강화도 놓치지 않겠다는
> 전략이다.
>
> S 공사는 올해 6,827톤의 온실가스 감축과 전동차 폐쇄회로(CC)TV 설치(840칸), 인권영
> 향평가(1등급) 등 35개의 정량지표를 발굴하고, ESG 경영을 활성화하기 위해 전 직원이 참여
> 할 수 있는 사업을 집중적으로 발굴할 예정이다.
>
> 지난해 S 공사는 두드러지는 ESG 경영 성과를 보여주었다. 환경 부분에서 에너지 절감과
> 온실가스를 감축해 기후변화 대응을 강화했고, 시설물 개량으로 전동차나 역사의 공기질도
> 개선했다. 친환경 녹색제품 구매액 및 친환경 업무용 차량 비율은 전년보다 증가했다. 또한
> 사회 부문에서는 인권 존중 기업문화 조성을 위해 맞춤형 교육을 실시하며 중간관리자까지
> 인권존중 실천 서약 참여를 확대했다. 중대재해 예방 관리체계를 구축하는 등의 노력으로 중
> 대재해 발생 0건을 달성하기도 했다.

① 환경, 사회, 경제   ② 환경, 사회, 고객안전
③ 환경, 사회, 지배구조   ④ 환경, 인권, 지배구조
⑤ 경제, 인권, 고객서비스

[15 ~ 16] 다음은 조직변화의 요소와 조직변화의 유형 분류에 관한 내용이다. 이어지는 질문에 답하시오.

포스트 코로나 시대인 현재, 민간조직에서 공공조직에 이르기까지 모든 조직은 여전히 역동적으로 변화하는 환경에 직면해 있다. 이러한 상황에서 조직은 생존을 위해 환경 변화를 수용해야 한다. 조직의 변화는 다양한 측면에서 요구되는데, 사실 어떤 형태의 압력이 조직의 변화를 일으키는 가장 중요한 요소인지를 논하는 것은 쉽지 않다. 변화의 속도가 점점 빨라지고 여러 압력 요소들이 복잡한 상호관계 속에서 작용하고 있기 때문이다. 우리가 흔히 조직이 변화한다고 할 때, 조직을 구성하는 요소가 많은 것만큼이나 조직변화가 뜻하는 실질적인 내용들 역시 다양한 모습을 띠고 있다. (가) 조직변화의 요소는 조직구조, 조직문화, 기술, 조직의 정책, 조직윤리 등이 있으며, 이를 크게 두 가지로 나누어 볼 수 있다. 우선 비교적 가시적으로 파악하기 쉬운 하드웨어적 요소의 변화가 있으며, 이와 대조적으로 가시적, 직접적으로 파악하기 어려운 조직의 소프트웨어적인 요소의 변화를 생각해 볼 수 있다.

조직변화는 조직 내·외적인 변화의 압력을 고려하여 한 개체로서의 조직의 생존력을 높이려는 것으로써 개인이나 집단의 변화까지도 포함한다. 한국 조직의 경우, 사기업에서 정부조직에 이르기까지 커다란 변화 또는 변혁의 물결을 경험했다. IMF 경제위기와 2009년의 세계적 금융위기를 극복하면서 변화의 필요성에 대한 인식이 일반화된 것이다. 그리하여 변화의 형태와 속도가 과거와 많이 달라져 있는데, 형식적인 변화가 아니라 인력을 대폭 줄이고 조직을 경량화하며, 전략적 방향을 바로잡는 실질적인 변화가 한국 기업에서 일어나고 있다. 아웃소싱과 M&A가 일반화되면서 소유구조나 경영방식에도 커다란 변화가 일어나고 있다. 변화의 속도도 빨라져 다변적 FTA와 중국의 도약, 그리고 정보통신혁명의 거센 물결은 기업의 환경을 바꾸고 있으며 기업을 비롯한 조직의 경영자들에게 빠르고 깊은 변화를 추구하도록 요구하고 있다.

조직변화의 유형과 관련하여 가장 대표적인 분류방식으로는 변화의 속도에 따라 점진적인 조직변화와 급진적인 조직변화로 분류할 수 있다. 점진적인 조직변화는 서서히 조직의 문화를 변경시키며, 지속적인 개선과 발전을 통한 점진적인 조직변화를 꾀하는 방식이다. 반면, 매우 혁신적이고 한편으로는 강제적인 성격의 개혁을 통한 급진적인 조직변화의 방식이 있다. 조직이 운영되는 것을 지속적으로 감시하고 전략과 구조에 대한 점진적인 조정을 할 수 없을 때는 급진적인 조직변화를 추진하게 된다. (나) 조직변화의 유형을 '조직변화의 형태'에 따라 분류할 수도 있는데, 이것은 '조직에 의해 계획되었는가? 혹은 계획되지 않은 것인가?', '조직 외부에서 온 원인인가? 혹은 조직 내부에서 온 원인인가?'로 구분할 수 있다.

15. 다음 중 윗글의 밑줄 친 (가)에서 제시한 5개의 조직변화의 요소를 하드웨어적 요소와 소프트웨어적 요소로 옳게 분류한 것은?

하드웨어적 요소	소프트웨어적 요소
① 기술, 조직윤리, 조직의 정책	조직구조, 조직문화
② 조직구조, 조직문화	기술, 조직의 정책, 조직윤리
③ 조직구조, 기술, 조직의 정책	조직문화, 조직윤리
④ 조직의 정책, 조직윤리	조직구조, 기술, 조직문화
⑤ 조직문화, 조직윤리	조직구조, 기술, 조직의 정책

16. 다음은 조직변화의 유형을 밑줄 친 (나)에서 제시한 기준에 따라 분류한 표이다. ㉠ ～ ㉣에 대한 설명으로 적절하지 않은 것은?

구분	계획된 변화	계획되지 않은 변화
조직 내부에서 온 원인	㉠	㉡
조직 외부에서 온 원인	㉢	㉣

① ㉠은 조직 내부의 계획이나 전략적인 의도에 의한 것으로, 관리시스템을 변화시키거나 조직의 상품 혹은 서비스를 변화시키는 등이 이러한 변화를 일으키는 대표적인 예시이다.

② ㉡은 조직의 낮은 성과나 성, 연령, 학력과 같은 인구통계학적 변화에 조직이 어쩔 수 없이 적응하기 위해 발생하는 조직변화이다.

③ ㉢의 예시로 정부의 법규 변화와 같은 정부의 규제, 경제적 경쟁의 변화 등이 있다.

④ ㉢은 조직이 조직의 변화를 위해 스스로 도모하여 신기술이나 새로운 커뮤니케이션 수단 등을 수용함으로써 변화하는 것이다.

⑤ ㉣에서 발생하는 변화는 조직이 통제할 수 없기 때문에 조직은 그에 적응하기 위해 노력해야 한다.

[17 ~ 18] 다음은 순서도 구성 요소를 설명한 표와 작업 절차를 순서도로 도식화한 그림이다. 이어지는 질문에 답하시오.

〈순서도 구성 요소〉

기호	기능	기호	기능
→	프로세스의 실행 순서를 나타낸다.	◇	프로그램이 실행되는 두 가지 경로 중에 하나를 결정하는 조건부 실행을 나타낸다.
⬭	프로그램의 시작과 끝을 나타낸다.	↑	입력된 데이터에서 오름차순으로 정렬한 데이터를 생성하여 반환하는 프로세스를 나타낸다.
▱	데이터의 입력을 나타낸다.	△[#]	입력된 문장에서 단어의 개수를 숫자로 전달해주는 프로세스를 나타낸다.
▭	데이터의 출력을 나타낸다.	〈#〉	입력된 문장에서 앞쪽부터 #번째 단어를 추출해주는 프로세스를 나타낸다. 예) "I am a boy"에서 〈2〉는 "am"이다.

〈순서도〉

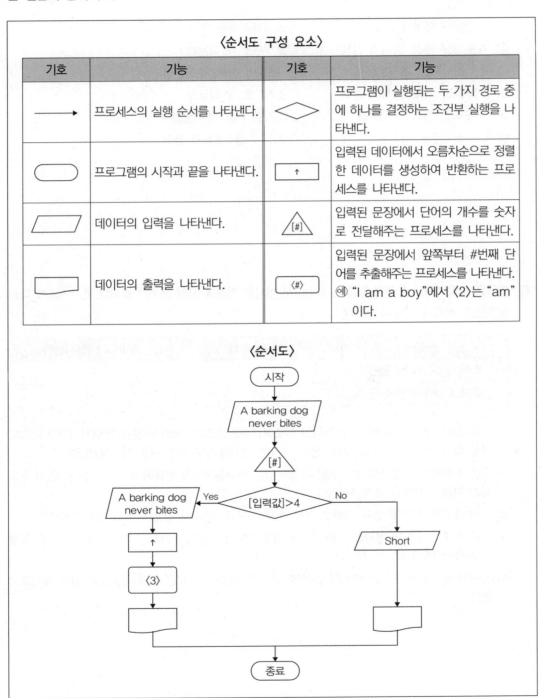

17. 다음 중 위 순서도의 출력 결과로 옳은 것은?

① barking   ② dog   ③ bites

④ never   ⑤ Short

18. 다음 중 위 순서도의 오름차순으로 정렬하는 프로세스를 내림차순으로 정렬하는 프로세스로 변경했을 때 출력 결과로 옳은 것은?

① A   ② bites   ③ dog

④ Short   ⑤ barking

1회 기출예상

2회 기출예상

3회 기출예상

4회 기출예상

5회 기출예상

6회 기출예상

7회 기출예상

8회 기출예상

인성검사

면접가이드

[19 ~ 20] 다음은 계승 함수에 관한 내용이다. 이어지는 질문에 답하시오.

□ 계승 함수의 개요

$Factorial(n)$ 함수는 n부터 1까지의 자연수를 모두 곱하는 함수이다.

$Factorial(n) = n \times (n-1) \times \cdots \times 3 \times 2 \times 1 = n!$ (n은 자연수)

예 $Factorial(4) = 4 \times 3 \times 2 \times 1 = 24$

□ 재귀 구조

```
procedure Factorial(n)
    if n = 1 then return 1
    else return   (가)
end
```

□ 반복 구조

```
procedure Factorial(n)
    x = 1
    for i = 1 to n      # 1 ≤ i ≤ n
        (나)
    return x
end
```

19. 다음 중 (가)에 들어갈 내용으로 가장 적절한 것은?

① $Factorial(n-1)$

② $Factorial(n+1)$

③ $Factorial(n)$

④ $n \times Factorial(n-1)$

⑤ $n \times Factorial(n+1)$

20. 다음 중 (나)에 들어갈 내용으로 가장 적절한 것은?

① $x = x + 1$

② $x = x + i$

③ $x = x \times i$

④ $x = x \times n$

⑤ $x = x \times (x+1)$

21. 다음과 같은 〈조건〉에서 〈상황〉의 빈칸 (가)와 (나)에 들어갈 시각을 옳게 연결한 것은? (단, 제시된 조건 이외의 사항은 고려하지 않는다)

조건

- 한국은 러시아의 모스크바보다 6시간 빠르다.
- 인천국제공항에서 모스크바 국제공항까지의 비행시간은 9시간 30분이다.
- 모스크바에서 열리는 모빌리티 산업 워크숍은 모스크바 현지 시각 기준 9월 4일(목) 10:00 에 시작한다.
- K 사원의 회사 업무 시간은 09:00 ~ 18:00이다.

상황

　P 대리는 모빌리티 산업 워크숍 참여를 위해 러시아 모스크바에 방문하기로 하였으며, 9월 3일 수요일 16:30에 인천국제공항에서 출발하는 비행기를 예약하였다. 모스크바 국제공항에 도착하자마자, 업무 중 확인할 사항이 생겨 같은 부서인 K 사원에게 "워크숍 시작 30분 전에 전화를 걸겠다"라는 내용의 문자메시지를 보냈다. 이때, 모스크바 현지 시각 기준으로 문자 메시지를 보낸 시각은 　(가)　 이고, K 사원에게 전화를 걸 시각은 한국 시각 기준으로 　(나)　 이다.

	(가)	(나)
①	9. 4.(목) 02:00	9. 4.(목) 14:30
②	9. 4.(목) 02:00	9. 4.(목) 15:30
③	9. 4.(목) 02:00	9. 4.(목) 16:30
④	9. 3.(수) 20:00	9. 4.(목) 15:30
⑤	9. 3.(수) 20:00	9. 4.(목) 16:30

[22 ~ 23] 다음은 ○○공사 신입사원 공개채용의 서류전형 채점기준과 지원자 현황이다. 이어지는 질문에 답하시오.

□ 채점기준

－항목별 평가기준

평가항목	매우 우수	우수	보통	미흡	매우 미흡
교육사항	5과목 이상 이수	4과목 이수	3과목 이수	2과목 이수	1과목 이수
경력사항	24개월 이상	18개월 이상 ~ 24개월 미만	12개월 이상 ~ 18개월 미만	6개월 이상 ~ 12개월 미만	6개월 미만

※ 자기소개서 및 전문성은 정성평가로 진행

－항목별 배점

평가항목	배점				
	매우 우수	우수	보통	미흡	매우 미흡
교육사항	30	25	20	15	10
경력사항	30	26	22	18	14
자기소개서	20	18	16	14	12
전문성	20	18	16	14	12

※ 총점은 교육사항, 경력사항, 자기소개서, 전문성, 가산점을 모두 합하여 계산함.

－가산점 부여 항목

구분	대상자	가점
일반	장애인 및 국가유공자	5점
	지역인재	5점
	공공기관 및 공무원 1년 이상 근무자	3점
	공공기관 청년인턴	2점
자격증	변호사, 변리사, 공인회계사, 세무사, CPA	5점
	컴퓨터활용능력 1급	5점
	정보처리기사	5점
	컴퓨터활용능력 2급	3점
	워드프로세서(단일등급)	3점

※ 가산점은 중복 적용 가능하나 최대 10점까지 인정
※ 자격증의 경우 최고 점수 자격증 1개만 인정

□ 서류전형 지원자 현황

지원자	교육사항	경력사항	자기소개서	전문성	가산점
A	4과목	1년 4개월	우수	보통	지역인재, 워드프로세서, 컴퓨터활용능력 1급
B	3과목	2년 5개월	우수	매우 우수	장애인
C	3과목	1년 9개월	미흡	우수	컴퓨터활용능력 1급, 정보처리기사, 공공기관 청년인턴
D	2과목	1년 11개월	보통	우수	국가유공자, 컴퓨터활용능력 1급, 공무원 근무 1년
E	5과목	1년 3개월	보통	보통	컴퓨터활용능력 1급, 워드프로세서, 공공기관 근무 1년

※ 서류전형의 경우 최하점을 받았을 경우 불합격 처리함.
　(단, 최하점자가 2명 이상일 경우, 경력이 더 짧은 지원자를 불합격 처리함)
※ 각 부서에서 서류전형 결과를 바탕으로 면접대상자를 결정함.

22. 다음 중 ○○공사의 서류전형에서 불합격하는 지원자는?

① A　　　　　　　　② B　　　　　　　　③ C
④ D　　　　　　　　⑤ E

23. 다음은 ○○공사의 인사팀장과 경영지원팀장의 대화 내용이다. 경영지원팀장이 제시한 조건에 가장 적합한 지원자는?

> 인사팀장 : 이번 공개채용을 통해 입사하게 될 사원들의 부서 배치에 참고하고자 합니다. 경영지원팀이 새로 들어올 팀원에게 가장 중요하게 생각하는 부분은 무엇인가요?
>
> 경영지원팀장 : 우선 경력이 1년 이상이면 좋을 것 같습니다. 이쪽 분야의 전문성보다도 컴퓨터를 능숙하게 다룰 수 있는 사람이 필요해서 컴퓨터 관련 자격증이 있는 사람이면 좋을 것 같습니다.
>
> 인사팀장 : 경영지원팀에서 선호하는 컴퓨터 관련 자격증이 따로 있으신가요?
>
> 경영지원팀장 : 컴퓨터 관련 자격증이면 어떤 것이라도 괜찮습니다. 자격증이 하나만 있더라도 문제없습니다.
>
> 인사팀장 : 말씀하신 것 말고는 다른 조건은 없나요?
>
> 경영지원팀장 : 동일한 조건이라면 교육을 가장 많이 받으신 분이었으면 합니다.

① A   ② B   ③ C
④ D   ⑤ E

24. 선배들이 신입사원 Y에게 효과적이고 효율적인 자원관리를 위한 조언을 하였다. 다음 중 그 조언의 내용으로 가장 적절하지 않은 것은?

> A : 필요한 예산을 책정할 때, 책정 비용이 실제 비용보다 작으면 적자가 발생하게 됩니다.
>
> B : 일의 우선순위를 정하기 위해서 달성하고자 하는 목표가 무엇인지부터 분명하게 파악해야 합니다.
>
> C : 어떤 업무를 담당하게 되었을 때, 구체적으로 어떤 활동을 할 것인지와 이때 무슨 자원이 얼마만큼 필요한지 파악해야 합니다.
>
> D : 시간관리를 잘하기 위해서는 본인에게 주어진 시간 전체를 꽉 채워서 계획해야 합니다.
>
> E : 개인적 차원에서 인맥관리도 중요하므로 다양한 업무를 통해서 만나는 사람들의 명함을 관리하는 것도 매우 중요합니다.

① A   ② B   ③ C
④ D   ⑤ E

25. 다음은 첨단 기술 변화를 반영한 생활물류 서비스 산업 발전 계획의 일부이다. 빈칸 ㉠ ~ ㉢에 해당하는 기술이 가장 적절하게 연결된 것은?

> – 물류산업은 (㉠   ), 로봇, 자율주행 트럭 등 신규 스마트 이동 수단을 통해 물류시장 전반의 스마트화를 가속화한다.
> – 송장·인수증 등 물류정보의 전자화, (㉡   ) 기술을 활용한 화물 상태 관리 및 도난 방지 등 공급망 무결성 확보 등을 통한 초연결시대에 부응한다.
> – 물류산업 전 과정에 AI 기술을 이용하여 분류 자동화와 배송 최적화를 수행하며, (㉢   ) 기술을 이용하여 물류의 수요를 예측하는 등 4차 산업혁명 핵심기술을 적용하여 디지털화를 진행한다.

	㉠	㉡	㉢		㉠	㉡	㉢
①	드론	빅데이터	IoT	②	드론	IoT	빅데이터
③	빅데이터	IoT	드론	④	빅데이터	드론	IoT
⑤	IoT	드론	빅데이터				

26. 다음 ○○교통공사의 경영전략에 관한 보도자료의 내용을 바탕으로 경영전략을 세울 때, 준비할 수 있는 실행계획으로 가장 적절한 것은?

> ○○공사는 친환경, 사회적 책임 경영, 지배구조 개선, 지속가능경영 관점에서 공사 특성을 반영한 경영전략을 마련하기로 하였다. 지속가능한 발전과 더불어 환경적 요구를 충족하는 방향으로 경영전략을 세우기 위해 ○○공사는 지속가능경영 관련 이슈 중 집중관리가 필요한 중요이슈를 선정하여 중대성 평가를 거친 후 경영 실행계획에 반영할 계획이다. 이를 위해 학계·시민단체·법조계 등 다양한 출신의 전문가를 위원으로 위촉한 경영위원회가 ○○공사 경영에 대한 검토와 자문을 수행한다.

① 지하철 이용에 따른 사고재발 방지대책의 마련을 위한 연구행정을 지원한다.

② 소비자의 개인정보 노출을 방지하기 위해 택배 송장의 개인정보 보호 방안을 마련한다.

③ 어디서나 접근이 가능하여 도시 내 이동성을 제고하는 스마트 서비스 네트워크를 구축한다.

④ 차량의 이용 편의를 높이고 차량 제어를 정밀하게 하여 교통운영의 효율성을 개선시킬 것으로 기대되는 자율주행기술의 개발을 지원한다.

⑤ 전동차 실내 공기질 유지기준 $50\mu g/m^3$을 목표로 터널 내 전기 집진기를 설치하여 공기질을 관리한다.

[27 ~ 28] 다음은 벤치마킹에 대한 설명이다. 이어지는 질문에 답하시오.

벤치마킹이란 특정 분야에서 뛰어난 업체나 상품, 기술, 경영 방식 등을 배워 합법적으로 응용하는 것을 의미한다. 단순한 모방과는 달리 우수한 기업이나 성공한 상품, 기술, 경영 방식 등의 장점을 충분히 배우고 익힌 후 자사의 환경에 맞추어 재창조하는 것이다. 쉽게 아이디어를 얻어 신상품을 개발하거나 조직 개선을 위한 새로운 출발점의 기법으로 많이 이용된다.

벤치마킹은 비교대상과 수행 방식에 따라 구분할 수 있는데, 그중 수행 방식에 따른 분류는 크게 2가지로 가능하다. 먼저 직접적 벤치마킹은 벤치마킹 대상에 직접 방문하거나 접촉하여 수행하는 방법이다. 이 방법은 필요로 하는 정확한 자료의 입수 및 조사가 가능하며 컨택 포인트의 확보로 벤치마킹 이후에도 계속적으로 자료의 입수 및 조사가 가능한 장점이 있는 반면, 벤치마킹 수행과 관련된 비용 및 시간이 많이 소요되며 적절한 대상 선정에 한계가 있다. 간접적 벤치마킹은 인터넷 및 문서 형태의 자료를 통해서 수행하는 방법이다. 이 방법은 벤치마킹 대상의 수에 제한이 없고 다양하며, 비용 또는 시간적 측면에서 상대적으로 많이 절감할 수 있다는 장점이 있는 반면, 벤치마킹 결과가 피상적이며 정확한 자료의 확보가 어렵고, 특히 핵심자료의 수집이 상대적으로 어렵다는 단점이 있다.

27. 다음 중 윗글에서 언급한 벤치마킹의 유형이 나머지와 다른 하나는?

① 카페 창업을 준비하는 A 씨는 여행지 내 개인 운영 카페들을 찾아가 어떤 장비를 주로 사용하는지를 조사하였다.

② B 회사는 경쟁사의 제품을 구매하고 분해하면서 경쟁사 제품의 강점이 무엇인지를 분석했다.

③ 팬데믹 이후 열차 내 취식 제한이 해제되어 도시락 판매업체인 C 회사는 역내 입점을 위해 일본을 방문하여 열차 내에서 판매하는 도시락을 구매하여 메뉴 구성을 조사하였다.

④ 식당을 운영하는 D 씨는 SNS에 업로드된 '프랜차이즈 요리를 재현하는 방법' 레시피를 참고하여 새로운 메뉴를 구성하고 있다.

⑤ 제조공장을 운영하는 E 씨는 해외의 공장을 견학하면서 공장 내에서 제품 생산을 위해 근로자의 동선 설계를 최적화하는 실제 사례를 보고 이를 도입하였다.

28. 다음은 벤치마킹의 주요 단계에 대한 자료와 A 공사의 상황이다. A 공사의 상황이 해당하는 벤치마킹 단계로 가장 적절한 것은?

〈벤치마킹의 주요 단계〉

구분	내용
범위 결정	벤치마킹이 필요한 상세 분야를 정의하고 목표와 범위를 결정하며 벤치마킹을 수행할 인력들을 결정한다.
측정범위 결정	상세 분야에 대한 측정항목을 결정하고 측정항목이 벤치마킹의 목표를 달성하는데 적정한가를 검토한다.
대상 결정	비교분석의 대상이 되는 기업·기관들을 결정하고, 대상 후보별 벤치마킹 수행의 타당성을 검토하여 최종적인 대상 및 대상별 수행 방식을 결정한다.
벤치마킹 진행	직접 또는 간접적인 벤치마킹을 진행한다.
성과 차이 분석	벤치마킹 결과를 바탕으로 성과 차이를 측정항목별로 분석한다.
개선 계획 수립	성과 차이에 대한 원인 분석을 진행하고 개선을 위한 성과 목표를 결정하며, 성과 목표를 달성하기 위한 개선 계획을 수립한다.
변화 관리	개선 목표 달성을 위한 변화사항을 지속적으로 관리하고, 개선 후 변화사항과 예상했던 변화사항을 비교한다.

〈A 공사의 상황〉

A 공사는 지난 20X1년 2월 ESG 경영위원회를 개최했다. 공사는 우수기관의 사례를 벤치마킹하여 ESG 경영을 수행하기 위한 전담 조직을 구성해 ESG 활동을 진행하였다. 이 과정에서 지속가능경영 중요 이슈를 선정하여 안전 운행, 미래 성장, 고객 만족, 혁신경영 등의 부문에서 ESG 경영을 적용하여 추진했다. 지난 20X1년의 주요 업무사항을 확인하고 내년에도 지속적으로 관리하기 위해 업무보고서를 작성하였고, 그 결과 안전 운행 부문에서는 철도 사고가 10건에서 5건으로 감소하였으나 안전 분야 지표 모두 목표치에 비해 부족한 수준인 것으로 확인되었다. 이에 대해 중대재해 대응 조직을 구성하고 운영하여 중대재해를 예방하기 위한 체계를 확립할 예정이다. 미래 성장 부문에서는 국내외 철도 컨설팅 및 운영 수탁사업을 추진하고 공유오피스 등 신규 임대 업종을 유치할 예정이다. 고객 만족 부문에서는 벤치마킹을 통해 기대하였던 80% 이상으로의 응대율 상승이라는 목표를 99% 이상이라는 수치로 가뿐히 달성하는 등 우수한 수준을 유지하고 있다. 마지막 혁신경영 부문에서는 업무 자동화 등 업무 프로세스를 개선하여 지속가능한 혁신경영 관리 체계를 구축하고 있다.

① 범위 결정
② 측정범위 결정
③ 대상 결정
④ 성과 차이 분석
⑤ 변화 관리

29. 다음 중 글에서 제시한 '심리적 자아'에 해당하는 항목으로 가장 적절한 것은?

> '자아(Self)'는 자신의 행위와 사고의 주체로 인식되는 심리적 실체, 개인이 가진 내면적/외형적 특성 및 그에 대한 자기 관념을 모두 포함하는 개념으로, 지속성과 순간성이 공존하는 역동적인 속성을 가지고 있다.
>
> 자아는 자신을 형성할 수 있고, 자신의 외모, 신체적 특성, 물질적 소유물 등을 포함하는 '물질적 자아(Material Self)', 타인과의 관계 속에서 나타나는 자신의 신분과 위치를 의미하는 '사회적 자아(Social Self)', 특정 가치관이나 도덕적 기준 등과 관련된 자신의 내면적 특성과 자기 반성적인 사고를 의미하는 '심리적 자아(Spiritual Self)' 세 가지로 구분할 수 있다.

〈자아의 세 가지 유형〉

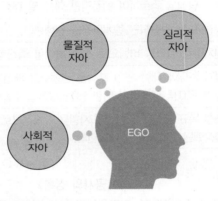

① 자신의 외모 　② 자신의 성격 　③ 자신의 재산
④ 자신의 건강 　⑤ 자신의 신분

30. 다음 중 자기정보의 부족으로 인해 자기개발에 어려움을 겪고 있는 경우는?

자기개발은 자신의 능력, 적성 및 특성 등에 있어서 강점과 약점을 찾고 확인하여 강점을 강화시키고, 약점을 관리하여 성장을 위한 기회로 활용하는 것이다. 또한 자기개발능력은 직업기초능력으로, 직업인으로서 자신의 능력, 적성, 특성 등을 이해하고, 이를 기초로 자기 발전 목표를 스스로 수립하고 성취해 나가는 능력이다.

〈자기개발 장애요인〉

✓ 자기정보의 부족
✓ 내부 작업정보 부족
✓ 외부 작업정보 부족
✓ 일상생활의 요구사항
✓ 의사결정 시 자신감의 부족
✓ 주변상황(시간, 금전 등)의 제약

자기개발 — 장애요인

① 직장인 K는 새로운 직무나 회사 외부에 대한 정보가 없다.

② 직장인 Y는 자기개발 활동을 가족의 반대로 실행하지 못했다.

③ 직장인 P는 자기개발과 관련된 결정을 내리는 것에 자신이 없다.

④ 직장인 S는 회사 내의 경력 기회나 직무 가능성에 대한 정보가 없다.

⑤ 직장인 C는 자신의 흥미나 장점, 자신이 원하는 것에 대해 잘 알지 못한다.

[31 ~ 32] 다음은 직무 스트레스와 관련된 글이다. 이어지는 질문에 답하시오.

미국 국립산업안전보건연구소(NIOSH)는 직무 스트레스를 '업무상 요구 사항이 근로자의 능력이나 자원, 바람(요구)과 일치하지 않을 때 생기는 유해한 신체적, 정서적 반응'이라고 정의 내린 바 있다.

직무 스트레스는 작업장의 물리적 환경의 불량함, 직무요구, 업무구조, 조직 내부의 갈등, 조직 외부의 문제 등이 원인으로, 직무불만족이나 부정적 자기이미지 등의 심리학적 영향과 수면장애, 약물남용 등의 행동적 변화, 혈압상승이나 면역기능 저하 등의 신체적 변화를 발생시킨다. 아래 그림은 직무 스트레스와 각 요인 간의 관계를 보여준다.

직무 스트레스 결과는 스트레스 중재 요인에 따라 달라진다. 따라서 직무 스트레스를 관리하기 위해서는 원인을 명확하게 파악한 후, 이를 관리할 수 있는 중재요인이 무엇인지 확인하고 문제해결에 도움이 되는 요인을 적극적으로 활용해야 한다.

〈직무 스트레스와 각 요인 간의 관계〉

직무 스트레스 원인
- 물리적 환경
- 관계갈등
- 직무요구
- 직무불안정 등

심리학적 영향
- 직무불만족
- 부정적 자기이미지

행동적 변화
- 수면장애
- 약물남용

신체적 변화
- 혈압상승
- 심장 박동수 증가
- 호르몬 분비 증가
- 면역기능 저하

건강영향
- 고혈압
- 심장질환
- 정신질환
- 과로사

사회인구학적 요인
- 성
- 교육 수준
- 결혼 상태
- 사회경제적 지위

스트레스 중재요인
- 사회적 지지
- 대응
- A형 행동유형
- 통제신념
- 자기 존중심
- 강인성
- 자신력
- 낙관주의
- 부정적 정서

31. 제시된 자료의 직무 스트레스 원인 중 '업무구조'와 관련된 상황으로 가장 적절한 것은?

① 팬데믹으로 인해 국가적 경제 위기에 처한 상황

② 과도한 소음에 노출된 비좁은 작업 공간에서 일하는 상황

③ 직장 동료 간의 갈등으로 인해 의사소통이 원활하지 않은 상황

④ 업무조직의 변화가 잦고 직무의 재량권이 낮은 업무를 부여받은 상황

⑤ 장시간 노동이나 연장 근무, 자주 바뀌는 업무시간 등이 반복되는 상황

32. 다음에서 설명하는 직무 스트레스의 중재요인은?

> 이것은 개인이 세상을 대하는 기본적 태도 중 도전적인 성향을 유발하는 요인이다. 이것이 있는 사람은 자신이 행하고 있는 일로부터 소외되기 보다는 쉽게 동조하고, 무기력하게 느끼기보다는 사건을 통제할 수 있다고 믿으며, 변화를 위협으로 생각하기보다는 발전을 위한 도전으로 받아들인다. 따라서 이것은 스트레스성 사건이나 만성적 긴장에 대처할 수 있는 원동력이 되며 지각, 평가 대응을 활성화할 수 있는 스트레스 중재 요인이다.

① 사회적 지지   ② 자기 존중심   ③ 강인성
④ 낙관주의   ⑤ 부정적 정서

[33 ~ 34] 다음은 협상의 개념과 유형에 관한 내용이다. 이어지는 질문에 답하시오.

협상은 둘 이상의 당사자들이 공통의 이익이 충돌하는 상황에서 합의에 도달하기 위해 공동으로 의사결정하는 일련의 과정이다. 협상력을 결정하는 4가지 요소는 최초요구(Primary Request), 정보(Information), 힘(Power), 시간(Time)이다. 따라서 성공적인 협상전략을 수립할 때는 협상력을 결정하는 4가지 요소를 고려할 필요가 있다.

협상의 유형은 크게 분배적 협상과 통합적 협상으로 구분할 수 있다. 분배적 협상은 협상에서 분배해야 할 가치가 고정되어 있으므로, 가능한 한 많이 차지하는 것을 목적으로 하는 협상유형이다. 이러한 이유로 협상 테이블에 앉은 상대방을 협상의 대상이 아니라 반드시 이겨야 하는 상대로 간주하게 되고, 그 결과 모든 협상의 결과를 승자 또는 패자로 구분하게 된다. 이에 반해 통합적 협상은 협상 당사자들이 자신들의 이해관계를 통합할 수 있는 합의를 도출함으로써 서로 극대화된 이익을 얻기 위해 협력하는 방법을 찾는 협상 유형이다. 즉, 협상의 목적이 새로운 가치창출과 자기 몫 챙기기를 동시에 가능하도록 하는 것이다. 분배적 협상과 통합적 협상은 (1) 협상전략, (2) 승패방식, (3) 이득(Pie)증식 (4) 정보공유, (5) 토론성격 등의 비교 요소에 따라 매우 대조적이다.

33. 다음 중 윗글에서 제시한 비교 요소 (1) ~ (5)에 따라 분배적 협상과 통합적 협상의 특성을 바르게 비교한 것은?

①

비교 요소	분배적 협상	통합적 협상
(1) 협상전략	유화전략	회피전략
(2) 승패방식	I win-You lose	I lose-You lose
(3) 이득(Pie)증식	고정된 파이 나누기	고정된 파이 나누기
(4) 정보공유	공개적 정보	은밀한 정보
(5) 토론성격	입장 토론	실질적 이해관계 토론

②

비교 요소	분배적 협상	통합적 협상
(1) 협상전략	유화전략	문제해결전략
(2) 승패방식	I win-You lose	I lose-You lose
(3) 이득(Pie)증식	고정된 파이 나누기	파이 자체의 증대
(4) 정보공유	공개적 정보	은밀한 정보
(5) 토론성격	입장 토론	실질적 이해관계 토론

③

비교 요소	분배적 협상	통합적 협상
(1) 협상전략	경쟁전략	문제해결전략
(2) 승패방식	I win-You lose	I win-You win
(3) 이득(Pie)증식	고정된 파이 나누기	파이 자체의 증대
(4) 정보공유	은밀한 정보	공개적 정보
(5) 토론성격	입장 토론	실질적 이해관계 토론

④

비교 요소	분배적 협상	통합적 협상
(1) 협상전략	회피전략	강압전략
(2) 승패방식	I lose-You lose	I win-You lose
(3) 이득(Pie)증식	고정된 파이 나누기	파이 자체의 증대
(4) 정보공유	은밀한 정보	공개적 정보
(5) 토론성격	실질적 이해관계 토론	입장 토론

⑤

비교 요소	분배적 협상	통합적 협상
(1) 협상전략	강압전략	문제해결전략
(2) 승패방식	I win-You lose	I win-You win
(3) 이득(Pie)증식	파이 자체의 증대	고정된 파이 나누기
(4) 정보공유	공개적 정보	은밀한 정보
(5) 토론성격	입장 토론	실질적 이해관계 토론

34. 다음 중 협상력을 결정하는 4가지 요소가 협상에 미치는 영향을 설명한 내용으로 가장 적절하지 않은 것은?

① 정보보다 시간이 많은 쪽이, 시간이 많은 쪽보다는 힘과 권력이 강한 쪽이 협상에 유리하다.

② 협상을 시작할 때 최초의 요구를 어떻게 제시하느냐에 따라 협상의 결과가 크게 달라진다.

③ 정보의 양에 따라 협상 결과가 달라진다.

④ 협상을 마무리해야 하는 시간적 여유가 많은 쪽이 더 협상에 유리하다.

⑤ 협상력을 좌우하는 힘은 우월한 자산에서부터 협상자의 사회적 직위에 이르기까지 다양하다.

1회 기출예상 · 2회 기출예상 · 3회 기출예상 · 4회 기출예상 · 5회 기출예상 · 6회 기출예상 · 7회 기출예상 · 8회 기출예상 · 인성검사 · 면접가이드

35. 다음은 팀워크에 대한 설명과 '팀워크 구성요소별 측정항목'이다. 측정항목인 ⓐ ~ ①를 팀워크의 구성요소에 따라 옳게 분류한 것은?

팀워크(Teamwork)란 팀 구성원이 공통의 목적을 달성하기 위해 각자의 역할에 따라 책임을 지고 협력하여 행동하는 것으로, 팀워크 연구 접근방법에 따라 팀워크의 정의는 조금씩 다르다. 개인의 성과 관점에서는 팀워크를 '여러 개인들의 성과를 효과적으로 조율하는 데 필요한 성과의 상호의존적인 요소들'이라고 정의한다. 팀 구성원의 역할 관점에서는 팀워크를 '각자 정해진 역할과 기능을 수행하는 두 명 이상의 개인들이 공통적인 목표와 미션을 가지고 역동적, 상호의존적, 적응적으로 상호작용하는 과정'이라고 정의한다. 역할과 성과를 포괄적으로 정의에 넣은 경우는 팀워크를 '상대적으로 적은 인원으로 구성된 그룹이 필요한 권한과 자율성 그리고 자원을 가지고 명확하게 정의되고 도전적인 업무를 가장 효율적으로 수행하며, 확실하고 도전적인 팀 차원의 목표를 공유하여 각 구성원이 뚜렷한 역할분담을 하여 목표달성을 이루어 내는 과정'으로 정의한다.

팀워크의 구성 요소들에 대한 연구들을 살펴보면 각 세부 요소별 관계에서도 강한 상관관계가 존재함을 알 수 있다. 팀 구성원 간의 의사소통은 팀의 구성원 간의 관계를 높이고 성과를 향상시키는 요소이다. 팀 구성원의 협업도 역시 성과의 핵심적인 동기 요인으로서 팀워크를 실행하게 만드는 요소이며, 팀 성과에 직접적 영향을 주게 된다. 가상의 프로젝트 팀에서 업무조정과 응집성은 매우 중요한 프로젝트 성과 향상요인이라는 점도 밝혀졌다. 따라서 팀워크의 구성요소를 의사소통, 협업, 업무조정, 그리고 응집력으로 정리할 수 있다.

〈팀워크의 구성요소〉

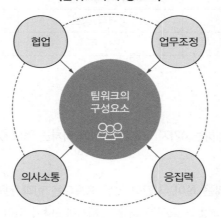

□ 구성요소별 측정항목

ⓐ 팀의 세부과제들이 잘 연계되어 수행되었는가?

ⓑ 팀원들은 단결이 잘되었는가?

ⓒ 팀원들은 공동의 목표 달성을 위해 책임감을 가지고 팀 과업에 임했는가?

ⓓ 팀원들 사이에는 팀과 관련된 정보가 거리낌 없이 공유되는가?

ⓔ 팀원들은 목표 설정 시에 팀을 최우선 목표로 설정했는가?

ⓕ 팀 내의 세부과제들이 긴밀하게 조화를 잘 이루었는가?

ⓖ 팀원들은 서로 마음에 들어 했는가?

ⓗ 팀원들 간 업무의 겹침이 없이 잘 분배되었는가?

ⓘ 대체적으로 팀원들 사이에 정보가 적시에 공유되었는가?

	의사소통	협업	업무조정	응집력
①	ⓑ, ⓓ	ⓒ, ⓔ, ⓘ	ⓕ, ⓗ	ⓐ, ⓖ
②	ⓓ	ⓑ, ⓒ, ⓔ	ⓘ, ⓕ, ⓗ	ⓐ, ⓖ
③	ⓓ, ⓘ	ⓒ, ⓔ	ⓐ, ⓗ	ⓑ, ⓕ, ⓖ
④	ⓓ, ⓘ	ⓒ, ⓔ	ⓐ, ⓕ, ⓗ	ⓑ, ⓖ
⑤	ⓘ	ⓒ, ⓓ, ⓔ	ⓐ, ⓕ, ⓗ	ⓑ, ⓖ

36. 다음은 갈등에 대한 내용이다. ㄱ ~ ㅂ을 '관계 갈등'과 '과업 갈등'으로 옳게 구분하여 연결한 것은?

> 갈등은 일반적으로 집단의 효율성을 떨어트리고 성과에 부정적인 영향을 미치며 의사결정 과정을 어렵게 하는 요인으로서 연구되고 있다. 그러나 갈등의 두 가지 유형인 과업 갈등과 관계 갈등의 차이로 인해 팀 구성원들의 행동에 다른 반응이 나타나고 있다.
>
> 과업 갈등은 서로 다른 관점, 아이디어, 의견 등을 포함하는, 과업을 수행하는 데 있어 집단 구성원들 사이의 불일치로 정의되며, 단기적인 관점에서 업무를 수행하는 목표 및 내용과 관련 있다. 반면에 관계 갈등은 성격, 개인적 취향, 선호, 가치 그리고 대인관계 스타일처럼 인간관계를 중심으로 발생하는 집단 내 구성원들 사이의 긴장, 원한, 귀찮음 등과 같은 정서적 대립을 말한다.
>
> **〈팀 내 갈등 상황〉**
> ㄱ. 우리 팀원들 사이에는 다양한 긴장 관계가 있다.
> ㄴ. 우리 팀원들 사이에는 일하는 과정에서 상호 불일치가 발생했다.
> ㄷ. 우리 팀원들 사이에는 일하는 과정에서 화를 내는 경우가 있었다.
> ㄹ. 우리 팀원들 사이에는 다양한 아이디어로 인한 갈등이 존재했다.
> ㅁ. 우리 팀원들 사이에는 높은 감정적 갈등이 존재했다.
> ㅂ. 우리 팀원들 사이에는 일하는 중에 의견충돌이 발생했다.

	과업 갈등	관계 갈등
①	ㄱ, ㄴ	ㄷ, ㄹ, ㅁ, ㅂ
②	ㄱ, ㄴ, ㄷ	ㄹ, ㅁ, ㅂ
③	ㄴ, ㄷ, ㄹ	ㄱ, ㄷ, ㅁ, ㅂ
④	ㄴ, ㄹ, ㅂ	ㄱ, ㄷ, ㅁ
⑤	ㄴ, ㄷ, ㄹ, ㅂ	ㄱ, ㅁ

[37 ~ 38] 다음은 공공기관의 도덕적 해이에 관한 내용이다. 이어지는 질문에 답하시오.

> 도덕적 해이란 상대방의 행동을 관측할 수 없을 때 바람직하지 않은 행위를 하는 것을 말한다. 공공기관은 도덕적 해이의 유혹에 빠지기 쉽다. 조직 활동에서는 개인적 이익을 앞세우기보다는 조직의 목적에 충실해야 한다는 윤리적 책무가 최고의 덕목이 되어야 한다. 하지만 공적업무를 빙자해서 개인적인 이익을 꾀하는 공공기관의 '차공제사(借公濟私, 직권을 남용하여 사복을 채운다는 뜻)' 행위가 자주 언론에 등장한다. 조직에서 대놓고 비리를 저지르는 경우는 드물며 조직 활동 중에 교묘하게 개인적 일탈행위를 끼워 넣는 경우가 대부분이다. 따라서 공공기관의 도덕적 해이가 무엇인지, 도덕적 해이에 어떤 요인들이 영향을 주는지 구체적으로 이해할 필요가 있다. 흔히 관료들의 사익추구 행태로 정의되는 도덕적 해이는 정보의 비대칭적 상황에서 도덕적으로 충분한 주의를 기울이지 않는 행위를 지칭한다.
>
> 도덕적 해이는 ⊙ <u>사익추구, 방만경영, 국가의존, 무사안일</u> 등의 4가지 요인과 요인별 7가지의 세부 항목으로 구성된다. 4가지 요인의 총합이 곧 도덕적 해이의 수준이 되는 것이다. ⓒ <u>이 도덕적 해이는 몇 가지 특징</u>이 있다.

37. 다음 중 윗글의 밑줄 친 ⊙ 중 '무사안일'의 태도와 가장 관련된 것은?

① A는 근무 중 사적인 용무를 보기 위해 자주 외출한다.
② B는 부서 내에서 골치 아픈 일이 생기면 절대 나서지 않는다.
③ C는 팀원들에게 예산 절감보다는 지출 완료에 역점을 두라고 한다.
④ D는 공공기관은 중앙정부의 부당한 간섭도 당연히 따라야 한다고 생각한다.
⑤ E는 개인의 성과에 도움이 되지 않는 부서 간 협업에는 관심을 두지 않는다.

38. 다음 중 윗글의 밑줄 친 ⓒ의 도덕적 해이의 특징에 대한 설명으로 옳지 않은 것은?

① 업무를 충실히 수행하지 않는 행위를 의미하는 것으로 적발과 입증이 다소 어렵다.
② 사적 영역에서 도덕적 의무를 다하지 않는 도덕적 일탈행위도 포함된다.
③ 사익을 추구하지 않더라도 효율적인 운영을 위해 최선을 다하지 않는 업무 태도도 포함된다.
④ 실적이 기대되더라도 위험이 따르는 새로운 업무에는 관심을 두지 않으려는 소극적인 행동방식을 취한다.
⑤ 결정을 내리고 책임지기보다는 상급 기관에 결정을 미루고 이를 기계적으로 따라가는 행동방식을 취한다.

[39 ~ 40] 다음은 「중대재해처벌법」에 대한 기사이다. 이어지는 질문에 답하시오.

「중대재해처벌법」의 특징은 이름 그대로 징벌 위주의 법률이라는 점이다. 이는 유사 법률인 「산업안전보건법」이 예방 위주의 법률이라는 점에서 차이가 있다. 특히 「중대재해처벌법」은 경영책임자에 대한 형사처벌을 강화했다. 사망 사고 발생 시 1년 이상의 징역이라 「산업안전보건법」이 7년 이하 징역인 데 비해 처벌 수위가 높다. 이에 따라 산업계에서는 「중대재해처벌법」 위반 시 회사 경영책임자가 실형을 살 수도 있다는 현실적인 위기가 닥쳐오면서 적극적인 대비에 나서고 있다. 이는 지하철 회사라고 예외는 아니다.

산업재해에 대한 법률인 「산업안전보건법」은 회사에서 일하는 근로자를 보호하는 것이 목적이다. 그래서 지하철 회사에서 일하지 않는 이상 「산업안전보건법」에 대한 승객의 관심은 없었던 것이 사실이었다.

그러나 「중대재해처벌법」의 특징은 종사자뿐만 아니라 이용자도 보호한다는 것이다. 이는 「중대재해처벌법」에 중대산업재해 부문뿐만 아니라 중대시민재해 부문도 규정되어 있기 때문이다. 「중대재해처벌법」에서 중대시민재해는 아래와 같이 규정되어 있다.

제2조(정의) 이 법에서 사용하는 용어의 뜻은 다음과 같다.

3. "중대시민재해"란 특정 원료 또는 제조물, 공중이용시설 또는 공중교통수단의 설계, 제조, 설치, 관리상의 ⓐ결함을 원인으로 발생한 재해로서 다음 각 목의 어느 하나에 해당하는 결과를 야기한 재해를 말한다. 다만, 중대산업재해에 해당하는 재해는 제외한다.
가. 사망자가 1명 이상 발생
나. 동일한 사고로 2개월 이상 치료가 필요한 부상자가 10명 이상 발생
다. 동일한 원인으로 3개월 이상 치료가 필요한 질병자가 10명 이상 발생

물론 우리나라 도시철도는 세계적으로 매우 안전하므로 승객이 이용하다가 사고를 당해 죽는 경우는 매우 드물다. 특히 서울지하철에 스크린도어가 완비된 이후로는 여객 사망 사고는 거의 자취를 감췄다. 그러나 지하철은 교통수단 중에서 차량당 승객, 1일 수송 승객이 가장 많은 교통수단인 만큼 승객 안전은 아무리 강조해도 지나치지 않다.

이같이 「중대재해처벌법」이 중대시민재해의 요건과 원인을 지정하고 있는 만큼 이용자로서는 이를 잘 파악할 필요가 있다. 예를 들어 중대시민재해는 시설과 수단 자체의 원인에 의한 것을 말하는 것이다. 이용자의 부주의나 풍수해 같은 자연재난처럼 기업이나 기관의 관리범위를 넘어서는 원인에 의한 것은 해당되지 않는다. 지하철의 안전은 기업도 노력할 사항이지만, 승객 스스로도 주의를 기울여 안전하게 이용해야 한다는 것이다.

39. 제시된 글을 바탕으로 할 때, 「중대재해처벌법」에서 강조하고 있는 경영책임자의 직업윤리 덕목으로 가장 적절한 것은?

① 책임감　　　　　② 봉사정신　　　　　③ 공정성

④ 정직　　　　　　⑤ 근면

40. 다음은 「중대재해처벌법」 제2조의 밑줄 친 ⓐ와 관련된 법률이다. 이에 따를 때, '제조상의 결함'에 해당하는 사례로 가장 적절한 것은?

> **「제조물 책임법」**
>
> **제2조(정의)** 이 법에서 사용하는 용어의 뜻은 다음과 같다.
> 1. "제조물"이란 제조되거나 가공된 동산(다른 동산이나 부동산의 일부를 구성하는 경우를 포함한다)을 말한다.
> 2. "결함"이란 해당 제조물에 다음 각 목의 어느 하나에 해당하는 제조상·설계상 또는 표시상의 결함이 있거나 그 밖에 통상적으로 기대할 수 있는 안전성이 결여되어 있는 것을 말한다.
>   가. "제조상의 결함"이란 제조업자가 제조물에 대하여 제조상·가공상의 주의 의무를 이행하였는지에 관계없이 제조물이 원래 의도한 설계와 다르게 제조·가공됨으로써 안전하지 못하게 된 경우를 말한다.
>   나. "설계상의 결함"이란 제조업자가 합리적인 대체설계(代替設計)를 채용하였더라면 피해나 위험을 줄이거나 피할 수 있었음에도 대체설계를 채용하지 아니하여 해당 제조물이 안전하지 못하게 된 경우를 말한다.
>   다. "표시상의 결함"이란 제조업자가 합리적인 설명·지시·경고 또는 그 밖의 표시를 하였더라면 해당 제조물에 의하여 발생할 수 있는 피해나 위험을 줄이거나 피할 수 있었음에도 이를 하지 아니한 경우를 말한다.

① 승객이 승강장 내에 비치된 손 세정제를 생수로 착각하고 음용하여 알코올 중독 증상을 일으킨 경우

② 유아차의 다리가 약하게 설계되어, 열차 운행 중에 타고 있던 유아가 몸을 뒤척이자 유아차 다리가 부서져 유아가 다친 경우

③ 열차 운행 중에 열차 설계 문제로 갑작스럽게 화재가 발생하여 승객 소지품이 훼손된 경우

④ 자동으로 개폐되어야 하는 지하철 스크린도어에 문제가 발생하여 초등학생의 발목이 끼었으나 문을 수동으로 열 수 없어 심각한 부상을 입은 경우

⑤ 승강장 내 자판기를 통해 구입한 음료수 캔에 든 이물질로 인하여 복통을 일으킨 경우

[01 ~ 02] 다음 글을 읽고 이어지는 질문에 답하시오.

직원 R은 지하철 내 미세먼지 저감 사업에 대한 서울교통공사 보도자료를 열람하고 있다.

서울교통공사(이하 공사)가 서울 지하철 내 미세먼지 저감 사업을 본격적으로 추진한다고 밝혔다. 터널 내 양방향 전기집진기 45개소를 설치하기 위한 계약을 추진하고, 여러 부서가 나누어 맡았던 미세먼지 업무를 처장급 정규조직을 신설해 체계적으로 관리한다. (가) 면역력이 떨어진 몸이 미세먼지에 노출되면 호흡기 질환을 일으키는 것은 물론 심한 경우 사망률을 높이는 원인이 될 수도 있다. 미세먼지는 우리의 건강을 서서히 위협하고 숨통을 조이는 물질로, 세계보건기구(WHO) 산하 국제암연구소는 미세먼지를 1급 발암물질로 분류하고 있다. 공사는 미세먼지 관련 기준을 더욱 엄격하게 지키겠다는 목표를 갖고 있다.

공사는 지난 7일 관련 업체와 터널 내 양방향 전기집진기 설치를 위한 계약을 체결했다. 약 128억 원의 예산을 투입해 6호선 구간 터널 내 45개소에 전기집진기를 설치하는 게 골자다. 지난해 시범적으로 5호선 9개소 · 6호선 10개소에 집진기를 설치했고, 올해는 본격적으로 6호선 본선 구간부터 집진기를 새로 설치한다. 미세먼지 전담 부서도 신설했다. 처장급 정규조직인 '대기환경처'와 더불어 관련 설비를 다루는 '환경설비센터'가 새롭게 출범해 이날 시행한 직제개편에 반영된다. (나) 그간 관련 업무는 여러 부서의 실무자들이 '미세먼지저감TF'를 만들어 수행해 왔다. 두 정규조직을 신설한 만큼 전문적이고 체계적으로 미세먼지 업무를 처리할 것으로 공사는 기대하고 있다.

(다) 공사는 지난 2011년 이전부터 미세먼지 저감 대책을 시행해 왔다. 승강장안전문 설치, 노후 환기설비 개량, 고압살수차 도입, 역사 및 전동차 청소 등 정책으로 지하역사 미세먼지를 $100\mu g$/m^3 이하까지 낮추는 데 성공했다. 2018년 이후부터는 터널 양방향 전기 집진기, 승강장 공기질 개선장치, 친환경모터카 교체, 전동차 객실 내 공기질 개선장치 설치, 객실 출입문 에어커튼 시범 설치 등 신규 사업도 추가로 추진했다. 그 결과, 지난 10년 전과 비교해 지하철 역사 내 미세먼지(PM10)는 37.3%, 전동차 객실 내 미세먼지는 33.0% 줄어든 것으로 자체 측정 결과가 나타났다.

미세먼지에 대한 사회적 관심 또한 높아지면서 관련법에 따른 기준 또한 엄격해졌다. 2019년 7월 환경부에서는 실내공기질관리법을 개정해 지하역사 미세먼지 농도 기준을 $150\mu g$/m^{3}에서 $100\mu g$/m^{3}으로 강화하였으며, 지하 역사 및 전동차 객실 내 초미세먼지 관리기준(지하역사 및 전동차 $50\mu g$/m^3 이하)을 새롭게 세웠다. (라) 공사는 향후 4년간 4,000억 원을 투입해 터널본선의 환기설비 집진효율 개선 등 4대 분야 20개 대책을 수립 · 추진할 계획이다. 미세먼지 저감 사업은 2024년까지 역사 내 미세먼지(PM10)는 $50\mu g$/m^3 이하, 초미세먼지(PM2.5) $30\mu g$/m^3 이하, 전동차 내 초미세먼지는 $35\mu g$/m^3 이하로 유지하는 것이 목표다. 공사는 실내공기질관리법보다 더 엄격한 기준으로 관리할 방침이다.

서울교통공사 사장은 "서울 지하철은 대부분 지하 구간에서 운행되는 데다, 환기구 구조 및 위치와 시설 노후화, 공기여과장치의 낮은 효율성 등 구조적 한계로 미세먼지 저감에 많은 어려움이 있다"라며, (마) "서울시 미세먼지 개선 의지에 부응해, 자체 노력으로 미세먼지 오염도를 50%로 줄이고, 비상저감조치 발령 시 외부 공기보다 더욱 깨끗하게 관리될 수 있도록 최선을 다하겠다"라고 말했다.

01. 다음 중 직원 R이 위 자료를 이해한 내용으로 적절하지 않은 것은?

① 서울 지하철은 구조적인 한계로 인해 미세먼지를 저감하는 데 있어 어려움이 존재한다.
② 이번 직제개편에는 미세먼지 업무를 전문적으로 다루는 두 개의 조직이 신설된다.
③ 터널 내 양방향 전기집진기는 새롭게 설치되는 곳까지 총 54개소에 위치하게 된다.
④ 관련법에 따라 지하역사 미세먼지 농도 기준이 강화되었다.
⑤ 현재 전동차 객실 내 미세먼지는 10년 전보다 33.0% 줄어들었다.

02. 위 자료의 (가) ~ (마) 중 문맥상 적절하지 않은 것은?

① (가) ② (나) ③ (다)
④ (라) ⑤ (마)

[03 ~ 04] 다음 글을 읽고 이어지는 질문에 답하시오.

> 서울교통공사 직원 T는 지하철 1호선에 대한 설명 자료를 열람하고 있다.

(가) 서울 지하철 건설이 처음 언급된 것은 일제 강점기 시대로 거슬러 올라간다. 1920년대 말 서울 인구가 100만 명을 넘어서자 전차와 버스로 도시교통을 감당하기 어려워질 것을 우려해 논의가 시작되었으며, 1930년대 말 일제는 본격적인 지하철 건설 계획을 수립한다. 그러나 중 · 일 전쟁을 시작으로 일제가 철근 · 시멘트 등 건축자재를 전부 전쟁용으로 사용하기 위해 통제하면서 지하철 건설은 중단되었다. 한동안 멈춰 있던 지하철 건설은 1960년대 본격적인 경제성장과 함께 서울이 발전하기 시작하며 다시 물꼬를 트게 된다. 1961년 철도청이 최초로 지하철 건설 계획을 입안했으며, 이후 1964년 윤치영 서울시장이 국회 교통체신분과위원회에 제출한 '서울 교통 문제 해결책'에 지하철 건설 계획이 언급되면서 본격적인 논의가 시작된다. 활발한 논의 끝에 서울시는 1965년 「서울 시정 10개년 계획」을 통해 '향후 10년 내에 4개 노선 51.5km의 지하철을 건설하겠다'라는 방침을 발표한다. 이후 김현옥 서울시장의 지휘 아래 지하철 건설 준비에 본격적으로 들어가며, 1970년 6월에는 서울특별시 지하철건설본부를 발족했다. 이후 같은 해 9월 일본 조사단이 서울을 방문해 한 달 동안 현장 조사를 거쳐 '서울특별시 수도권도시교통계획 조사보고서'를 작성하였다. 이를 바탕으로 정부가 '지하철 1호선 건설계획 및 수도권전철계획'을 10월에 공식 발표하며 1호선의 건설이 공식적으로 알려지게 된다.

(나) 우여곡절 끝에 1971년 4월 12일 서울시청 앞 광장에서 첫 착공식이 열렸다. 당시 착공식에는 박정희 전 대통령과 3만여 명의 시민이 참석했다는 점에서 당시 지하철 1호선이 국가적으로 큰 관심을 받고 있었다는 사실을 알 수 있다. 3년이 지난 1974년 4월 12일 서울역 ~ 종각역 구간에서 첫 시운전을 무사히 진행하며 모든 준비를 완료한 끝에, 같은 해 8월 15일 광복절에 서울 지하철 1호선(종로선)이라는 이름으로 개통했다. 종로선은 서울역부터 청량리역까지 9개 역 7.8km 구간을 5분 간격으로(출 · 퇴근 시간 기준) 달리는 우리나라 최초의 지하철이다. 같은 날 철도청도 경부선, 구인선, 경원선의 전철화를 완료해 서울 지하철 1호선과 직결운행하기 시작했다.

(다) 개통 당시 전동차는 6칸을 한 편성으로 구성해, 총 10개 편성을 일본 히타치중공업에서 들여왔다. 이른바 '1세대 전동차'라 불리는 차량으로, 교 · 직류 겸용 저항제어 전동차였다. 외관은 폭 3.2m · 길이 20m에 선두부 관통문과 출입문 4개가 있었고, 바탕은 크림색 · 창틀은 빨간색인 통근형 열차였다. 1977년에서 1978년 사이 대우중공업이 해외 기술제휴를 통해 최초로 국산 전동차를 36칸 제작해 1호선에 도입하였다. 1981년에는 한 편성을 8칸으로 늘렸으며, 1989년에는 대우중공업과 현대정공에서 64량을 추가로 도입하고 한 편성을 10칸으로 늘렸다. 이후 공사는 1999년 개통 시 도입한 60칸을 모두 폐차하고 VVVF 전동차로 전량 교체했다.

(라) 지하철 1호선은 오랜 기간 달려온 만큼 다양한 기록도 남겼다. 개통 이후 2019년까지 46년간 1호선이 달려온 총 운행거리는 약 9,100만 km다. 지구 둘레가 약 4만 km이니, 환산하면 지구를 총 2,275바퀴 돈 셈이다. 열차 운행횟수 역시 첫 해 2만 회를 기록하였는데, 지금은 2019년 기준 59만 회로 크게 늘어났다. 누적 운행횟수는 총 2,300만 회인데, 직결운행하는 한국철도(코레일) 차량의 운행횟수까지 합치면 총 3,200만 회다. 첫 해 약 3,177만 명이었던 수송인원 역시 1억 7,236만 명으로 늘어났다. 누적 수송인원만 해도 92억 4천만 명인, 명실상부한 '시민의 발'로 자리 잡은 셈이다.

(마) 지금까지 서울 중심부를 한 번도 쉬지 않고 달려온 지하철 1호선이기에, 그만큼 시설물도 노후화되어 있다. 지난 1970년대에 지은 시설물이 여전히 남아 운영되고 있기도 하다. 정기적인 안전 점검을 통해 이용에는 큰 문제가 없다는 것이 확인됐지만, 미관상으로는 낡고 오래된 것처럼 보인다. 서울교통공사는 1호선의 낡고 오래된 이미지를 바꾸고 이용객들의 편의를 개선하기 위해 1호선 역사를 단계적으로 리모델링하고 있다. 공사는 "서울 지하철 1호선은 국내 지하철의 역사가 그대로 담겨 있는 역사적 유물이다"라며 "지속적인 관리와 개선을 통해 100년 넘게 이어질 수 있도록 힘쓰겠다"라고 말했다.

03. 다음 중 직원 T가 위 자료를 이해한 내용으로 적절하지 않은 것은?

① 1964년 국회에 제출한 '서울 교통 문제 해결책'을 시작으로 본격적인 서울 지하철 건설계획이 논의되었다.

② 서울특별시 지하철건설본부는 1970년 6월에 발족하였다.

③ 서울 지하철 1호선은 1974년 한 해 동안 열차 운행횟수 2만 회를 기록하였다.

④ 1981년에는 전동차 64량을 추가로 도입하고 10칸을 한 편성으로 구성하였다.

⑤ 현재 서울 지하철 1호선은 노후화되었지만 정기적인 안전 점검을 통해 이용에는 큰 문제가 없는 상황이다.

04. 다음 중 (가) ～ (마)의 소제목으로 가장 적절하지 않은 것은?

① (가) 첫 건설 논의는 일제 강점기 때부터, 60년대 본격 검토되며 건설

② (나) 1971년 착공해 3년 만에 완공, 시작은 9개 역 7.8km 구간으로 출발

③ (다) 열차는 6칸짜리 일본제 전동차 10개 편성, 이후 국산 전동차 제작으로 이어져

④ (라) 지하철 1호선 이모저모, 누적 운행거리 9,100만km, 운행횟수 5,500만 회 돌파

⑤ (마) 낡고 오래된 지하철 1호선, 단계적 리모델링 추진

1회 기출예상 2회 기출예상 3회 기출예상 4회 기출예상 5회 기출예상 6회 기출예상 7회 기출예상 8회 기출예상 인성검사 면접가이드

[05 ~ 06] 다음 자료를 보고 이어지는 질문에 답하시오.

직원 S는 연도별 고용 현황 자료를 보고 있다.

〈연도별 고용 현황〉

(단위 : 천 명)

구분		20X1년	20X2년	20X3년	20X4년	20X5년
남성	만 15세 이상 인구	17,953	18,825	19,978	20,989	21,699
	경제활동인구	13,478	14,021	14,621	15,607	16,002
	비경제활동인구	4,475	4,804	5,357	5,382	5,697
	취업자	12,988	13,481	14,041	15,057	15,372
	실업자	490	540	580	550	630
여성	만 15세 이상 인구	19,061	19,806	20,846	21,807	22,483
	경제활동인구	9,504	10,002	10,335	11,229	11,893
	비경제활동인구	9,557	9,804	10,511	10,578	10,590
	취업자	9,243	9,707	9,992	10,840	11,450
	실업자	261	295	343	389	443

※ 경제활동인구＝(취업자)＋(실업자)
※ 증감값＝(해당 연도 값)－(직전 연도 값)

05. 다음 중 직원 S가 위 자료를 이해한 내용으로 적절한 것은?

① 20X1 ~ 20X5년 동안 남성의 경우 취업자 수는 남성 비경제활동인구수의 3배 미만이다.

② 20X1 ~ 20X5년 동안 여성의 경우 매년 취업자보다 비경제활동인구가 더 많다.

③ 20X2 ~ 20X5년 중 전년 대비 비경제활동인구수의 증감이 가장 작은 연도는 남녀 모두 동일하다.

④ 20X2 ~ 20X5년 동안 여성의 전년대비 취업자 수 증감은 동기간 남성의 취업자 수 증감보다 매년 작다.

⑤ 20X1 ~ 20X5년 중 연도별 남성 취업자 수와 여성 취업자 수의 차이는 20X3년이 가장 크다.

06. 다음 중 위 자료를 바탕으로 작성한 그래프로 적절하지 않은 것은?

① 〈만 15세 이상 전체 인구수〉

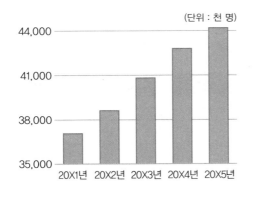

② 〈전년 대비 경제활동인구수 증감값〉

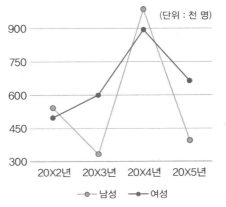

③ 〈20X3년 기준 전체 실업자 수 차이*〉

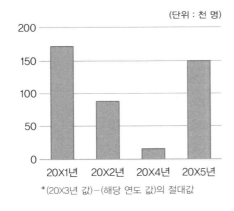

④ 〈남녀 간 만 15세 이상 인구 차이〉

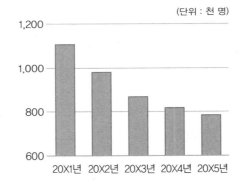

⑤ 〈전년 대비 실업자 수 증감값〉

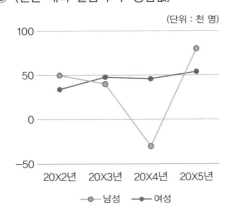

[07 ~ 08] 다음 자료를 보고 이어지는 질문에 답하시오.

○○공사 직원 N은 차령별 전철 차량 보유현황 추이표를 확인하고 있다.

〈20X1 ~ 20X4년 차령별 전철 차량 보유현황 추이표〉

(단위 : 대)

구분	차령*	20X1년	20X2년	20X3년	20X4년
전국	1 ~ 5년	378	566	658	770
	6 ~ 10년	1,042	816	458	352
	11 ~ 15년	592	718	1,084	996
	16 ~ 20년	1,551	1,280	1,280	535
	21 ~ 25년	1,502	1,695	1,385	2,053
	26년 이상	746	758	1,018	1,189
	소계	5,811	5,833	5,883	5,895
	폐차 누적치	805	982	1,062	1,202
○○공사	1 ~ 5년	82	208	250	446
	6 ~ 10년	574	388	126	56
	11 ~ 15년	124	334	604	624
	16 ~ 20년	823	692	692	87
	21 ~ 25년	1,418	1,347	1,037	1,421
	26년 이상	530	582	842	923
	소계	3,551	3,551	ⓐ	3,557
	폐차 누적치	793	930	1,010	1,150

* 차량이 처음 출고된 해를 기준으로 하여 현재까지 사용한 햇수

07. 다음 중 자료의 ⓐ에 들어갈 값으로 옳은 것은?

① 3,548   ② 3,551   ③ 3,554

④ 3,563   ⑤ 3,569

08. 다음 중 〈보기〉의 ⊙에 해당하는 값으로 옳은 것은? (단, 보유 비율은 소수점 첫째 자리에서 버림한다)

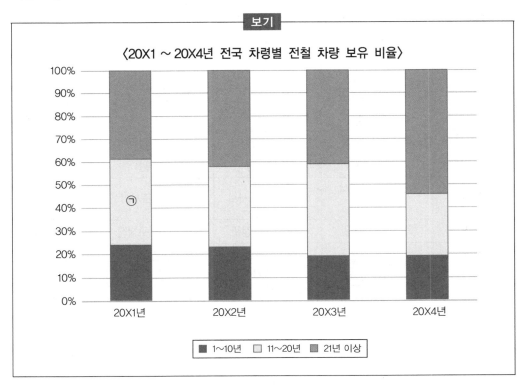

보기

〈20X1 ~ 20X4년 전국 차령별 전철 차량 보유 비율〉

① 34%   ② 36%   ③ 38%

④ 40%   ⑤ 42%

1회 기출예상   2회 기출예상   3회 기출예상   4회 기출예상   5회 기출예상   6회 기출예상   7회 기출예상   8회 기출예상   인성검사   면접가이드

[09 ~ 10] 다음 자료를 보고 이어지는 질문에 답하시오.

사원 W는 지하안전영향평가 매뉴얼을 열람하고 있다.

- 지하안전법에 따른 사전/사후관리 제도
  - 전문기관 : 지하안전 영향평가서를 대행/작성하는 민간 기관
  - 검토기관 : ○○공단, ☆☆공사(국토교통부장관이 협의기관 자격으로 검토 및 현지조사 의뢰)
  - 협의기관 : 각종 서류를 전달받는 국토교통부 및 지역별 각 정부기관 등

구분	일반/소규모 지하안전영향평가	사후 지하안전영향평가	지하안전점검평가	지반침하 위험도평가
대상	굴착깊이 20m (소규모는 10m) 이하 굴착공사 또는 터널공사 포함 사업	지하안전영향평가 대상 사업	지하시설물 및 주변지반	지하시설물 및 주변지반
시기	사업계획의 인가 또는 승인 전	굴착공사 착공 후	매년 정기적으로 실시	지반침하 우려가 있는 경우
실시자	지하개발사업자	지하개발사업자	지하시설물관리자	지하시설물관리자
평가자	전문기관	전문기관	전문기관	전문기관
제출서류	안전영향 조사서, 사업계획서	안전영향 조사서	안전영향 조사서	지반침하 위험도평가서
협의기관	국토교통부장관	국토교통부장관	시장/군수/구청장	시장/군수/구청장
평가결과 활용	사업계획의 보정	지하안전확보 및 재평가	지반침하 위험성 점검	중점관리대상 지정 및 해제

※ 지하안전영향평가 : 지하개발사업이 지하안전에 미치는 영향을 미리 조사, 예측하여 지반침하 예방 방안을 마련하는 평가
※ 기재된 모든 서류를 제출해야 한다.

09. 다음 중 사원 W가 위 자료를 이해한 내용으로 적절하지 않은 것은?

① 지하안전점검평가의 대상 사업은 총 5가지이다.

② 지하안전점검평가는 매년 실시되고 있다.

③ 지하안전점검평가와 사후 지하안전영향평가는 제출해야 하는 서류가 동일하다.

④ 지하안전점검평가와 지반침하 위험도평가는 지하시설물관리자가 실시한다.

⑤ 지반침하 위험도평가를 통해 지하시설물의 중점관리대상 지정이 해제될 수 있다.

10. 다음 〈보기〉의 모식도에서 나타내고 있는 지하안전영향평가의 절차로 적절한 것은? (단, 〈보기〉 외의 사항은 위 자료와 동일하다)

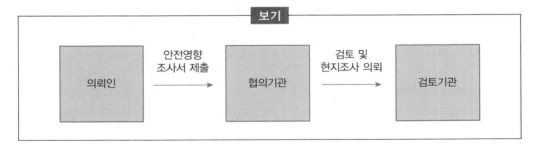

① 일반 지하안전영향평가

② 소규모 지하안전영향평가

③ 사후 지하안전영향평가

④ 지하안전점검평가

⑤ 지반침하 위험도평가

[11 ~ 12] 다음 글을 읽고 이어지는 질문에 답하시오.

<기간제업무직(조리원) 채용 공고>

서류전형(1차) ⇒ 면접시험(2차) ⇒ 신체검사 및 결격사유조회 ⇒ 최종합격

• 서류전형
– 자격요건 평가로 적격여부 판단, 평가기준에 의한 평가 후 고득점 순으로 10배수 선발
– 지원자가 10배수 미만일 경우 자격요건 충족 시 전원 합격 처리
– 자격에 적합하여 합격배수를 초과하는 동점자 발생 시 동점자 전원 합격
 1) 자격증 : 한식, 중식, 일식, 양식, 복어조리산업기사 및 조리기능사
   ※ 자격증 종류에 따라 점수 부여(점수는 1개 자격증에 한하여 인정)
   ※ 접수마감일 이전 취득한 것만 인정
 2) 경력 : 집단급식소 근무경력만 인정(면접시험 시 서류 확인)
 3) 가점 : 「국가유공자 등 예우 및 지원에 관한 법률」 제31조(취업지원 대상자)에 따라 국가유공자
   본인 및 자녀는 서류전형 점수에 10% 가점부여

합계	자격증				경력사항*				
100점	50점				50점				
	기술사/ 기능장	기사	산업 기사	기능사	7년 이상	5년 이상 7년 미만	3년 이상 5년 미만	1년 이상 3년 미만	6개월 이상 1년 미만
	50	40	30	20	50	40	30	20	10

* 집단급식소에서 일한 기간을 모두 합산하여 점수로 환산한다.

• 면접시험 : 서류전형 합격자 대상으로 시행

구분	내용	비고
면접평가위원	• 공사 내부직원 1명, 외부위원 2명으로 구성	
평가방법	• 블라인드 면접 – 해당 직무 수행능력에 필요한 능력 및 적격성 평가	
평가기준	• 평가기준 요소별 배점(상 3점, 중 2점, 하 1점/15점 만점) – 직원으로서의 정신자세(3점) – 업무적합성 및 경험(3점) – 의사발표의 정확성과 논리성(3점) – 예의 품행 및 성실성(3점) – 창의력, 의지력, 기타 발전가능성(3점)	

11. 다음 중 〈보기〉의 지원자 K가 서류전형과 면접전형에서 받는 점수의 합계로 옳은 것은?

보기

항목	내용
자격증	한식조리산업기사(취득완료) 양식조리기능장(취득준비)
경력	어린이집 급식소 3년 근무(원아 20명) 고등학교 급식소 1년 근무(학생 150명)
면접평가 점수	상-2개 항목, 중-2개 항목, 하-1개 항목
특이사항	아버지가 순직공무원인 국가유공자

지원자 K

① 66점   ② 71점   ③ 77점
④ 78점   ⑤ 88점

12. 다음 〈보기〉와 같이 채용전형이 변경되었다. 지원자 Q가 서류평가 점수에서 채용정원의 10배수 순위 안에 들고자 할 때, 추가적으로 갖춰야 할 자격은? (단, 〈보기〉 외의 사항은 모두 위 자료와 동일하다)

보기

상사 B : 금번 채용전형이 변경됨에 따라 모든 서류평가 대상자들도 면접을 보게 되었습니다. 단, 서류전형 점수가 채용정원의 10배수 안에 들지 못하면 최종점수 동점자 처리에서 후순위로 밀리게 되므로 참고하시기 바랍니다. 금번 채용정원은 2명이며 서류전형 20등의 점수는 71점입니다. 서류평가 71점자는 모두 20위로 처리할 예정입니다.

항목	내용
자격증	중식조리기능사 1개
경력	○○사업장 급식소(300명) 경력 5년

지원자 Q

① 양식조리기술사 자격증   ② 한식조리산업기사 자격증
③ □□센터 급식소(70명) 경력 1년   ④ 국가유공자 자녀 가점
⑤ 면접전형 점수 만점

[13 ~ 14] 다음 글을 읽고 이어지는 질문에 답하시오.

○○기관 직원 H는 20X2년 상반기 역사 운영에 대한 평가를 정리하고 있다.

〈20X2년 상반기 역사 운영 실적〉

구분	A 역	B 역	C 역	D 역	E 역
지면 광고 매출(백만 원)	1,300	900	450	2,200	430
매출 흑자 상점 수(개)	15	6	2	17	12
전체 상점 수(개)	28	17	11	23	35
20X1년 하반기 이용객(만 명)	7,500	7,200	6,500	9,100	7,500
20X2년 상반기 이용객(만 명)	8,000	8,100	6,800	12,200	8,600

〈평가 항목별 점수 산출 기준〉

평가항목 \\ 점수	1점	2점	3점	4점
지면 광고 매출(백만 원)	500 미만	500 이상 1,000 미만	1,000 이상 2,000 미만	2,000 이상
역내 상점 지수	0.1 미만	0.1 이상 0.4 미만	0.4 이상 0.7 미만	0.7 이상
이용객 증가율	5% 미만	5% 이상 10% 미만	10% 이상 20% 미만	20% 이상

- 역내 상점 지수＝(매출 흑자 상점 수)÷(전체 상점 수)
- 이용객 증가율(%)＝{(20X2년 상반기 이용객)−(20X1년 하반기 이용객)}÷(20X1년 하반기 이용객)×100
- 최종 평가등급은 평가 항목별 점수를 합산한 총점이 높은 순서대로 S 등급, A 등급, B 등급, C 등급, D 등급을 부여한다.

13. 위 자료를 바탕으로 역내 상점 지수를 점수로 산출하였을 때, 다음 중 각각의 역에 해당하는 역내 상점 지수 점수를 적절하지 않게 짝지은 것은?

① A 역 - 3점　　　　　② B 역 - 2점　　　　　③ C 역 - 1점
④ D 역 - 4점　　　　　⑤ E 역 - 2점

14. 위 자료를 바탕으로 최종 평가등급을 산출할 때, A 등급에 해당하는 역은?

① A 역　　　　　② B 역　　　　　③ C 역
④ D 역　　　　　⑤ E 역

1회 기출예상　2회 기출예상　3회 기출예상　4회 기출예상　5회 기출예상　6회 기출예상　7회 기출예상　8회 기출예상　인성검사　면접가이드

[15 ~ 16] 다음 글을 읽고 이어지는 질문에 답하시오.

인사부 P 부장은 직원들의 5월 출퇴근 기록을 확인하고 있다.

〈5월 출퇴근 기록〉

구분	직원 A		직원 B		직원 C		직원 D		직원 E	
	출근	퇴근	출근	퇴근	출근	퇴근	출근	퇴근	출근	퇴근
10일	07:40	19:02	07:42	17:52	07:24	18:00	08:00	18:00	07:58	18:00
11일	08:01	19:18	08:31	17:00	07:55	20:01	08:56	18:10	08:15	19:12
12일	09:00	19:20	07:55	18:00	08:00	19:10	08:16	18:00	08:00	14:59
13일	07:54	20:31	08:20	18:25	09:00	17:30	07:32	19:47	07:24	18:36
14일	09:13	18:00	08:30	20:05	07:44	18:00	07:47	20:11	07:00	17:55

〈근태 규정〉

• 출·퇴근 시간은 자유로우며, 하루 근무시간은 출퇴근 기록 기준 9시간 이상이어야 한다. 하루 근무시간을 미달한 경우에는 1일 기준으로 1회 추가근무를 실시해야 한다.

• 오후 12시 ~ 오후 1시는 점심시간으로 근무시간에서 제외한다.

• 하루 10시간 이상 근무하였을 시 초과수당을 지급한다(초과수당은 분당 1,000원씩 계산되며 5일치를 계산하여 한 번에 지급한다).

15. 위 기록을 기준으로 할 때, 다음 중 2회 이상 추가근무를 실시해야 하는 직원은?

① 직원 A   ② 직원 B   ③ 직원 C
④ 직원 D   ⑤ 직원 E

16. 다음 중 직원 A가 지급받을 초과수당 금액으로 옳은 것은? (단, 제시된 자료 이외의 사항은 고려하지 않는다)

① 116,000원   ② 125,000원   ③ 136,000원
④ 146,000원   ⑤ 155,000원

[17 ~ 20] 다음 자료를 읽고 이어지는 질문에 답하시오.

신입사원 A, B, C는 ○○사의 모니터링 프로그램을 숙지하고 있다.

다음 프로그램은 시스템 환경과 변수, 조건을 고려하여 적합한 조치 프로토콜을 실행합니다.

1) 시스템 고윳값(System Status)
- 환경값(위험도 K, 전염성 S, 작동성 A 순서대로 표기)을 제어하는 시스템 고유의 상태값
- 예시의 시스템 상태값은
  [위험도 : 22, 전염성 : 12, 작동성 : 20]

2) 환경 조건(Circumstance Condition)
- 현재 시스템 환경을 분석하여 환경 상태값을 도출
- 서버 정보(Server Data), 환경 정보(Circumstance Data), 에러코드(Error Code)로 구성
- 모든 환경 조건은 특정한 분류에 따라 위험도, 전염성, 작동성으로 구분되는 고유의 환경 상태값을 가정
- 전체 환경 상태값은 각 환경 조건의 환경 상태값을 모두 더한 것임.
  (예 서버 정보 : Alpha, 환경 정보 : 2_1_4, 에러코드 : 320일 경우 전체 환경 상태값은 8, 8, 15)

예시)

1) System Status

System Fix: [22,12,20]

2) Circumstance Condition

Server Data: Alpha

Circumstance Data: 2_1_4

Error Code: 320

3) Input Code

Input Code: _____

〈환경 조건 분류〉

환경 조건	분류	위험도	전염성	작동성
서버 정보	Alpha	1	4	3
	Beta	2	2	4
	Gamma	4	1	–
환경 정보	(위험도)_(전염성)_(작동성)			
에러코드	3xx	5	3	8
	4xx	8	5	8
	5xx	10	6	6

3) 조치코드(Input Code)

- 전체 시스템 환경 상태값을 시스템 고윳값으로 나누어 그 값에 맞는 코드를 작성하여 조치
- 단, 소수점 셋째 자리에서 버림.
  (예) 전체 환경 상태값 8, 8, 15, 시스템 고윳값 : 22, 12, 20일 경우 각 조치 코드는 0.36, 0.66, 0.75로 조치코드는 1_CE_IO)

〈범위별 조치코드〉

Risk(위험도) : k		Contagious(전염성) : s		Operability(작동성) : a	
범위	코드	범위	코드	범위	코드
k<0.5	1	s<0.5	NE	a<0.25	NO
0.5≤k<1	2	0.5≤s<1	CE	0.25≤a<0.5	AO
1≤k	3	1≤s	HE	0.5≤a<0.75	CO
				0.75≤a	IO

예시

```
                System Status
  System Fix: [5,5,20]

            Circumstance Condition
  Server Data: Alpha
  Circumstance Data: 2_1_4
  Error Code: 320

                 Input Code
  Input Code: _____
```

---

1. System Status에서 시스템 고윳값은 위험도 5, 전염성 5, 작동성 20
2. Server Data는 Alpha, 위험도 1, 전염성 4, 작동성 3
3. Circumstance Data는 위험도 2, 전염성 1, 작동성 4
4. Error Code는 3xx이므로 위험도 5, 전염성 3, 작동성 8
5. 전체 환경 상대값을 시스템 고윳값으로 나누면 위험도 $\frac{8}{5}=1.6$, 전염성 $\frac{8}{5}=1.6$, 작동성 $\frac{15}{20}=0.75$
6. 따라서 조치코드는 3_HE_IO

17. 모니터에 다음과 같은 화면이 떴을 때, A가 입력할 조치코드로 적절한 것은?

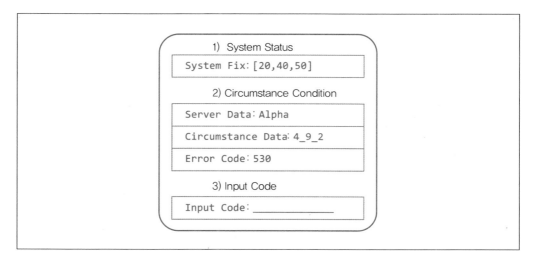

1) System Status

System Fix: [30,10,20]

2) Circumstance Condition

Server Data: Gamma

Circumstance Data: 3_5_2

Error Code: 411

3) Input Code

Input Code: _____

① 1_CE_CO   ② 2_CE_AO   ③ 2_HE_CO
④ 3_CE_CO   ⑤ 3_HE_CO

18. 모니터에 다음과 같은 화면이 떴을 때, B가 입력할 조치코드로 적절한 것은?

1) System Status

System Fix: [20,40,50]

2) Circumstance Condition

Server Data: Alpha

Circumstance Data: 4_9_2

Error Code: 530

3) Input Code

Input Code: _____

① 1_NE_NO   ② 2_NE_NO   ③ 2_NE_AO
④ 3_NE_AO   ⑤ 3_CE_NO

19. 모니터에 다음과 같은 화면이 떴을 때, C가 입력할 조치코드로 적절한 것은?

> **1) System Status**
>
> System Fix: [50,25,100]
>
> **2) Circumstance Condition**
>
> Server Data: Beta
>
> Circumstance Data: 12_21_15
>
> Error Code: 365
>
> **3) Input Code**
>
> Input Code: _____

① 1_HE_AO   ② 1_HE_NO   ③ 2_CE_AO

④ 2_CE_CO   ⑤ 2_HE_NO

20. 다음 상황에서 조치코드가 3_NE_IO일 때, ⓐ에 들어갈 시스템 고윳값으로 가장 적절한 것은?

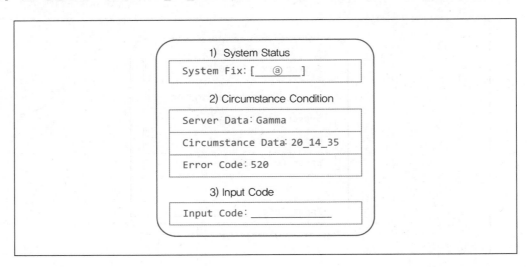

> **1) System Status**
>
> System Fix: [___ ⓐ ___]
>
> **2) Circumstance Condition**
>
> Server Data: Gamma
>
> Circumstance Data: 20_14_35
>
> Error Code: 520
>
> **3) Input Code**
>
> Input Code: _____

① [30, 45, 45]   ② [31, 50, 70]   ③ [32, 35, 30]

④ [50, 40, 50]   ⑤ [50, 40, 54]

21. 다음의 자료와 조건에 따라 지수가 선정할 업체로 적절한 것은?

지수는 사무실 인테리어 업체 선정을 위해 관련 자료를 검토 중이다.

기준 업체명	경영상태	공사기간	비용	후기/점수	A/S기간
K 시공	보통	4주	350만 원	3.5/5	1년
G 시공	매우 좋음	3주	400만 원	4/5	2년
H 시공	좋음	3주	380만 원	3.5/5	1년
M 시공	좋지 않음	4주	330만 원	4.5/5	1년
U 시공	매우 좋음	5주	370만 원	5/5	3년

〈순위 – 점수 환산표〉

순위	1위	2위	3위	4위	5위
점수	5점	4점	3점	2점	1점

- 5개의 기준에 따라 5개의 업체 간 순위를 매기고 순위–점수 환산표에 의한 점수를 부여함.
- 경영상태가 좋을수록, 공사기간이 짧을수록, 비용이 낮을수록, 후기 점수가 높을수록, A/S 기간이 길수록 높은 순위를 부여함.
- 2개 이상의 업체의 순위가 동일할 경우, 그 다음 순위의 업체는 순위가 동일한 업체 수만큼 순위가 밀려남(예 A, B 업체가 모두 1위일 경우, 그 다음 순위 C 업체는 3위).
- 환산 점수의 합이 가장 높은 업체를 선정함.
- 환산 점수의 합이 가장 높은 업체가 2개 이상일 경우, 경영상태가 더 좋은 업체를 선정함.

① K 시공
② G 시공
③ H 시공
④ M 시공
⑤ U 시공

[22 ~ 24] 다음 자료를 보고 이어지는 질문에 답하시오.

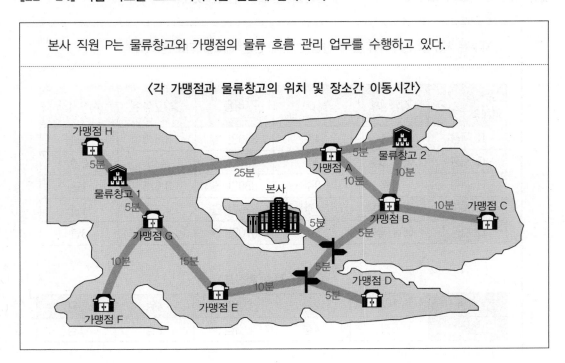

본사 직원 P는 물류창고와 가맹점의 물류 흐름 관리 업무를 수행하고 있다.

〈각 가맹점과 물류창고의 위치 및 장소간 이동시간〉

22. 다음 중 직원 P가 본사에서 물류창고 1과 2 순으로 시찰하고 본사로 복귀하는 데 걸리는 최소
이동시간은? (단, 시찰로 소요되는 시간은 고려하지 않는다)

① 1시간 20분   ② 1시간 25분   ③ 1시간 30분
④ 1시간 35분   ⑤ 1시간 40분

23. 본사는 가맹점을 두 물류창고 중 이동시간이 더 짧은 곳과 연결하여 운영하고 있다. 다음 중
물류창고 1, 2와 연결된 각 가맹점 개수를 올바르게 짝지은 것은?

	물류창고 1	물류창고 2			물류창고 1	물류창고 2
①	2개	6개		②	3개	5개
③	4개	4개		④	5개	3개
⑤	6개	2개				

24. 직원 P는 시제품을 모든 가맹점과 물류창고에 지급하기 위해 오전 9시에 본사에서 출발하여 모든
가맹점과 물류창고에 방문하고 다시 본사로 복귀하려 한다. 다음 중 직원 P가 가장 빠르게 본사에
도착하는 시각은? (단, 이동 외의 소요시간은 고려하지 않는다)

① 11시 15분   ② 11시 30분   ③ 11시 45분
④ 12시 00분   ⑤ 12시 15분

[25 ~ 26] 다음 자료를 보고 이어지는 질문에 답하시오.

직원 C는 새로 들여온 에스프레소 머신의 사용법을 파악하고 있다.

• 에스프레소 머신 구조도

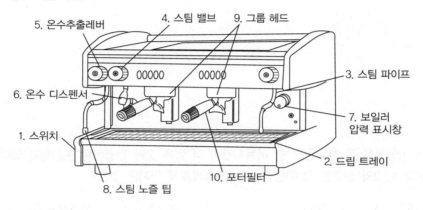

• 세부 기능

구분	이름	설명
1	스위치	시계 방향으로 돌리는 다이얼 방식으로 조작이 가능한 전원 스위치이다.
2	드립 트레이	컵을 놓는 곳이자 떨어지는 커피나 물들이 배수되는 받침대이다.
3	스팀 파이프	뜨거운 스팀이 나오는 곳이다. 우유 스티밍 시 우유에 잠기는 부분이다. 스티밍 전에도 밸브를 돌려서 우유, 공기, 물 등을 배출하는 퍼징 과정을 거친다.
4	스팀 밸브	다이얼 방식으로 섬세한 스팀 조절이 가능하다.
5	온수추출레버	시계 방향으로 돌리면 온수가 추출된다. 버튼식으로 한 번 누를 때 마다 약 100ml씩 더 추출된다.
6	온수 디스펜서	온수가 추출되는 곳이다.
7	보일러 압력 표시창	① 0 ~ 15까지의 숫자 : 펌프 모터 압력 게이지, 에스프레소 추출 시 펌프 모터에 가해지는 압력을 표시한다. ② 0 ~ 3까지의 숫자 : 보일러 압력 게이지, 보일러에서 생성한 스팀 압력을 표시하며 항상 1에서 1.5를 유지하여야 한다.
8	스팀 노즐 팁	우유 스티밍 시 공기를 주입시키는 부분이다. 우유에 잠기는 정도에 따라 공기의 유입, 회전 등 거품의 질과 양이 달라진다.
9	그룹 헤드	에스프레소 추출을 위해 물이 공급되는 곳이다. 추출 시 이곳에서 최종적으로 물이 분사되면서 포터필터로 공급되어 에스프레소가 추출된다. 항상 외부에 노출되어 있기 때문에 샤워홀더에 두꺼운 니켈 재질을 사용하며 예열 시스템을 갖추고 있다.
10	포터필터	분쇄된 원두를 담으며, 이 온도가 에스프레소의 품질을 좌우한다. 1잔용과 2잔용이 있다. 그룹 헤드에 장착하여 사용한다.

25. 다음 중 위 자료를 읽고 추론할 수 있는 주의사항으로 적절하지 않은 것은?

① 스팀 파이프를 잡고 퍼징할 때에는 뜨거울 수 있으므로 깨끗한 천으로 감싸고 스팀을 배출시켜야겠군.

② 온수 디스펜서는 화상을 입을 수도 있으니 무심코 닿지 않도록 유의하여야겠군.

③ 드립 트레이는 막히지 않게 수시로 확인하고 세척해야겠군.

④ 스팀 노즐 팁은 쉽게 오염될 수 있으니 꼼꼼히 자주 세척해야겠군.

⑤ 그룹 헤드는 적정 온도 유지가 중요하니 포터필터에 장착하기보단 자주 빼 두어야겠군.

26. 다음 〈보기〉는 그룹 헤드와 포터필터의 세부부품에 대한 설명이다. 직원 C가 위 자료와 〈보기〉를 보고 추론할 수 있는 내용으로 적절하지 않은 것은?

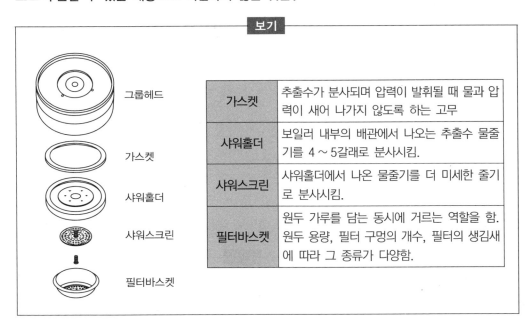

보기	
가스켓	추출수가 분사되며 압력이 발휘될 때 물과 압력이 새어 나가지 않도록 하는 고무
샤워홀더	보일러 내부의 배관에서 나오는 추출수 물줄기를 4 ~ 5갈래로 분사시킴.
샤워스크린	샤워홀더에서 나온 물줄기를 더 미세한 줄기로 분사시킴.
필터바스켓	원두 가루를 담는 동시에 거르는 역할을 함. 원두 용량, 필터 구멍의 개수, 필터의 생김새에 따라 그 종류가 다양함.

① 가스켓은 사용자의 취향에 따라서 사용할 수 있도록 종류가 다양하게 있겠군.

② 샤워홀더엔 니켈 재질이 사용되겠군.

③ 샤워홀더와 샤워스크린은 본질적으로 비슷한 기능을 수행한다고 볼 수 있겠군.

④ 필터바스켓은 포터필터 안에 끼워져 있겠군.

⑤ 필터바스켓은 1잔을 만들 수 있는 용량과 2잔을 만들 수 있는 용량을 선택해서 쓸 수 있겠군.

[27 ~ 28] 다음 자료를 보고 이어지는 질문에 답하시오.

직원 W는 복합기를 구매하기 위해 제품 코드를 살피고 있다.

〈복합기 제품 코드〉

• 제품 코드 형식
 – 인쇄 방식_컬러인쇄 여부_기능_연결방식
 – 제품 코드 부여

분류	제품 코드 부여방법					
인쇄 방식	잉크젯	INK		레이저		RAZ
컬러인쇄 여부	흑백	BLK		컬러		COL
기능 및 부가기능	• 총 다섯 자리의 코드로 구성(①②③④⑤) • ① : 스캔 기능 지원 시 J / 미지원 시 G • ② : 복사 기능 지원 시 C / 미지원 시 A • ③ : 팩스 기능 지원 시 F / 미지원 시 R • ④ : 팩스 · 스캔 · 복사 기능 모두 미지원 시 V / 세 기능 중 한 가지 이상의 기능을 지원하고 자동급지 기능을 지원하는 경우 T / 세 기능 중 한 가지 이상의 기능을 지원하지만 자동급지 기능을 지원하지 않는 경우 N • ⑤ : 자동양면인쇄 기능 지원 시 B / 미지원 시 E					
연결방식	유선	LL	무선	WF	유 · 무선	AL

27. 다음 중 〈보기〉에 나타난 복합기의 제품 코드로 적절한 것은?

> **보기**
>
> 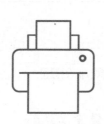 이번에 소개해 드릴 복합기는 레이저 인쇄 방식을 사용한 레이저 복합기입니다. 컬러인쇄가 가능하며, 스캔, 복사, 팩스뿐만 아니라 자동급지 기능까지 지원하는 고급모델에 해당합니다. 또한, 자동양면인쇄를 지원합니다. 연결방식은 무선 연결방식으로, 별도의 선 연결 없이 원격으로 인쇄, 스캔 등이 가능합니다.

① RAZ_BLK_JCFTB_WF   ② RAZ_COL_JCFTB_AL   ③ RAZ_COL_JCRTB_AL

④ RAZ_COL_JCFTB_WF   ⑤ INK_COL_JCFTE_AL

28. 직원 W는 제품 코드가 INK_COL_GCFTB_AL인 복합기를 5대 구매하여 각 팀 사무실에 전달 하려고 한다. 다음 중 해당 복합기를 전달받아 필요사항이 충족되는 팀이 아닌 것은?

	부서명	필요사항
①	마케팅팀	자동양면인쇄가 가능할 것
②	총무팀	자동급지 기능을 지원할 것
③	영업팀	무선 인쇄를 지원할 것
④	기획팀	스캔 기능이 있을 것
⑤	디자인팀	컬러 인쇄를 지원할 것

29. 다음은 직원 A를 대상으로 진행된 인터뷰 내용이다. 이를 바탕으로 할 때, 직원 A가 일본어 공부를 하는 이유로 적절하지 않은 것은?

반갑습니다. 마케터를 대상으로 진행하는 인터뷰에 응해 주셔서 감사합니다. 최근 일본어 회화 공부를 시작하셨다고 들었는데, 공부를 시작하시게 된 특별한 이유가 있나요?

[직원 A]

네, 제가 다니고 있는 회사는 그동안 국내 시장만을 타깃으로 운영해 왔는데, 한 달 전에 일본 시장으로 진출하기 시작했어요. 그에 따라 저도 일본인 고객을 상대해야 하므로 일본어 공부를 시작했어요. 그동안 회의를 하려면 일본어를 잘하는 제 동료 직원이 필요했는데 앞으로 열심히 공부해서 저 혼자서도 회의를 진행하고 싶어요. 사실 이번 기회에 일본어 공부를 제대로 시작했지만, 저는 고등학교 때 일본어를 배운 이후로 늘 일본어를 원어민처럼 구사하고 싶다는 꿈이 있었어요. 일본어를 잘하게 된다면 꿈을 이룰 뿐만 아니라 자신감을 얻을 수 있다는 점도 제가 일본어 공부를 시작하게 된 이유예요.

① 직원 A는 자신의 목표를 성취하기 위해 공부하고 있다.
② 직원 A는 자신의 업무를 효과적으로 처리해 성과를 높이기 위해 공부하고 있다.
③ 직원 A는 자기관리를 통해 좋은 인간관계를 형성하기 위해 공부하고 있다.
④ 직원 A는 삶의 질 향상으로 보람된 삶을 살기 위해 공부하고 있다.
⑤ 직원 A는 변화하는 환경에 적응하기 위해서 공부하고 있다.

30. 다음은 자기개발과 관련하여 직원들이 나눈 대화이다. 대화에서 언급된 자기개발 계획 수립의 장애요인으로 적절하지 않은 것은?

[김☆☆]

> 자기개발을 시작하고 싶은데 가족들이 저에게 기대하는 역할이 많아 저의 자기개발 목표를 정하는 데 갈등을 겪고 있어요.

> 자기개발을 위해 직무 전환과 이직을 함께 준비하고 있는데, 다른 직무나 기업에 대한 정보가 부족해 어려움을 겪고 있어요.

[이○○]

[박◇◇]

> 아직 제가 좋아하는 것과 잘하는 것이 무엇인지 몰라서 어떻게 자기개발을 시작해야 할지 모르겠어요.

> 항상 자기개발에 관한 결정을 내릴 때, 제가 내린 결정에 대한 확신이 서지 않아서 걱정입니다.

[최□□]

[윤△△]

> 은퇴 이후의 삶을 위해 자기개발을 해 보려고 하는데, 모아 둔 돈도 부족하고 나이도 많아 계획 수립에 어려움을 겪고 있어요.

① 자기 정보의 부족 ② 주변 상황의 제약 ③ 내부 작업정보 부족
④ 일상생활의 요구사항 ⑤ 의사결정 시 자신감의 부족

31. 다음 〈보기〉는 A 대리의 사내 메신저 내용이다. A 대리가 상사의 요청에 거절의 의사결정을 표현하려 할 때, 적절하지 않은 것은?

보기

[K 차장]
> 재무팀 A 대리님, 저 K 차장입니다. 요새 바쁜가요?

> 안녕하세요, 차장님. 제가 담당하고 있는 프로젝트 기한이 얼마 남지 않았긴 합니다. 무슨 일 있으신가요?

[대리 A]

[K 차장]
> 지난번에 회의했던 기획안 중에 자원별로 만들어 놓은 통계자료 기억나죠? 그 자료를 그래프화해서 PT에 쓸 수 있게 해 주세요.

> 혹시 언제까지 해 드려야 하나요?

[대리 A]

[K 차장]
> 급하게 결정된 회의라서... 이번 주까지 가능할까요? U 과장한테 물어보니까 A 대리가 PT 자료를 잘 만든다고 하던데, 부탁 좀 할게요.

① 잠시만요. 일정 좀 확인해 보겠습니다. (2분 후) 죄송합니다, 차장님. 이번 주까지는 기한이 빠듯해 업무 진행이 어려울 것 같습니다.

② PT에 쓸 그래프 자료를 만들어야 한다는 말씀이시죠? 그래프는 같은 팀 B 대리가 빠르게 잘 만드는데, 괜찮으시다면 B 대리에게 부탁하겠습니다.

③ U 과장님이 제가 자료를 잘 만든다고 하셨나요? 하하. 쑥스럽지만 U 과장님이 제 능력을 과대평가하신 것 같습니다.

④ 해당 자료는 B 대리와 함께 작성하였는데, B 대리는 최근에 담당하던 프로젝트가 종료되어 일정이 가능할 것 같습니다.

⑤ 죄송합니다, 차장님. 이번 주까지 제가 담당하고 있는 프로젝트에만 집중해야 할 것 같아서 이번 주까지라면 해당 업무는 어려울 것 같습니다.

32. 다음은 직원 갑과 을의 대화 내용이다. 대화의 흐름상 (가)에 들어갈 말로 적절하지 않은 것은?

> 직원 갑 : 을 씨, 요즘 너무 피곤해 보이던데, 무슨 일 있어요?
>
> 직원 을 : 이번에 승진할 수 있을 줄 알았는데 못했어요. 저만 빼고 다들 성공하는 삶을 사는
> 것 같아서 점점 자신감이 사라져요. 일도 손에 안 잡히고 무기력하게 보내고 있어요.
>
> 직원 갑 : 실망이 크겠어요. (가   )

① 다음 승진까지 차근차근 구체적인 목표를 세워 보는 건 어때요?

② 오히려 지금 상황을 기회로 삼아 부족했던 점을 보완해 보는 건 어때요?

③ 그럼 이번에는 같은 부서 동료들 모두가 일하는 방식대로 해 보는 건 어때요?

④ 당장은 힘들어도 참고 인내하면 더 큰 결실을 보게 된다는 말이 있듯이, 조금 더 인내해 봐요.

⑤ 다음 승진 기회를 새로운 목표로 삼고 긍정적인 마음으로 왜 이번에는 되지 않았는지 분석하다
보면 극복할 수 있을 거예요.

33. 다음 중 팀워크에 관한 설명으로 적절하지 않은 것은?

① 팀워크는 단순히 사람들이 모여 있는 것만을 중요하게 생각하지 않는다.

② 자기중심적인 이기주의는 팀워크를 저해하는 요인이 된다.

③ 팀워크는 사람들로 하여금 집단에 머물도록 만들고 집단의 분위기를 좋게 하는 힘이다.

④ 솔직한 대화로 서로를 이해하는 것은 훌륭한 팀워크를 유지하기 위한 기본요소이다.

⑤ 팀워크는 팀 구성원이 공동의 목적을 달성하기 위하여 상호관계성을 가지고 협력하여 업무를
수행하는 것이다.

34. 다음 중 팔로워십에 대한 설명으로 적절하지 않은 것은?

① 가장 이상적인 팔로워십 유형은 주도형 팔로워십이다.

② 팔로워십과 리더십은 상호 보완적인 관계이다.

③ 팔로워십을 잘 발휘할 수 있는 팀원은 리더와 함께 시너지를 낼 수 있다.

④ 순응형 팔로워십 유형은 솔선수범을 보이고 주인의식을 가지고 있다.

⑤ 팔로워들은 헌신, 전문성, 용기, 정직하고 현명한 평가 능력을 보유해야 한다.

35. 다음 그래프는 갈등의 정도와 조직성과의 관계를 나타낸 것이다. 〈보기〉의 ㉠~㉣ 중 갈등을 증폭시켜 조직성과를 저해하는 요인을 모두 고른 것은?

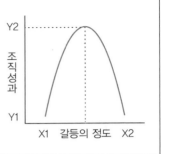

보기

㉠ 모든 직원들에게 지나치게 이성적으로 대한다.
㉡ 상반된 입장을 가진 두 직원이 서로 마주치는 것을 피한다.
㉢ 논의를 할 때 문제를 해결하기보다는 자신이 이기기를 원한다.
㉣ 자신의 입장에 감정적인 유대를 가진다.

① ㉠, ㉡   ② ㉠, ㉢   ③ ㉡, ㉢
④ ㉡, ㉣   ⑤ ㉡, ㉢, ㉣

36. 다음 중 고객 불만 처리 프로세스에서 상황 A, B가 해당하는 단계를 올바르게 짝지은 것은?

상황 A	고객은 어제 구입한 과일이 모두 썩어 있었다며 교환을 요청했다. 품질 보증 상품이었는데 어떻게 이런 물건을 팔 수 있냐며 화가 난 상태로 불만을 토로했고, 직원은 고객의 말을 끝까지 들으며 문제를 파악하고자 노력했다.
상황 B	직원은 고객이 원하는 것이 교환과 포인트 적립이라는 사실을 파악했다. 이어 썩은 과일을 신속하게 수거한 다음 싱싱한 과일을 골라 고객에게 전달하였다. 추가로 고객이 원하는 포인트 적립을 빠르게 진행하였다.

	상황 A	상황 B		상황 A	상황 B
①	경청	신속 처리	②	경청	해결 약속
③	피드백	해결 약속	④	피드백	신속 처리
⑤	정보 파악	신속 처리			

37. 다음 〈보기〉에서 직원 A가 한 인터뷰에 나타난 직업윤리로 적절하지 않은 것은?

> 보기

[질문자]

지금 하고 있는 일에 대해 어떤 생각을 가지고 계신가요?

사실 저는 이 일이 제가 제 능력을 잘 발휘할 수 있거나 적성에 딱 맞는 일이라고 생각하지는 않아요. 그렇지만 제가 하는 일이 오랫동안 이 분야에 대해 공부하고 실습해야만 할 수 있는 일이기도 하고 사회에 도움이 되면서 꼭 필요한 일이기도 하잖아요? 그래서 저에게 주어진 일에 대해 책임감을 가지고 꾸준히 일을 할 수 있었던 것 같아요. 이렇게 오래 일한 걸 돌아보니, 이 일을 선택하고 지금까지 하게 된 건 하늘의 뜻인 것 같네요.

[직원 A]

① 소명의식   ② 천직의식   ③ 직분의식

④ 책임의식   ⑤ 전문가의식

38. 다음 중 개인윤리와 직업윤리의 조화에 대한 설명으로 적절한 것은?

① 특수한 직무 상황에서는 개인적 덕목차원의 일반적인 상식과 기준으로 규제가 가능한 경우가 많다.

② 기업이 경쟁을 통해 사회적 책임을 다하고, 보다 강한 경쟁력을 키우기 위해서는 개개인의 역할과 능력보다 경영진의 역량이 크게 요구된다.

③ 직장이라는 특수 상황에서 갖는 집단적 인간관계는 가족관계나 개인적 선호에 의한 친분관계와 비슷한 측면의 배려가 요구된다.

④ 업무상 개인의 판단과 행동이 사회적 영향력이 큰 기업시스템을 통하여 다수의 이해관계자와 관련을 맺게 된다.

⑤ 규모가 큰 공동의 재산과 정보 등을 개인의 권한하에 위임 또는 관리하므로 윤리 의식이 비교적 적게 요구된다.

39. 다음 〈보기〉에서 윤리적 규범을 형성하는 기반을 모두 고른 것은?

> **보기**
>
> ㄱ. 공동생활   ㄴ. 협력의 필요
> ㄷ. 공동의 이익 추구   ㄹ. 도덕적 가치와 신념
> ㅁ. 공동 행동의 룰

① ㄱ   ② ㄴ, ㄷ   ③ ㄱ, ㄴ, ㅁ
④ ㄴ, ㄷ, ㄹ   ⑤ ㄷ, ㄹ, ㅁ

40. 다음 중 〈보기〉의 ㉠, ㉡에 들어갈 내용을 올바르게 짝지은 것은?

> **보기**
>
> • ㉠에는 과거 고된 노동을 강요받았던 이들이 포함된다. 이들은 노동을 하지 않으면 생계를 유지함에 있어 어려움을 겪었기 때문에 강요된 노동을 해야 했다. 이로 인한 악순환으로 인해 ㉠이 계속해서 유지될 수밖에 없었다.
> • ㉡은 업무로 인해 자신의 것을 발전시키고, 자아를 확립시켜 나가는 것이다. 이는 ㉠에 비해 상당히 건강한 것이며, 자기개발과 같이 능동적이고 적극적으로 임할수록 자신에게 더 좋은 결과를 낳을 수 있다는 장점을 가진다.

	㉠	㉡
①	외재적인 근면	내재적인 근면
②	외부적인 근면	내부적인 근면
③	외부적인 근면	자기개발 근면
④	외부로부터 강요당한 근면	자진해서 하는 근면
⑤	외부로부터 강요당한 근면	자기개발을 위한 근면

기출예상문제

[01 ~ 02] 다음 글을 읽고 이어지는 질문에 답하시오.

○○부 직원 L은 면접시험 안내문을 열람하고 있다.

〈○○부 서류전형 합격자 대상 면접시험 안내〉

일시	202X년 2월 3일 토요일 13시
장소	○○부 G건물 로비 ※ 담당자 안내에 따라 면접대기실 및 시험장으로 이동
시험 안내	개별면접 후 평정요소별 평가가 이루어짐. • 총 세 가지 평정요소에 대하여 상 · 중 · 하로 평가 • 평정요소 : ① 의사표현능력, ② 성실성, ③ 창의력 및 발전가능성

당일
제출서류
	면접 당일에 원서접수 시 작성하였던 경력 전부에 대한 증빙자료 제출해야 함.
	※ 서류는 반드시 시험장 이동 전 담당자에게 제출할 것
	• 4대 보험 자격득실 이력확인서 중 1종 제출
	  : 고용보험, 국민연금, 건강보험, 산재보험 중 1종
	• 소득금액증명서(☆☆청 발급) 제출
	  : 무인민원발급기, 인터넷 또는 세무서에서 발급 가능
	• 폐업자 정보 사실증명서 제출
	  : 작성한 경력이 폐업회사인 경우 제출

유의사항	• 면접 당일 ○○부 G건물 로비에서 출입증을 발급받아야만 면접대기실 및 시험장 입실이 가능함. • 출입증 발급 시 반드시 신분증(주민등록증, 운전면허증, 여권만 인정)이 필요함. • 면접대기실에서 담당자에게 출석을 확인한 뒤 안내에 따라 시험장으로 이동함. • 불참 시 채용을 포기한 것으로 간주함.
최종 합격자 발표	• 202X년 2월 20일 화요일 15시 • 합격자 명단은 ○○부 홈페이지에 게재됨(개별통지 하지 않음). ※ 시험 결과, 적합한 대상이 없는 경우 선발하지 않을 수 있음.

01. 다음 중 직원 L이 제시된 자료를 이해한 내용으로 적절하지 않은 것은?

① 평정요소 중 의사표현능력이 창의력 및 발전가능성보다 중요하다.

② 원서접수 시 기재한 경력에 대한 증빙서류를 당일 제출하여야 한다.

③ 폐업회사에서의 경력이 있는 경우 추가로 제출하여야 하는 서류가 있다.

④ 시험장에 입실하기 위해서 반드시 신분증이 필요하다.

⑤ 시험장 이동 전 담당자에게 출석을 확인하여야 한다.

02. 직원 L은 제시된 자료에 대해 〈보기〉와 같은 질문을 받았다. 다음 중 (가) ~ (마)에 대한 답변으로 올바른 것은?

> **보기**
>
> 〈면접시험 관련 질문〉
> (가) 면접은 어디에서 진행되나요?
> (나) 경력 증빙자료는 당일 누구에게 제출하면 되나요?
> (다) 소득금액증명서는 어디서 발급 가능한가요?
> (라) 세 가지 평정요소에 대한 평가는 어떻게 이루어지나요?
> (마) 최종 합격자 발표 결과는 어떻게 알 수 있나요?

① (가) ○○부 Y건물 로비에서 진행됩니다.

② (나) 시험장에 입실하여 앞에 앉은 면접관에게 제출하시면 됩니다.

③ (다) 세무서에 직접 방문해야만 발급받을 수 있습니다.

④ (라) 개별면접 이후 면접관이 상·하로 평가합니다.

⑤ (마) 최종 합격자 발표는 ○○부 홈페이지에서 확인할 수 있습니다.

[03 ~ 04] 다음 글을 읽고 이어지는 질문에 답하시오.

　"우리나라는 민주주의 국가이고 민주주의는 대화와 토론을 통해 문제를 해결하려는 합리적인 관용과 타협의 정신을 지닌 다수에 의한 지배이다." 어릴 적부터 많이 들어온 말이다. 그러나 작금의 사회에서 민주적 과정과 그 가치에 대한 존중을 찾아보기란 쉽지 않다. 여의도에도 캠퍼스에도 '대화'보다는 '대립'이 난무한다. 대립을 전제로 한 대화로 어찌 상대를 이해하려 하는가. 그렇다면 진정한 대화란 무엇인가. 대화란 '말을 하는 것'이 아니라 '듣는 것'이라 한다.

　'듣는 것'에는 다섯 가지가 있다. 첫 번째는 '무시하기'로 가정에서 아버지들이 자주 취하는 듣기 자세다. 아이들이 호기심을 갖고 아버지에게 말을 건네면 대체로 무시하고 듣지 않는다. 남이 이야기하는 것을 전혀 듣지 않는 것이다. (가) 두 번째는 '듣는 척하기'다. 마치 듣는 것처럼 행동하지만 상대가 말하는 내용 중 10% 정도만 듣는다. 부부 간 대화에서 남편이 종종 취하는 자세다. 부인이 수다를 떨며 대화를 건네면 마치 듣는 것처럼 행동하지만 거의 듣지 않는 태도가 이에 해당한다. 세 번째는 '선택적 듣기'다. 이는 상사가 부하의 말을 들을 때 취하는 자세로 어떤 것은 듣고 어떤 것은 안 듣는 자세다. 민주적 리더십보다는 전제적인 리더십을 발휘하는 사람일수록 이런 경험이 강하다. 상대가 말하는 내용 중 30% 정도를 듣는 셈이다. (나) 네 번째는 '적극적 듣기'다. 이는 그나마 바람직한 자세라고 할 수 있다. 상대가 말을 하면 손짓, 발짓을 해 가며 맞장구를 쳐 주고 적극적으로 듣는 것이다. 그러나 귀로만 듣기 때문에 상대가 말한 내용 중 70% 정도만 듣는 데 그친다. (다) 다섯 번째는 ㉠'공감적 듣기'다. 귀와 눈 그리고 마음으로 듣는 가장 바람직한 자세다. 상대의 말을 거의 90% 이상 듣는다. 연애할 때를 회상해 보라. 상대가 말하는 내용을 자신의 이야기처럼 마음을 열고 들었던 기억이 있을 것이다.

　우리 주변 대화에서 '공감적 듣기'를 발견하기란 여간 어려운 것이 아니다. 모든 일이 잘 이뤄지기 위해서는 자신의 주장을 피력하기보다 듣는 것부터 잘해야 한다. 모든 대인 관계는 대화로 시작한다. 그러나 대화를 하다 보면 남의 말을 듣기보다 자신의 말을 하는 데 주력하는 경우가 많다. (라) 이러한 것을 모르는 것인지 아니면 알면서도 간과하는 것인지, 유독 우리 사회에는 '고집'과 '자존심'을 혼동해 고집을 앞세워 상대의 말에 귀 기울이지 않는 이가 많다. '고집'과 '자존심'은 전혀 다른 개념이다. '고집'은 스스로의 발전을 막는 우둔한 자의 선택이고 '자존심'은 자신의 마음을 지키는 수단이기 때문이다. (마) 자존심을 간직하되 고집을 버리고 인간관계에서 또는 대화에서 '듣는 것'에 집중한다면 한국사회가 좀 더 합리적인 단계로 발전하지 않을까.

　"말을 배우는 데는 2년, 침묵을 배우는 데는 60년이 걸린다."고 했다. 상대가 누구든지 대화에서 가장 중요한 것은 유창한 '말하기'보다 '듣기'이다. 한자 '들을 청(聽)'은 '耳, 王, 十, 目, 一, 心'으로 구성돼 있다. 어쩌면 이것은 "왕(王)처럼 큰 귀(耳)로, 열 개(十)의 눈(目)을 갖고 하나(一)된 마음(心)으로 들으라."는 의미는 아닐까.

03. 다음 중 밑줄 친 ㉠의 사례로 가장 적절한 것은?

① 오 대리는 점심메뉴로 김치찌개가 어떠냐는 신입사원의 제안을 듣고 자신도 좋아한다며 적극적으로 의사를 밝혔다.

② 박 대리는 회식 자리에서 직장 상사의 비위를 맞추기 위해 듣기 싫은 이야기도 고개를 끄덕이고 맞장구를 치며 열심히 들었다.

③ 윤 대리는 회사 축구대회에서 자신의 실수로 실점을 해 괴로워하는 동료의 이야기를 듣고 남자가 뭐 그런 걸로 우느냐며 핀잔을 주었다.

④ 송 대리는 신입사원과 대화를 하는 중 자신에게 불리한 내용에는 반응하지 않고 자신에게 유리한 내용에는 적극적으로 반응하며 들었다.

⑤ 강 대리는 여자친구와 헤어져 힘들어 하는 신입사원의 이야기를 듣고 얼마나 힘든지, 아픈 곳은 없는지 묻고 걱정된다고 이야기했다.

04. 윗글의 (가) ~ (마) 중 문맥상 다음 내용이 들어갈 위치로 가장 적절한 것은?

> 이러한 경우, 서로 열심히 이야기를 하고 있지만 정작 대화가 원활히 이뤄지기 어렵다. 효과적인 대화를 하려면 우선 잘 들어주는, 경청하는 자세가 필요하다. 상대의 말을 잘 들어주는 사람을 싫어할 리가 없고 이런 사람은 주변으로부터 신뢰를 받는다.

① (가)　　　　　　② (나)　　　　　　③ (다)

④ (라)　　　　　　⑤ (마)

[05 ~ 06] 다음 자료를 바탕으로 이어지는 질문에 답하시오.

○○공사에서 근무하는 황 사원은 예산관리를 위해 철도운임 원가정보 총괄표를 참조하고 있다.

〈철도운임 원가정보 총괄표〉

(단위 : 억 원, %)

항목	결산					예산	
	20X4년	20X5년	20X6년	20X7년	20X8년	20X9년	비중
I. 총괄원가	25,040	26,456	29,568	28,109	28,798	31,202	100.0
1. 적정원가	22,010	23,629	24,960	23,625	25,229	27,576	88.4
① 영업비용	22,010	23,629	24,960	23,625	25,229	27,576	88.4
ⓐ 인건비	6,219	7,380	7,544	7,827	8,732	9,121	29.2
ⓑ 판매비 및 일반관리비	844	799	896	774	767	802	2.6
- 간접부서 경비	795	765	856	733	699	731	2.3
- 연구관련 경비	25	12	18	12	12	20	0.06
- 판매촉진비 등	24	22	22	29	56	51	0.16
ⓒ 기타 경비	14,947	15,450	16,521	15,024	15,730	17,653	56.6
- 감가상각비	2,279	2,579	2,864	2,945	2,865	2,972	9.5
- 동력비	2,646	2,543	2,371	2,308	2,642	2,751	8.8
- 선로사용비	5,467	6,574	6,945	5,914	6,330	6,591	21.1
- 수선유지비 등 기타	4,555	3,754	4,341	3,857	3,894	5,339	17.1
2. 적정투자보수(①×②)	3,030	2,827	4,608	4,484	3,569	3,626	11.6
① 운임기저*	69,971	72,314	75,413	79,643	69,711	70,961	-
② 적정투자보수율**	4.33%	3.91%	6.11%	5.63%	5.12%	5.11%	-
II. 총수입(1×2)	24,920	25,787	26,805	23,936	25,346	27,065	-
1. 수요량(1억 인km)***	228	234	237	220	230	-	-
2. 적용단가(원/인km)	109.3	110.2	113.1	108.8	110.2	-	-

* 운임기저 : 운송서비스에 기여하고 있는 해당 회계연도의 기초·기말 평균 순가동설비자산액, 기초·기말 평균 무형자산액, 운전자금 및 일정분의 건설중인 자산을 합산한 금액에서 자산재평가액을 차감한 금액

** 적정투자보수율 : 타인자본과 자기자본의 투자보수율을 가중평균

*** 수요량 : 해당 회계기간에 수송한 수송량으로 인km 단위 사용(1인km는 승객 1인이 1km 이동한 수송량)

05. 다음 중 제시된 자료에 대한 설명으로 적절하지 않은 것은?

① 총괄원가는 적정원가와 적정투자보수의 합이다.

② 20X4년부터 20X8년까지 인건비는 매년 증가하고 있다.

③ 20X8년 총괄원가에서 적정원가가 차지하는 비중은 87% 이상이다.

④ 기타 경비의 20X9년 예산 중 가장 큰 비중을 차지하는 것은 선로사용비이다.

⑤ 20X9년 총수입이 2조 7,065억 원이고 적용단가가 115원/인km라면 수요량은 약 232억 인km 이다.

06. 황 사원은 제시된 자료를 바탕으로 다음과 같은 총괄원가 구성비 그래프를 작성하였다. ㉠, ㉡에 해당하는 값을 순서대로 나열한 것은? (단, 소수점 아래 둘째 자리에서 반올림한다)

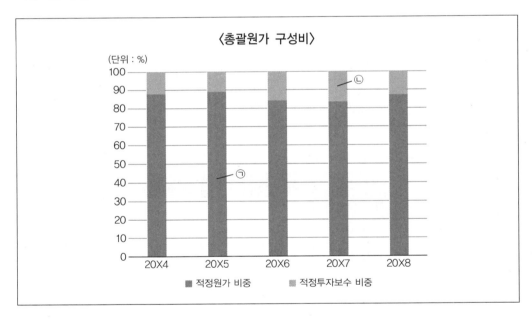

	㉠	㉡		㉠	㉡
①	89.3	15.0	②	89.3	15.5
③	89.3	16.0	④	89.7	15.5
⑤	89.7	16.0			

[07 ~ 08] 다음 자료를 보고 이어지는 질문에 답하시오.

○○공사 직원 D는 국내 대중교통 이용 현황 통계를 확인하고 있다.

〈5년간 대중교통 이용 현황 통계〉

• 대중교통 이용 비율

항목	연도	국내 전체		서울시	
		이용 비율(%)	전년 대비 증감(%p)	이용 비율(%)	전년 대비 증감(%p)
시내버스	20X1년	57.9	−1.0	25.6	−13.2
	20X2년	57.2	−0.7	32.9	7.3
	20X3년	57.3	0.1	33.3	0.4
	20X4년	68.2	10.9	32.7	−0.6
	20X5년	68.1	−0.1	32.1	−0.6
지하철	20X1년	42.1	1.0	74.4	13.2
	20X2년	42.8	0.7	67.1	−7.3
	20X3년	42.7	−0.1	66.7	−0.4
	20X4년	31.8	−10.9	67.3	0.6
	20X5년	31.9	0.1	67.9	0.6

• 1주간 평균 대중교통 이용 횟수 비율(%)

구분		20X1년	20X2년	20X3년	20X4년	20X5년
0−5회	국내 전체	34.2	33.2	33.9	40.2	29.6
	서울시	13.8	26.0	27.2	36.1	23.2
6−10회	국내 전체	37.9	38.3	37.7	40.1	38.2
	서울시	18.0	38.6	38.1	39.1	39.5
11−15회	국내 전체	16.0	16.2	16.1	12.5	23.4
	서울시	21.4	19.3	18.8	15.4	24.9
16−20회	국내 전체	5.7	6.0	5.9	4.3	6.3
	서울시	23.2	7.7	7.4	5.4	8.8
21회 이상	국내 전체	6.2	6.4	6.4	2.9	2.5
	서울시	23.6	8.4	8.5	4.0	3.6

※ 국내 전체 인구수 : 5,000만 명   ※ 서울시 인구수 : 1,000만 명

07. 다음 중 제시된 자료를 이해한 내용으로 적절한 것은?

① 국내 전체의 시내버스 이용 비율은 계속해서 증가하고 있다.

② 서울시의 20X0년 시내버스 이용 비율은 51.2%이다.

③ 국내 전체의 1주간 평균 대중교통 이용 횟수 비율은 6-10회가 0-5회보다 매년 높다.

④ 20X1 ~ 20X5년 동안 매년 서울시 지하철의 이용 비율이 시내버스의 이용 비율보다 높다

⑤ 서울시의 1주간 평균 대중교통 이용 횟수가 21회 이상인 사람의 비율은 매년 감소하는 추세
이다.

08. 직원 D는 제시된 자료를 바탕으로 그래프를 작성하였다. 다음 중 적절하지 않은 것은? (단, 서울
시 인구 중 지하철을 이용하는 사람은 서울시 지하철만을 이용한다고 가정한다)

① 주 평균 대중교통 이용횟수 0 ~ 5회 인원수

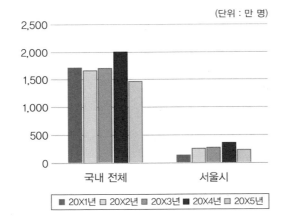

② 주 평균 대중교통 이용횟수 6 ~ 10회 인원수

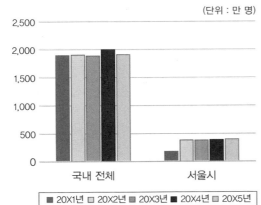

③ 주 평균 대중교통 이용횟수 11 ~ 15회 인원수

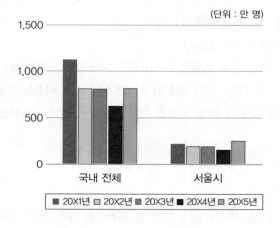

(단위 : 만 명)

④ 주 평균 대중교통 이용횟수 16 ~ 20회 인원수

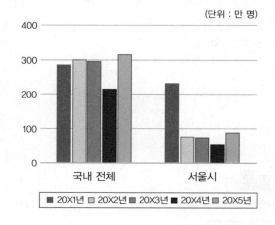

(단위 : 만 명)

⑤ 주 평균 대중교통 이용횟수 21회 이상 인원수

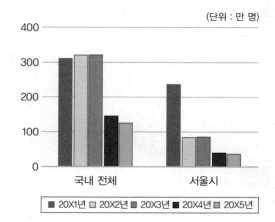

(단위 : 만 명)

[09 ~ 11] 다음 자료를 보고 이어지는 질문에 답하시오.

지하철 이용객 G는 생활물류센터 위치와 개수를 확인하고 있다.

생활물류센터란 시민 누구나가 계절의류, 취미용품, 기업서류 등을 접근성이 뛰어난 지하철 역사에 장기간 보관할 수 있는 무인형 개인창고 대여 서비스입니다.

〈생활물류센터 조성현황(전 지역 모든 호선 생활물류센터 내년 말 완공)〉

호선	역명	위치(층)	0.3평형(칸)	0.5평형(칸)
5	신정역	2번 출구(B2)	3/10	–
	답십리역	2번 출구(B2)	4/12	0/3
6	월드컵경기장역	1번 출구(B2)	8/14	–
	광흥창역	1번 출구(B2)	2/12	–
	창신역	4번 출구(B1)	3/8	5/8
7	중계역	5번 출구(B2)	3/6	2/5
	태릉입구역(A)	3번 출구(B1)	–	1/6
	태릉입구역(B)	4번 출구(B1)	0/10	–
	상봉역	3번 출구(B1)	12/20	6/14
	반포역	4번 출구(B1)	0/8	0/4
	이수역	10번 출구(B3)	6/15	2/6
	신풍역	1번 출구(B1)	–	1/4
	가락시장역	2번 출구(B1)	4/10	2/3

※ 각 평형별 칸수는 현재 비어 있는 칸수/총 칸수를 의미한다.

〈생활물류센터 이용요금〉

(단위 : 원)

TYPE	1개월	3개월 (10%할인)	6개월 (15%할인)	12개월 (20%할인)
0.3평형	79,000	213,300	402,900	758,400
0.5평형	131,000	353,700	668,100	1,257,600

09. 다음 중 이용객 G가 제시된 자료를 이해한 것으로 적절하지 않은 것은?

① 조성 완료된 생활물류센터들은 모두 지하에 위치하고 있구나.

② 현재 0.3평형과 0.5평형 모두 이용 가능한 역은 모두 7개구나.

③ 태릉입구역에는 생활물류센터가 두 개 있구나.

④ 생활물류센터를 한 번에 오랜 기간 신청하면 한 달씩 신청하는 것보다 한 달에 저렴하게 이용이 가능하구나.

⑤ 내년 말에는 모든 호선에서 생활물류센터를 이용할 수 있겠구나.

10. 다음 〈보기〉는 생활물류센터의 위치를 그림으로 나타낸 것이다. A ~ F에 들어갈 수 있는 역명으로 적절하지 않은 것은? (단, 〈보기〉에 표시된 출구는 모두 다른 역이다)

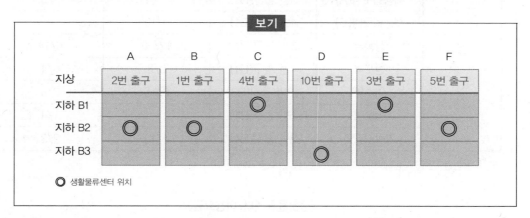

① 답십리역   ② 광흥창역   ③ 창신역

④ 상봉역   ⑤ 가락시장역

11. 다음 중 〈보기〉의 요구사항에 부합하는 생활물류센터가 위치한 역명으로 가장 적절한 것은?

보기

이용객 G

　개인물품을 보관할 장소가 없어서 지하철 생활물류센터에 맡기려고 합니다.

　3개월만 사용할 예정이고 예산은 30만 원입니다. 평소에 7호선을 주로 이용해서 7호선이 정차하는 역 중에 대여하려고 합니다. 마지막으로 짐이 많아서 위치는 가장 높은 층이었으면 좋겠어요.

① 중계역 　　　　　　② 태릉입구역(A) 　　　　　③ 상봉역

④ 이수역 　　　　　　⑤ 신풍역

12. 다음 열차추돌사건의 '문제'와 '문제점'에 대한 설명으로 적절하지 않은 것은?

　　20XX년 ○○방향으로 달리던 무궁화호가 □□역을 통과한 직후 화물열차와 추돌하였다. 열차가 추돌한 이 구간은 20XX년 KTX의 개통을 앞두고 기존선의 개량 공사를 진행하던 곳이라 자동신호를 차단하고 무전통신을 이용하여 열차의 운행 정보를 알려 주고 있는 곳이었다.

　　철도청이 이 구간의 당시 상황을 조사한 결과, 역과 역 사이의 폐색구간(Block Section)에는 규정상 한 열차만 운행할 수 있게 되어 있었지만 사고 당시에는 사고 차량인 화물열차와 무궁화호를 포함해 또 다른 화물열차까지 총 3개 열차가 운행 중이었던 것으로 밝혀졌다. 또한 사고 당시의 □□역 운전취급 역무원은 실제로 운전취급 자격증이 없이 무자격으로 근무하고 있었던 것도 드러났다.

　　당시 역무원은 "자동신호기가 제대로 차단되지 않아 신호기가 작동되고 있었으므로 신호를 무시하고 정상 속도로 오라는 뜻으로 '정상 운행하라'고 화물열차에 무전으로 통보했으나 화물열차 기관사는 이를 정상적 신호에 따라 운행하라는 뜻으로 받아들여 비정상적인 신호를 표출하고 있는 자동신호기의 신호에 따라 운행하였다."라고 진술했다.

① 무궁화호와 화물열차의 추돌은 문제이다.

② 추돌한 구간의 개량 공사는 문제점이다.

③ 운전취급 자격증이 없는 역무원의 고용은 문제점이다.

④ 자동신호기의 작동은 문제점이다.

⑤ 폐색구간 내의 규정 초과 열차 대수는 문제점이다.

[13 ~ 14] 다음 자료를 읽고 이어지는 질문에 답하시오.

총무부 김 대리는 경영부서의 성과급 관련 자료를 보고 있다.

〈경영부서 인사등급〉

이름	직급	인사등급	이름	직위	인사등급
김철수	부장	B	이미래	사원	S
나희민	대리	A	정해원	과장	A
박민영	부장	C			

〈월 기본급〉

직급	부장	과장	대리	사원
기본급	400만 원	350만 원	280만 원	230만 원

〈성과급 지급률〉

인사등급	S등급	A등급	B등급	C등급
지급률	기본급의 150%	기본급의 120%	기본급의 100%	지급하지 아니함

※ 성과급은 12월에 기본급과 함께 지급한다.

---

13. 경영부서에서 가장 많은 성과급을 받게 되는 직원은?

① 김철수 ② 나희민 ③ 박민영
④ 이미래 ⑤ 정해원

14. 12월 경영부서 직원들에게 지급되는 금액의 합계는?

① 2,784만 원 ② 2,822만 원 ③ 2,958만 원
④ 3,161만 원 ⑤ 3,202만 원

[15 ~ 16] 다음 자료를 읽고 이어지는 질문에 답하시오.

○○공사 L 사원은 유급휴가비 관련 사내 자료를 보고 있다.

〈유급휴가비〉

구분	부장	과장	대리	사원
유급휴가비(1일당)	5만 원	4만 원	3만 원	2만 원

〈직원 월차사용 현황(12월 31일 기준)〉

[영업1팀]

이름	직급	사용 월차개수
김민석	부장	5개
노민정	대리	2개
송민규	과장	2개
오민아	사원	3개
임수린	사원	7개

[영업2팀]

이름	직급	사용 월차개수
정가을	사원	2개
최봄	대리	2개
한여름	대리	6개
한겨울	과장	5개
황아라	과장	1개

※ 유급휴가비는 남은 월차 한 개당 해당하는 금액을 지급한다.

※ 월차는 1달에 1개씩 생기며, 다음 해로 이월할 수 없다.

※ 유급휴가비는 연말에 지급된다.

※ 모든 직원은 올해 1/1부터 만근하였다.

15. 연말에 유급휴가비를 가장 많이 받을 영업1팀 직원은?

① 김민석　　　　　② 노민정　　　　　③ 송민규
④ 오민아　　　　　⑤ 임수린

16. 연말에 영업2팀에 지급될 유급휴가비의 합계는?

① 120만 원　　　　② 130만 원　　　　③ 140만 원
④ 150만 원　　　　⑤ 160만 원

[17 ~ 18] 다음 자료를 읽고 이어지는 질문에 답하시오.

올해 입사한 이 사원은 회사의 암호 설정 규칙을 숙지하고 있다.

〈□□사 암호 설정 규칙〉

– 암호 설정 참여자 갑, 을은 소수(素數) P와 정수 G를 설정하여 공유한다.

– 갑은 $C = G^a$(mod P)를 만족하는 C를 참여자 을에게 전달한다.

– 을은 $D = G^b$(mod P)를 만족하는 D를 참여자 갑에게 전달한다.

– 참여자 갑, 을의 암호는 a, b로 각각 설정한다.

※ Q(mod R)은 Q를 R로 나눈 나머지를 의미한다. (예시) 14(mod 3)=2

※ P, G, a, b, C, D는 모두 자연수이다.

예시)

– 갑과 을은 P=7, G=6으로 설정하였다.

– 갑은 6^2(mod 7)=1을 을에게 전달한다.

– 을은 6^3(mod 7)=6을 갑에게 전달한다.

– 갑과 을은 암호를 2, 3으로 각각 설정한다.

17. 김 대리는 이 사원과 암호 설정에 참여하려 한다. 〈보기〉의 (가), (나)에 들어갈 알맞은 숫자를 순서대로 나열한 것은?

> **보기**
>
> - 김 대리와 이 사원은 P=7, G=4로 설정하였다.
> - 김 대리는 (가)=4^3(mod 7)을 만족하는 (가)를 이 사원에게 전달한다.
> - 이 사원은 2=$4^{(나)}$(mod 7)을 만족하는 2를 김 대리에게 전달한다.
> - 김 대리와 이사원은 암호를 3, (나)로 각각 설정한다.

	(가)	(나)		(가)	(나)		(가)	(나)
①	1	1	②	1	2	③	2	1
④	2	2	⑤	3	2			

18. 박 과장은 유 대리와 암호를 설정하고자 한다. 〈보기〉의 ㉠, ㉡에 들어갈 알맞은 숫자를 순서대로 나열한 것은?

> **보기**
>
> - 박 과장과 유 대리는 P=㉠, G=㉡으로 설정하였다.
> - 박 과장은 2=$㉡^1$(mod ㉠)을/를 만족하는 2를 유 대리에게 전달한다.
> - 유 대리는 3=$㉡^3$(mod ㉠)을/를 만족하는 3을 박 과장에게 전달한다.
> - 박 과장과 유 대리는 암호를 1, 3으로 각각 설정한다.

	㉠	㉡		㉠	㉡		㉠	㉡
①	3	1	②	4	2	③	5	2
④	6	8	⑤	7	3			

[19 ~ 20] 다음 자료를 읽고 이어지는 질문에 답하시오.

K는 □□사이트의 비밀번호 관련 규정을 보고 있다.

〈사이트 비밀번호 구성〉

– 비밀번호는 0을 제외한 숫자와 영문자로 구성합니다.

– 영어 대소문자의 구분은 없습니다. (단, i는 소문자로만, L은 대문자로만 표기)

– 하나의 비밀번호 내에서 같은 숫자와 문자는 중복해서 사용할 수 없습니다.

〈비밀번호 분실 시〉

– 비밀번호 찾기를 3회까지 시도할 수 있습니다.

– 비밀번호 찾기 결과는 다음과 같이 출력됩니다.

  1) 문자와 문자의 위치 모두 옳은 경우 : ○

  2) 문자와 문자의 위치 중 한개만 옳거나 혹은 모두 틀린 경우 : ●

  (예시) ○○의 비밀번호 : 4q8t

  1회차 시도 : 8uyt 시도 → ●●●○

  2회차 시도 : oq3t 시도 → ●○●○

  3회차 시도 : 4yQu 시도 → ○●●●

  총 ○ : 4회, ● : 8회 출력

19. K는 〈보기〉와 같이 비밀번호 찾기를 시도하였다. 이때 ○가 출력된 횟수는?

보기

K의 비밀번호 : vwo4c3d

1회차 시도 : 3mvi1d7
2회차 시도 : uwq8cdL
3회차 시도 : pr2xni4

① 0회   ② 1회   ③ 2회

④ 3회   ⑤ 4회

20. J가 비밀번호 찾기를 시도한 결과가 〈보기〉와 같았을 때, J의 비밀번호는?

보기

J의 비밀번호 : (?   )

1회차 시도 : e5p → ○ ● ●
2회차 시도 : ab7 → ● ● ○
3회차 시도 : nd4 → ● ○ ●

① 6pd   ② ps6   ③ de7

④ sp6   ⑤ ed7

[21 ~ 23] 다음 자료를 보고 이어지는 질문에 답하시오.

직원 P는 자원에 대한 다음 자료를 살펴보고 있다.

〈상품별 1개 생산 시 자원 사용량과 개당 이익〉

구분	자원 1	자원 2	자원 3	개당 이익
상품 A	20원	60원	15원	1,200원
상품 B	24원	20원	60원	600원

〈자원별 가용 예산〉

구분	자원 1	자원 2	자원 3
가용 예산*	2,300원	5,000원	5,000원

• 상품 생산은 자원별 가용 예산 범위 내에서 이루어지며, 상품 A, B는 자연수 단위로 생산 가능하다.

• 상품 생산 시 모든 자원은 동일한 개수가 필요하다.

* 가용 예산은 상품을 생산하는 데 사용할 수 있는 최대 예산이다.

---

21. 다음 중 상품 A를 단독으로 생산하고자 할 때, 최대 생산 가능 개수는?

① 67개　　　　　② 83개　　　　　③ 93개

④ 115개　　　　　⑤ 333개

22. 다음 중 상품 B를 단독으로 생산하고자 할 때, 얻을 수 있는 최대 이익은?

① 36,000원　　　　　② 49,800원　　　　　③ 57,000원

④ 69,000원　　　　　⑤ 150,000원

23. 직원 P가 상품 A, B를 동일한 수량으로 동시에 생산하려고 할 때, 직원 P가 얻을 수 있는 최대 이익은?

① 93,600원　　　　　② 111,600원　　　　　③ 118,800원

④ 149,400원　　　　　⑤ 171,000원

24. 최근 정부는 다음과 같은 철도안전법 개정안을 입법예고하였다. 이에 A 교통공사에서는 〈철도안전 교육 안내〉에 따라 철도종사자에 대한 철도안전 교육을 실시하려고 한다. 이에 관한 대화 내용 중 적절한 것은?

> **철도안전법 제24조(철도종사자에 대한 안전교육)**
>
> ① 철도운영자 등은 자신이 고용하고 있는 철도종사자에 대하여 정기적으로 철도안전에 관한 교육을 실시하여야 한다.
>
> ② 제1항에 따라 철도운영자 등이 실시하여야 하는 교육의 대상, 과정, 내용, 방법, 시기, 그 밖에 필요한 사항을 국토교통부령으로 정한다.
>
> ---
>
> 〈철도안전 교육 안내〉
>
> 1. 대상 : 전 사원
> 2. 기간 : 202X. 9. 3. ~ 202X. 11. 30.
> 3. 장소 : A 교통공사 서울본부 컨퍼런스룸
> 4. 교육방법 : 외부강사(별지 참조)
> 5. 기타 : 각 팀별로 별도 전달
>
> 〈주차별 안전교육 일정〉
>
> | 주차 | 교육내용 |
> |---|---|
> | 공통 | 철도안전 학습 및 최근 철도사고 사례 |
> | 1주차 | 개정된 철도안전법령 및 안전관련 제 규정 |
> | 2주차 | 안전관리의 중요성 등 정신교육 |
> | 3주차 | 철도사고를 통한 사고예방대책 및 작업 사항 |
> | 4주차 | 근로자의 건강관리 |
> | 5주차 | 철도사고를 통한 사고예방대책 및 작업 사항 |

① 갑 : 이번 교육은 전문가에 의해서 이루어지는 것이라 강의 내용이 매우 어렵겠네요.

② 을 : 게다가 다른 업무 부담이 적으니 교육의 효과도 클 것 같습니다.

③ 병 : 일정을 보니 전 직원이 동시에 교육받는 것은 아닌가 봐요.

④ 정 : 자체적인 계획에 따라 교육진행이 이루어지니까 좋은 것 같습니다.

⑤ 무 : 문제는 많은 비용이 들 것 같아요. 강사님들도 모두 유명하신 분들이고요.

[25 ~ 27] 다음 자료를 보고 이어지는 질문에 답하시오.

직원 Y는 공기압축기의 정기점검 목록에 대한 매뉴얼을 작성하고 있다.

〈공기압축기 점검 매뉴얼〉

점검대상	점검사항	점검시기								
		①	②	③	④	⑤	⑥	⑦	⑧	⑨
이상음/이상진동	유무확인		○							
오일	오일점검	○								
	오일교체					○				
자동 스위치	작동확인		○							
안전핀	작동확인						○			
공기누설	점검	○								
압력탱크	응축수 배출			○						
	점검							○		
	교체									○
흡입필터	청소				○					
	교체						○			
볼트/너트	결착점검					○				
흡입/배기밸브	청소					○				
	카본제거							○		
압력계	점검								○	

• 점검 시기

①	매일 가동 전	⑥	6개월 경과/1,200시간 사용 후
②	매일 가동 중	⑦	1년 경과/2,400시간 사용 후
③	매일 가동 후	⑧	2년 경과/4,800시간 사용 후
④	2주 경과/100시간 사용 후	⑨	5년 경과/12,000시간 사용 후
⑤	3개월 경과/600시간 사용 후		

• 점검해야 하는 시기 혹은 사용 시간이 도래한 경우, 그 날의 사용이 끝나고 그 날 관리하는 것을 원칙으로 한다(단, ①, ②는 제외한다).

• 점검 시행은 사용 날짜와 시간 중 확인 가능한 것을 기준으로 하는 것을 원칙으로 한다(단, 사용 날짜와 시간 모두 확인 가능한 경우 먼저 도래한 시점을 기준으로 관리한다).

※ 공기압축기는 매일 사용한다.

25. 다음 중 위 자료를 이해한 내용으로 적절하지 않은 것은? (단, 한 달은 30일, 4주로 계산한다)

① 흡입필터는 약 6회 청소 이후 교체해야 한다.

② 자동 스위치와 안전핀은 공기압축기에서 정상적으로 작동하는지 확인해야 한다.

③ 공기압축기를 하루 10시간씩 매일 사용 시 압력계는 16개월에 한 번 점검해야 한다.

④ 점검사항이 가장 많은 점검대상은 압력탱크이다.

⑤ 공기압축기는 매일 총 5가지의 항목을 관리해야 한다.

26. 다음 중 공기압축기를 새로 구매한 후 하루에 5시간씩 이용했을 때, 공기압축기를 총 1,200시간 이용한 시점에서 각 점검이 이루어진 횟수 합계가 적절하지 않은 것은? (단, 한 달은 30일, 4주, 1년은 12개월로 계산한다)

① 안전핀 작동확인 – 1회   ② 압력탱크 응축수 배출 – 240회

③ 압력탱크 점검 – 0회   ④ 흡입필터 청소 – 16회

⑤ 흡입/배기밸브 청소 – 3회

27. 〈보기〉는 202X년 10월의 공기압축기 사용내역이다. 다음 중 10월 1일부터 10월 31일까지 진행해야 하는 점검 횟수를 모두 더한 값은? (단, 사용 시기와 사용 시간 중에서는 사용 시간만 고려하며, 이전 달 사용내역은 고려하지 않는다)

보기

〈202X년 10월 공기압축기 사용내역〉

일	월	화	수	목	금	토
202X년 10월 동안 공기압축기 사용시간 : 292시간			1 17시간	2 5시간	3 12시간	4 5시간
5 6시간	6 15시간	7 9시간	8 10시간	9 7시간	10 4시간	11 10시간
12 11시간	13 8시간	14 11시간	15 11시간	16 6시간	17 10시간	18 18시간
19 5시간	20 7시간	21 2시간	22 13시간	23 23시간	24 8시간	25 3시간
26 14시간	27 6시간	28 9시간	29 6시간	30 10시간	31 11시간	

① 155회   ② 156회   ③ 157회

④ 158회   ⑤ 160회

28. 다음은 최근 핸드폰을 출시한 ○○기업의 벤치마킹 보고서를 보고 나눈 대화이다. 다음 의견 중 적절하지 않은 것은?

---

1. 목적
   최근 ○○기업이 출시한 '믿음 1500'의 판매 부진을 극복하기 위한 대안 모색

2. 개요
   (1) 대상 : □□기업의 스마트 300
   (2) 기간 : 2021. 4. 1. ~ 2021. 7. 3.
   (3) 방법 : □□기업의 본사를 방문하여 수행
   (4) 참여자 : 甲 외 팀원 15명

3. 주요 내용

(중략)

(5) 대상과의 비교

구분	믿음 1500	스마트 300	구분	믿음 1500	스마트 300
화면크기(in)	5.8	4.5	해상도	1280×720	1240×720
내장메모리(g)	16	16	무게(g)	138.5	145
카메라 화소(만)	800	800	색상	B/W, W, B	B/W
배터리용량(mA)	2,150	2,100	통신사	X, Y, Z	X, Y, Z
RAM(GB)	2	2	출고가	899,800원	966,900원
CPU(GHZ)	1.6쿼터	1.4쿼터			

(6) 소비자의 선호 조사
   – 화면이 작고 핸드폰이 가벼울수록 소비자의 선호도가 높음.
   – 다양한 색상을 선호하는 경향이 있음.

---

① 벤치마킹은 '경쟁자에게서 배운다'라는 말을 실행 가능하도록 만들어 주는 경영 혁신 기법이야.

② 강물 등의 높낮이를 측정하기 위해 설치된 기준점인 벤치마크(Benchmark)가 어원이야.

③ 궁극적인 목적은 고객의 요구에 충족되는 최고 수준의 프로세스를 만들어 전략적 우위를 확보하는 것이지.

④ □□기업의 '스마트 300' 제품 자체에만 초점을 맞추고, □□기업의 인적자원과 정보 시스템 등은 고려할 필요가 없어.

⑤ 벤치마킹을 하려면 최고 수준의 정보를 파악하고 우리의 성취도가 어느 정도인지를 분석해야 해.

29. 다음 중 자기개발 설계 전략을 올바르게 이해하지 못한 직원은?

보기

직원 A

계획이 불분명하다면 노력을 낭비하게 될 수도 있어요. 따라서 장기 목표를 수립할 때는 항상 구체적이고 명확하게 세우는 것이 좋아요.

현재의 직무를 유지하거나 새로운 직무를 찾을 때는 현재 직무 수행에 필요한 능력과 자신이 개발해야만 하는 능력 등을 고려해야 합니다.

직원 B

직원 C

자기개발을 설계할 때는 장단기 목표를 수립하는 것이 중요해요. 그중 단기목표는 1 ～ 3년 정도의 목표로 장기목표를 달성하기 위한 하위목표에 해당하죠.

자기개발 계획을 수립할 때는 가족, 동료, 상사, 부하직원, 고객 등 다양한 관계를 고려해야 해요. 그리고 관계를 발전시키는 것도 자기개발 목표 중 하나가 될 수 있어요.

직원 D

직원 E

자신을 브랜드화하는 것도 중요해요. 브랜드화는 나만의 차별성을 부각하기 위해 지속적으로 자기개발하며 PR하는 것을 의미하는데, 경력 포트폴리오 등을 통해 PR이 가능해요.

① 직원 A   ② 직원 B   ③ 직원 C

④ 직원 D   ⑤ 직원 E

30. 다음 중 자기개발의 특징을 올바르게 이해한 사람은 몇 명인가?

보기

A : 자기개발은 주로 외부로부터 요구가 있을 때, 일시적으로 이루어지는 과정입니다.

B : 개개인마다 자기개발에 적합한 방법이 다르기 때문에 자신에게 맞는 방법으로 자기개발을 하는 것이 중요해요.

C : 자기개발은 쉬운 일이 아니기 때문에, 모든 사람이 반드시 해야 하는 것은 아니에요.

D : 다른 사람과 의사소통하는 것은 자기개발이라고 보기 어려워요. 자기개발을 하기 위해서는 교육훈련기관에서 교육프로그램을 이수해야 해요.

① 0명   ② 1명   ③ 2명

④ 3명   ⑤ 4명

31. 다음 중 직원 갑이 속한 경력 단계로 적절한 것은?

보기

직원 갑은 ○○기업에 입사한 신입사원이다. 첫째 날에는 기업 소개 및 기업 이념과 사내 규정들을, 둘째 날에는 팀 소개와 팀별 업무에 대한 설명을 들었다. 마지막 날에는 앞으로 맡게 될 업무를 소개받고 인수인계를 받았다.

또한, 직원 갑은 팀원들과 함께 점심을 먹으며 팀과 사내 분위기를 파악하고 적응하기 위해 노력하고 있다. 퇴근길에는 사내에서 자신의 입지를 다지기 위한 방법과 승진에 대한 고민을 가지고 있다.

① 직업선택   ② 조직입사   ③ 경력초기

④ 경력중기   ⑤ 경력말기

32. 〈보기〉는 직원 A와 상담사 B의 대화이다. 다음 중 〈보기〉의 ㉠에 들어갈 말로 적절한 것은?

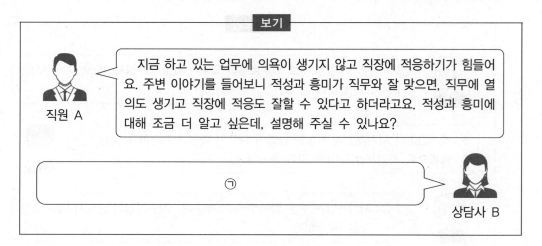

① 흥미는 선천적으로 부여되는 것이 아니라 후천적으로 개발됩니다.

② 흥미를 가지기 위해서는 작은 목표보다 원대한 목표를 세우는 것이 좋아요.

③ 적성은 절대적인 개념으로, 개인에 따른 유무로 나눌 수 있어요.

④ 자신에게 적합한 일을 찾기 위해 적성검사를 활용할 수 있지만, 일터에서의 성공을 보장하지는 않아요.

⑤ 자기암시는 자신감을 얻을 수 있게 도와줘 흥미를 높일 수 있지만, 적성 개발에는 적합하지 않아요.

33. 다음 중 〈보기〉에서 팀워크 촉진 방법을 잘못 이해한 팀장을 모두 고르면?

보기

팀장 K

우리 팀은 창의적인 아이디어가 생명이기 때문에 최대한 수평적인 분위기를 유지하며 자유롭게 의견을 제시할 수 있도록 하고 있습니다. 특히 매주 있는 팀 회의의 진행자를 매번 다르게 하여 각자 책임감을 가지고 회의에 참여할 수 있도록 하죠. 진행자는 회의의 안건을 상정하고 최종 의사결정을 하는 데 큰 권한을 부여받으므로 더욱 열정을 가지고 업무에 임하는 것 같아요.

저는 팀워크 촉진에 있어서 갈등 관리만큼 중요한 문제가 없다고 생각합니다. 갈등은 시간이 지날수록 증폭되기 때문에, 즉시 올바른 방법으로 해소할 필요가 있습니다. 저는 팀장으로서 팀원 간의 갈등을 발견하면 우선 갈등을 빚은 팀원들과의 공개적인 미팅을 진행합니다. 미팅에서 모두가 갈등이 생긴 팀원의 문제점을 전달한 후 개선을 요청하죠.

팀장 L

팀장 P

우리 팀은 팀 목표를 달성하도록 팀원을 고무시키는 환경을 조성하기 위해 동료 피드백을 활용합니다. 긍정적이든 부정적이든, 피드백은 팀원의 발전에 기여하기 때문입니다. 동료의 피드백은 우선 간단한 목표와 우선순위를 설정하고, 대상의 행동과 수행을 관찰한 후, 피드백이 필요한 상황에서 즉각적으로 피드백을 제공하는 식으로 이루어집니다. 또한, 뛰어난 수행성과에 대해서는 주저 않고 인정해 주는 팀 문화가 형성되어 있죠.

① 팀장 K ② 팀장 L ③ 팀장 P
④ 팀장 L, 팀장 P ⑤ 팀장 K, 팀장 L, 팀장 P

34. 리더와 관리자의 특징을 구분하였을 때, 다음 중 리더의 특징을 가진 사람을 모두 고른 것은?

	K 과장	계산된 위험을 취하는 편이 좋아. 중요한 건 직원들에게 동기를 부여하는 것이지.
	H 팀장	체제나 기구는 꼭 마련되어야 하고, 현 시점을 안정적으로 유지하는 것이 좋아.
	Y 부장	새로운 상황을 창조하는 것은 내가 잘할 수 있어. 사람을 중시하고 내일을 보며 일하자.

① K 과장
② H 팀장
③ K 과장, H 팀장
④ K 과장, Y 부장
⑤ H 팀장, Y 부장

35. 다음 〈보기〉의 가 ~ 마 중 임파워먼트 장애요인에서 대인 차원에 해당하는 것은?

> **보기**
>
> | 가 | 역량이 부족해 주어진 업무를 수행하지 못한 경우 |
> |---|---|
> | 나 | 업무를 함께 하는 타부서에서 마감기한을 계속 지키지 않아 업무에 차질이 생긴 경우 |
> | 다 | 중장기 프로젝트에 참여한 사원이 심리적 부담으로 중간에 프로젝트에서 이탈한 경우 |
> | 라 | 업무에 착수할 때 마다 직속 상사에게 의지하는 경우 |
> | 마 | 중요한 계약 체결이 업무로 주어진 상황이지만 계약 체결에 대한 의지가 없는 경우 |

① 가
② 나
③ 다
④ 라
⑤ 마

36. 〈보기〉는 협상에서 주로 나타나는 실수와 그에 따른 대처방안을 정리한 표이다. 다음 〈보기〉의 A ∼ E 중 협상의 실수에 따른 대처방안으로 적절하지 않은 것은?

보기

협상의 실수		대처방안
협상을 위한 준비를 하고 있는데 협상 상대방이 협상을 바로 시작한 경우	A	"아직 저희가 준비가 덜 되어서 그러는데 시간을 좀 주세요. 혹시 이번 협상건에 어떤 입장이십니까?"
협상 상대방에게 협상의 통제권을 잃을까 두려워하는 경우	B	'나의 한계를 설정하고 상대방과 함께 의견차이를 조정하면서 해결책을 찾아봐야지'
협상 주제인 부품이 아닌 공장에 관한 논의만 하여 타결이 이루어지지 않는 경우	C	"이번 협상의 주제가 부품에 관한 사항이었다는 것을 잊지 않으셨지요? 저희 협상 타결을 위해 힘냅시다."
거래 상대방이 사전에 협의된 예산 기준에서 벗어난 제안을 하게 되는 경우	D	'상대방이 원하는 것을 얻지 못하면 어떻게 할지 걱정하지 말고 모두가 만족할 수 있는 상황이 되었는지 확인해 봐야지'
타결권한이 없는 사람을 대상으로 협상을 진행한 경우	E	"혹시 당신이 협상 타결권한을 가지고 있나요? 협상결과에 책임을 질 수 있는 사람과 협상을 진행하고 싶습니다."

① A ② B ③ C
④ D ⑤ E

37. 다음 대화 내용을 바탕으로 볼 때 갑의 주장과 유사한 의미의 주장을 하는 사람은?

갑 : 지난주 학교 운동회 정말 재미있지 않았니?

을 : 응. 사실 평소 공부만 하다 보니 선생님들 좀 거리감이 느껴졌었는데, 운동도 같이 하고 응원도 같이 하다보니 많이 가까워진 것 같아.

갑 : 그러게. 특히 학생하고 나눠서 축구 시합할 때, 선생님들 그렇게 반칙을 많이 할지 몰랐어. 뭐랄까 선생님들이 팀을 이뤄서 이겨야 한다고 마음먹으니까 상당히 수단과 방법을 가리지 않으시더라고. 분명 개별적으로 보면 규칙 같은 걸 강조하시고 규칙에 어긋나는 행동을 안 하실 텐데 말이야. 그런 걸 보면 지난주에 윤리선생님께서 말씀하신 것처럼 사회 집단의 도덕성은 개인의 도덕성보다 현저하게 떨어진다는 말씀에 전적으로 동의해.

① A : 어떤 행위든 그것이 집단에 의해 이루어진 행위라도 그 결과에 대한 책임은 집단이 아니라 개인에게 돌아가야 한다고 생각해.

② B : 사회적 정의는 개인의 도덕만으로 이뤄지지 않으므로 개인의 양심에만 맡겨서는 공동선을 완성하기 어려워.

③ C : 도덕적인 사회를 만들기 위해서 개인이 도덕적일 필요는 전혀 없어. 히틀러는 개인적으로는 매우 도덕적인 사람으로 보일 수 있었거든.

④ D : 사회의 도덕 문제는 분명 법과 같은 제도적인 문제들과 구별해야 하는 것이지.

⑤ E : 구성원들이 모두 도덕적이라면 결국 그 집단도 도덕적이라고 판단할 수 있어.

38. 다음 〈보기〉의 김 대리가 하는 일을 직업으로 볼 수 없는 이유는?

보기

김 대리

　　저는 최근 광고회사에 입사하여 주말을 제외하고는 매일 출근하고 있습니다. 저는 홍보팀 소속으로, 보통 출근해서 가장 먼저 하는 일은 새로 작성된 보도자료들을 확인하는 일입니다. SNS 공식 채널을 관리하고 가끔 이벤트를 기획하기도 합니다. 아직 신입 직원이라 일에 대해 배우는 단계이다 보니 급여를 받고 있지는 않지만, 점차 실력이 늘면 언젠가 높은 급여도 받을 수 있을 것이라 기대합니다. 업무에서 힘든 점도 많지만, 저는 제 일을 사랑합니다.

① 계속성　　　　　　② 경제성　　　　　　③ 윤리성

④ 사회성　　　　　　⑤ 자발성

39. 다음 중 〈보기〉의 사례에서 나타난 사람들이 행하는 비윤리적인 행위로 적절한 것은?

　　A사 직원 김 씨는 지난 202X년 5월 서울 한 음식점에서 운항 증명서 발급 등 행정 편의를 위한 대가성으로 항공사 대표 이 씨에게 현금 200만 원을 받은 혐의(뇌물수수)로 검찰에 송치됐다. 조사 결과 직원 김 씨는 처음에는 받아도 되는 것인지 고민을 했지만, 남들도 다 하는 것이고 자신만 그러는 것도 아닌데 잘못된 것도 아니지 않냐는 생각으로 뇌물을 받았다고 했다.

① 허영심 　　　　　② 기만 　　　　　③ 윤리적 무지

④ 도덕적 해이 　　　⑤ 도덕적 태만

40. 다음 〈보기〉의 ㄱ ～ ㅁ 중 직장 내 괴롭힘에 해당하는 상황을 모두 고른 것은?

ㄱ. 상사가 퇴근 후 부하 직원에게 개인 운동 트레이너 역할을 시켰다.
ㄴ. 상사가 당일에 급작스럽게 잡힌 회식에 꼭 참여하라고 강요하였다.
ㄷ. 상사가 부하 직원이 낸 아이디어를 자신의 아이디어라고 보고했다.
ㄹ. 상사가 단체 채팅방에서 업무상 실수를 지적하며 공개적으로 모욕감을 주는 언행을 하였다.
ㅁ. 상사가 상습적으로 지각하는 부하 직원의 출근 시간을 개별적으로 기록하고 개인적으로 불러 지적하였다.

① ㄱ, ㄴ 　　　　　② ㄴ, ㄹ 　　　　　③ ㄱ, ㄴ, ㄷ

④ ㄱ, ㄴ, ㄷ, ㄹ 　　⑤ ㄴ, ㄷ, ㄹ, ㅁ

[01 ~ 02] 다음 제시상황과 글을 읽고 이어지는 질문에 답하시오.

A 교통공사의 박 대리는 보도자료를 열람하고 있다.

〈　　　　　　　　　⑤　　　　　　　　　〉

A 교통공사는 이달 공모를 통해 국내 최초로 지하철 역사 내 공유오피스를 조성하기 위한 사업의 최종 운영사로 P 사를 선정했다. 공유오피스로 탈바꿈할 임대공간이 위치한 역사는 A 역(2 · 5호선 환승역), B 역(5 · 6호선, 경의중앙선, 공항철도 환승역), C 역(2 · 5호선, 경의중앙선, 수인분당선 환승역), D 역(7호선) 등 4개소로 총 임대면적 951m^2 규모로 조성공사 등 시험 준비를 거친 뒤 오는 7월 오픈할 예정이다.

공유오피스는 이용자가 원하는 시기를 정해 업체가 관리하는 공간을 예약하여 사용하는 장소로, 자본이 부족한 스타트업이나 1인 기업이 사무실 개설 시의 초기 비용부담(보증금 · 중개수수료 · 인테리어 비용 등) 없이 이용할 수 있다는 장점이 있다. 대부분의 공유오피스들은 이동 편의성을 중시해 역세권에 위치하고 있는데 이번 지하철역 공유오피스는 역세권 이상의 이동 편의와 초접근성을 지니게 된다. 또한 수많은 승객이 타고 내리는 지하철 공간의 특성상 이용자들이 부수적으로 광고효과까지 노릴 수 있을 것으로 전망된다.

이번 사업을 통해 P 사는 시내 주요 도심에 위치한 4개 역사의 뛰어난 접근성을 활용한 직주근접(직장, 주거지 근접) 오피스를 선보인다. 고정 근무를 위한 데스크형 공간이 아닌 필요한 일정에 따라 자유로운 이용이 가능한 라운지형 공간으로 조성될 예정이며, 비대면 환경 구축과 편의성을 위해 간편하고 안전한 QR코드 출입 시스템으로 운영된다.

또한, 이번 협업을 기점으로 B2B와 B2C 시장의 니즈를 모두 충족한다는 목표를 세워 최근 높아진 기업고객의 분산근무 수요를 충족해 나가는 동시에, 일 혹은 주 단위의 단기 업무 공간 혹은 소모임 공간이 필요한 개인고객 대상 라운지형 상품 출시도 검토하고 있다.

향후 P 사는 이와 같은 새로운 시도를 통해 고객들이 근무 장소에 국한되지 않고 어디에서나 자유롭게 일할 수 있는 환경, 즉 '워크 애니웨어(Work Anywhere)' 실현을 비전으로 정립하고 가치를 추구하기 위해 다양한 혁신을 선보일 계획이다.

01. 다음 중 박 대리가 위 자료를 이해한 내용으로 적절한 것은?

① P 사는 직주근접 오피스와 개인고객 대상 라운지형 상품을 함께 출시할 예정이다.

② 이번에 공유오피스를 설치할 4개 역사는 7월부터 조성공사를 실시한다.

③ P 사는 현재 16개의 지점을 운영하고 있으며, 상반기에 추가로 3개 지점을 더 추가 개점할 예정이다.

④ 지하철역 공유오피스는 지하철 내에 위치하여 이동의 편의성과 광고효과를 기대할 수 있다.

⑤ 공유오피스 보증금은 사무실 개설 시 보증금의 절반 정도밖에 되지 않으므로 자본이 부족한 스타트업이나 1인 기업의 초기 이용부담을 줄일 수 있다.

02. 다음 중 ㉠에 들어갈 제목으로 적절한 것은?

① 코로나 시대의 달라진 업무 환경과 오피스 활용 혁신 사례

② 공유오피스 사업, 예비타당성조사 통과 후 진행에 박차를 가할 것인가?

③ A 교통공사 · P 사, 국내 최초 지하철 역내 공유오피스 조성

④ A 교통공사 · P 사, 임대공간 활용 방안에 대한 연구 협약 체결

⑤ 유니콘 기업 P 사, 비대면 시대의 공유오피스의 현재와 미래의 가능성

[03 ~ 04] 다음 제시상황과 글을 읽고 이어지는 질문에 답하시오.

> J 교통공사 직원 갑은 고객서비스와 관련된 보도자료를 살펴보고 있다.
>
> ----
>
> △△시 지하철 고객센터에 6개월간 전화 38회·문자 843회를 보내며 열차 지연이 기분 나쁘다는 이유로 욕설·고성·반말로 직원들을 괴롭혔던 악성 민원인이 유죄를 선고받았다.
>
> J 교통공사는 공사와 고객센터 상담직원 3명이 남성 김 씨를 지난 20X1년 7월 업무방해죄 등으로 고소한 건과 관련하여, 최종적으로 김 씨가 지난달 1일 대법원에서 징역 6개월·집행유예 2년·사회봉사 160시간의 양형에 처해졌다고 밝혔다. 김 씨 고소의 근거는 형법 제314조(업무방해죄) 및 정보통신 이용촉진 및 정보보호 등에 관한 법률 제44조 및 제74조(공포심·불안감 유발 문언·음향 등 반복 전송)다.
>
> 김 씨는 지난 20X1년 3월 12일 저녁 지하철 2호선이 막 1 ~ 5분 연착되었다며 공사 고객센터에 전화를 걸어 상담 직원에게 연착에 대한 책임을 지고 통화료 및 소비한 시간에 대한 보상을 지급하라는 등 과도한 사항을 요구하였다. 이후 김 씨는 고객센터 직원의 사과를 받았음에도 불구하고 자신이 만족할 만한 대답을 듣지 못했다는 이유로 같은 해 9월까지 6개월간 전화 38회·문자 843회를 보내며 욕설과 반말 등을 통해 직원들의 업무를 방해하는 등 비상식적인 행위를 계속 이어갔다.
>
> 특히 폭력적인 언행을 지속적으로 일삼으며 직원들이 업무 중 심한 공포감과 자괴감을 느끼게 만들었다. 전화를 여러 차례 받았던 상담직원 정 씨는 김 씨로 인한 스트레스로 결국 작년 1월 29일 근로복지공단에서 업무상 질병(적응장애)에 따른 산업재해를 인정받는 등 막대한 정신적 피해를 호소했다.
>
> 이러한 행위를 더는 그대로 둘 수 없겠다고 판단한 공사는 결국 김 씨를 업무방해죄 등으로 고소하였으며, 1심과 2심을 거쳐 지난 달 1일 최종적으로 유죄가 선고됐다. 김 씨는 자신의 양형이 과도하다며 항고 및 상고하였지만, 법원은 상담 직원들이 입은 정신적 피해가 적지 않다며 이를 받아들이지 않았다.
>
> 공사는 김 씨 사건 이외에도 감정노동자로서 고객을 응대하는 직원을 보호하고, 폭력 등을 사전에 방지하기 위한 대책 마련에도 힘을 쏟고 있다. 감정노동 전담 부서를 새롭게 만들어 피해 직원 보호 및 대응 매뉴얼 제작 등 관련 업무를 전문적으로 수행하게 하고, 피해를 입은 직원에게는 심리 안정 휴가를 부여하고 공사 내 마음건강센터에서 심리치료를 받을 수 있도록 지원하고 있으며, 고객센터 및 각 역에 전화 시 직원을 존중해달라는 안내방송을 사전에 자동으로 송출하고 있다.
>
> J 교통공사 고객서비스본부장은 "고객 응대 직원에 대한 도를 넘어선 행위에 대해서는 앞으로도 무관용 원칙하에 엄정히 대처할 것이다."라며 "지하철을 이용하는 고객 편의와 안전을 위해 직원들이 최선을 다하고 있는 만큼, 고객 여러분께서도 직원을 인간적으로 존중하여 대해 주시기 바란다."라고 말했다.

03. 다음 중 제시된 자료를 이해한 내용으로 적절한 것은?

① 김 씨는 유죄를 선고받은 이번 판결에 불복하여 항고 및 상고할 예정이다.

② 김 씨는 지하철 연착에 대한 민원 이후 4개월간 욕설 및 폭언을 일삼았다.

③ 공사는 고객 존중 우선 원칙으로 인해 엄격한 대처가 힘들다고 호소하였다.

④ 김 씨의 전화를 받은 직원 정 씨는 업무상 질병에 따른 산업재해를 인정받았다.

⑤ 김 씨가 고소된 근거는 업무방해죄 및 허위사실 적시에 의한 명예훼손 혐의이다.

04. 다음 중 갑이 동료 직원 을의 질문에 답한 내용으로 적절하지 않은 것은?

동료 직원 을

공사가 감정노동자로서 고객을 응대하는 직원 보호 및 폭력 방지 대책을 마련하고 있다고 하는데, 이에 대한 구체적인 사항으로 어떤 것이 있나요?

① 피해를 입은 직원에게 휴가를 제공하고 있습니다.

② 피해를 입은 직원이 공사 내 마음건강센터에서 심리치료를 받을 수 있도록 지원하고 있습니다.

③ 피해 직원이 고소를 원한다면 그를 위한 변호사 선임과 보상금을 지원하고 있습니다.

④ 피해 직원 보호 및 대응 매뉴얼 제작 등 관련 업무를 전담하는 부서를 신설했습니다.

⑤ 고객센터 및 각 역에 전화 시 직원을 존중해 달라는 안내방송을 사전에 자동으로 송출하고 있습니다.

[05 ~ 06] 다음 자료를 바탕으로 이어지는 질문에 답하시오.

〈자료 1〉 2X19년 물류산업 총괄 개요

(단위 : 개, 명, 십억 원, %)

구분	20X8년	20X9년	전년 대비 증감률
기업체 수	208,260	216,627	
종사자 수	588,164	596,420	
매출액	89,494	92,354	
영업비용	81,794	84,385	3.1

〈자료 2〉 20X9년 물류산업 주요 현황

(단위 : 개, 천 명, 십억 원)

구분	기업체 수	종사자 수	매출액	영업비용
운수업(A)	392,500	1,154	152,016	139,523
물류산업(B)	216,627	596	92,354	84,385
화물운송업	202,954	495	70,767	64,658
물류시설 운영업	1,198	16	4,534	3,921
물류 관련 서비스업	12,475	85	17,053	15,806
운수업 관련 서비스업*	12,338	75	12,475	11,677
운수업 외 서비스업**(C)	137	10	4,578	4,129

* 운수업에 포함된 화물취급업, 운송중개서비스업, 기타 운송관련 서비스업 등
** 운수업 외 서비스업 중 물류 관련 정보처리서비스업, 장비 임대업, 경영컨설팅업 등(8개 업종)

※ 운수업 내 물류산업 비중(%) = $\dfrac{B-C}{A} \times 100$

05. 다음 중 위 자료를 분석한 내용으로 적절하지 않은 것은?

① 20X9년 물류산업 기업체 수의 전년 대비 증감률은 10% 미만이다.

② 20X9년 물류산업 종사자 수의 전년 대비 증감률은 5% 이상이다.

③ 20X9년 물류산업 기업체 수에서 화물운송업이 차지하는 비중은 90% 이상이다.

④ 20X9년 운수업 외 서비스업은 운수업 관련 서비스업보다 기업체 1개당 평균 매출액이 더 크다.

⑤ 20X9년 물류산업에서 매출액과 영업비용 중 전년 대비 증가액이 더 많은 것은 매출액이다.

06. 위 자료를 바탕으로 다음과 같은 그래프를 작성하였다. ㉠에 들어갈 값으로 옳은 것은? (단, 소수점 아래 둘째 자리에서 반올림한다)

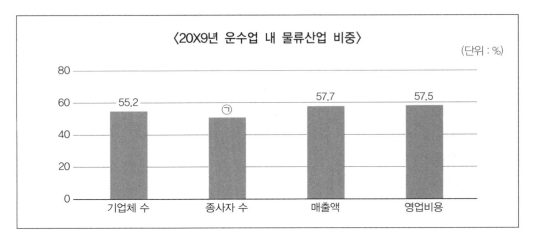

〈20X9년 운수업 내 물류산업 비중〉

(단위 : %)

① 50.8   ② 51.2   ③ 51.6

④ 52.0   ⑤ 52.4

[07 ~ 08] 다음 자료를 바탕으로 이어지는 질문에 답하시오.

〈철도 부정승차 적발현황〉

(단위 : 천 건, 천 명)

구분	적발건수		미구입자		부정할인자	
	전체	자진신고 제외	전체	자진신고 제외	전체	자진신고 제외
20X0년	186	112	118	57	70	57
20X1년	166	94	106	49	105	90
20X2년	147	74	93	34	48	34
20X3년	136	70	78	29	538	521
20X4년	116	60	74	27	42	30
20X5년	96	55	58	24	39	32
20X6년	87	46	51	18	30	22
20X7년	70	50	40	23	27	24

〈철도종류별 부정승차 적발현황〉

(단위 : 천 건)

구분	KTX	새마을호	무궁화호
20X0년	15	101	70
20X1년	7	74	85
20X2년	10	82	55
20X3년	8	74	54
20X4년	8	63	45
20X5년	6	49	41
20X6년	7	39	41
20X7년	12	40	18

〈철도종류별 부정승차자 적발현황〉

(단위 : 천 명)

구분	KTX		새마을호		무궁화호	
	미구입자	부정할인자	미구입자	부정할인자	미구입자	부정할인자
20X0년	10	4	66	38	42	28
20X1년	3	4	49	24	54	77
20X2년	9	1	54	22	30	25
20X3년	5	3	48	32	25	503
20X4년	7	1	41	21	26	20
20X5년	5	1	27	23	26	15
20X6년	5	2	23	12	23	16
20X7년	4	9	28	8	8	10

07. 다음은 위 자료를 바탕으로 작성한 그래프이다. ㉠ ~ ㉤에 해당하는 수치로 옳지 않은 것은? (단, 소수점 아래 첫째 자리에서 버림한다)

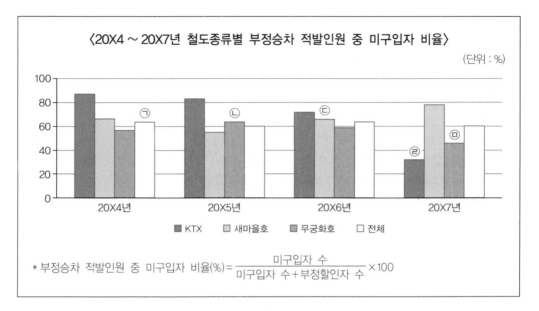

〈20X4 ~ 20X7년 철도종류별 부정승차 적발인원 중 미구입자 비율〉

(단위 : %)

$$\text{부정승차 적발인원 중 미구입자 비율(\%)} = \frac{\text{미구입자 수}}{\text{미구입자 수} + \text{부정할인자 수}} \times 100$$

① ㉠ : 61 　　　　② ㉡ : 63 　　　　③ ㉢ : 65

④ ㉣ : 30 　　　　⑤ ㉤ : 44

08. 다음 중 위 자료를 분석한 내용으로 옳지 않은 것은?

① 부정승차의 적발건수와 미구입자 수 모두 매년 지속적으로 감소하였다.

② 부정승차 적발건수 중 자진신고된 건은 20X0년 대비 20X7년에 70% 이상 감소하였다.

③ 20X0 ~ 20X7년 동안 부정승차는 연평균 120천 건 이상 적발되었다.

④ 20X0 ~ 20X7년의 부정승차자 총 인원은 미구입자와 부정할인자 모두 무궁화호에서 가장 많이 적발되었다.

⑤ 20X0 ~ 20X7년 동안 새마을호의 총 부정승차 적발건수는 전체 철도의 총 부정승차 적발건수의 50% 이상을 차지한다.

[09 ~ 10] 다음 제시상황과 글을 읽고 이어지는 질문에 답하시오.

S 공사 직원 김 대리는 지하철 역명병기(부역명) 유상표기 희망기관 모집에 대한 자료를 작성하고 있다.

〈지하철 역명병기(부역명) 희망기관 모집〉

도시철도 역명병기 유상 사업을 다음과 같이 추진 예정이오니, 관심 있는 기관의 많은 참여 바랍니다.

□ 모집기간 : 20X1. 5. 25. ~ 6. 10.

□ 공서양속(公序良俗) 훼손 및 공사 이미지 저해 우려가 없는 기관으로 대상 역에서 최대 1km 이내에 위치해야 하며, 500m 이내에 위치한 곳을 우선 선정

　※ 세부기준 [붙임] 파일 참고

□ 3년 동안 기관명을 대상 역의 부역명으로 표기할 수 있고, 재입찰 없이 1회(1년)에 한하여 계약 연장

□ 사업추진일정

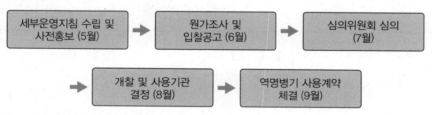

□ 문의처 : 부대사업처 광고팀, 02-1234-5678

[붙임] 역명병기 대상기관 선정기준

구분		표기대상	우선순위
공통 사항	기본요건	인지도가 높고 승객의 이용편의를 증진시킬 수 있으며 공서양속 훼손 및 공사 이미지 저해 우려가 없는 기관	–
	거리제한	대상 역에서 최대 1km 이내에 위치해야 하며, 500m 이내에 위치한 곳을 우선 선정	–
공익 기관	지명 등	지명, 거리명, 국유재산, 공유재산(도로, 공원, 광장), 문화재	1
	관공서	정부조직협상 중앙행정기관 및 지방자치기관과 하부기관	
	공익시설	공원, 운동장, 터미널, 도서관, 체육관, 박물관, 미술관	
	공공기관	공공기관에 해당하는 기관	

※ 2개 이상의 기관의 순위가 동일한 경우, 응찰금액이 더 높은 기관, 거리가 P 역으로부터 가까운 기관 순으로 우선 선정한다.

09. 김 대리가 위 자료를 이해한 내용으로 적절하지 않은 것은?

① 대상기관 선정 시 부역명 표기 관련 질의를 위한 위원회가 존재한다.
② 재입찰 없이 역명병기를 유지할 수 있는 기간은 최대 4년이다.
③ 지하철 역명병기 유상표기 희망기관 모집 기간은 약 보름 동안 이루어진다.
④ 해당 사업에서 역명병기 기관 선정은 8월에 결정된다.
⑤ 해당 사업에서 공익기관은 기관 특성상 무상으로 부역명 표기가 가능하다.

10. 다음 기관들이 P 역의 역명병기 모집에 신청하였을 때 선정될 기관은?

① – 응찰금액 : 8,500만 원
– 거리 : P 역 반경 480m
– 대상 : 공립 미술관

② 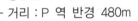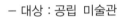 – 응찰금액 : 8,500만 원
– 거리 : P 역 반경 450m
– 대상 : R 정부청사

③ – 응찰금액 : 8,700만 원
– 거리 : P 역 반경 900m
– 대상 : S 대학병원(200병상)

④ – 응찰금액 : 8,800만 원
– 거리 : P 역 반경 1,000m
– 대상 : 고속버스터미널

⑤ – 응찰금액 : 9,000만 원
– 거리 : P 역 반경 300m
– 대상 : O 통신기업

[11 ~ 12] 다음 글을 읽고 이어지는 질문에 답하시오.

<객실 예약 및 환불 안내>

◆ 객실 안내

A 타입	B 타입	C 타입	D 타입	E 타입
대여료 400,000원	대여료 300,000원	대여료 250,000원	대여료 200,000원	대여료 150,000원
50인 수용 가능	40인 수용 가능	35인 수용 가능	30인 수용 가능	25인 수용 가능
방 5개	방 3개	방 2개	방 2개	방 2개
개별 냉방 취사 가능	개별 냉방 취사 가능	개별 냉방	개별 냉방 취사 가능	개별 냉방

※ 예약 시 대여료의 20%에 해당하는 선입금을 지불하셔야 예약이 확정됩니다.

◆ 객실 환불 규정

구분	환불기준		비고
시설 사용예정일 이전 및 당일에 예약을 취소한 경우	사용예정일 5일 전까지 취소 또는 계약체결 당일 취소	선입금 전액 환불	• 기간 계산 시 토요일 또는 공휴일을 포함하며, 사용예정일은 산입하지 않습니다. • 계약체결 당일이란 이용객이 선입금을 지불 완료하여 계약이 체결된 당일을 의미합니다. • 계약체결일이 사용예정일 이전 4일 이내인 경우, 당일 취소 시 전액 환불은 불가하며, 사용예정일 기준으로 환불됩니다. • 환불에 따라 발생하는 이체수수료 (1,000원)가 제외된 금액이 환불됩니다.
	사용예정일 3일 전까지 취소	선입금의 90% 환불	
	사용예정일 2일 전까지 취소	선입금의 80% 환불	
	사용예정일 1일 전까지 취소	선입금의 70% 환불	
	사용예정일 전날부터 당일까지 취소	사용시간 이전	
		사용시간 이후	
관리자의 사정으로 시설사용이 불가능한 경우	선입금 전액 환불		이체수수료는 ○○시설에서 부담합니다.
천재지변, 그 밖의 불가항력에 의해 시설사용이 불가능한 경우	이체수수료의 50%(500원)를 제외한 선입금 전액 환불		환불 기준은 기상청에서 강풍 · 호우 · 대설 · 해일 · 태풍주의보 또는 경보를 발령한 경우로 한정합니다.

11. 〈보기〉에 따라 예약을 하려고 할 때, ○○시설에 지불해야 할 선입금 금액은?

> **보기**
>
> 　이번 직원 리더십 워크숍 참여인원은 남자 10명, 여자 18명으로 총 28명이므로 두 개의 객실을 예약하는 것이 좋을 것 같습니다. 이 경우, 취사는 최소 한 객실에서 가능해야 하고, 개별 냉방은 두 객실 모두 가능해야 합니다. 이와 같은 사항을 참고해서 최소 금액으로 객실을 예약해 주시기 바랍니다.

① 70,000원　　　　② 80,000원　　　　③ 90,000원
④ 100,000원　　　　⑤ 120,000원

12. 다음은 ○○시설 Q&A 게시판에 올린 문의에 대한 상담원의 답변이다. 답변의 빈칸에 들어갈 내용으로 적절한 것은?

> 　저는 이번 주 금요일에 B 타입 객실을 대여하기로 했던 사람입니다. 오늘 오전 9시에 선입금을 지불하여 예약을 하였는데, 이번 주 주말에 비 소식이 있어서 예약을 취소하고 싶습니다. 이 경우 선입금 환불은 어느 정도 가능할까요?
>
> 20X1. 03. 21.(화) 10:45 작성됨

> 　안녕하십니까. ○○시설 상담원입니다. 본 시설의 환불기준에 의거하였을 때, (　　　　　　　　　　).
>
> 20X1. 03. 21.(화) 15:33 작성됨

① 천재지변에 의한 예약 취소이므로 이체수수료를 제외한 전액 환불이 가능합니다.

② 관리자 사정에 의한 예약 취소이므로 전액 환불이 가능합니다.

③ 계약체결 당일 예약을 취소하는 경우이므로 이체수수료를 제외한 전액 환불이 가능합니다.

④ 사용예정일 사이에 토요일이 포함되어 있으므로 사용예정일 2일 전에 환불신청을 하신 것으로 인정되어 선입금의 80%가 환불됩니다.

⑤ 사용예정일 3일 전에 환불신청을 하시는 경우이기 때문에 이체수수료를 제외하고 선입금의 90%까지 환불받으실 수 있습니다.

[13 ~ 14] 다음 글을 읽고 이어지는 질문에 답하시오.

□ ●●공단 휴가 규정
- 계속근로기간이 1년 미만인 근로자는 입사 후 1년간 매 1개월 개근 시마다 1일의 연차휴가가 발생한다.
- 계속근로기간이 1년 미만인 근로자의 연차휴가는 휴가 발생일과 무관하게 입사 후 1년 내 행사하지 않으면 소멸한다. 단, 사용자의 시기변경권 행사로 사용하지 못한 경우에는 그러하지 아니하다.
- 계속근로기간이 1년 이상인 근로자의 연차휴가는 휴가 발생일로부터 1년 내 행사하지 않으면 소멸한다. 단, 사용자의 시기변경권 행사로 사용하지 못한 경우에는 그러하지 아니하다.
- 연차휴가 사용 촉진제의 적용을 받는 근로자는 연차유급휴가수당이 지급되지 않는다.
- 사용자는 계속근로기간이 1년 이상인 근로자가 지난 1년간 80% 이상 출근했을 경우, 15일의 연차휴가를 지급하여야 한다.
- 계속근로기간이 만 3년이 되는 시점에 연차휴가는 기존 15일에 1일이 추가되고, 그 다음 매 2년마다 1일씩 늘어난다. 단, 최대 연차 발생 휴가일수는 25일이다.
- 근로자가 발생한 연차휴가를 사용하지 않아 자동 소멸한 경우 통상적 연차수당계산법*에 따라 근로자에게 연차유급휴가수당이 지급된다. 단, 연차휴가 사용 촉진제의 적용을 받는 근로자의 경우에는 그러하지 아니하다.

※ (통상적 연차수당 계산법)=(1일 통상임금)×(미사용 연차일수)

□ 홍보부서 휴가사용 현황(2X21. 12. 31. 기준)

이름	직위	입사일	잔여 연차휴가	근무일수 비율 (2X21. 01. 01. ~ 2X21. 12. 31.)	1일 통상임금
전○○	주임	2X21. 01. 01.	3일	75%	60,000원
우○○	대리	2X16. 01. 01.	2일	87%	80,000원
임○○	차장	2X08. 01. 01.	3일	95%	100,000원
주○○	과장	2X15. 01. 01.	0일	87%	80,000원
현○○	선임	2X19. 01. 01.	4일	90%	70,000원
정○○	부장	2X01. 01. 01.	5일	97%	120,000원
윤○○	선임	2X19. 01. 01.	7일	93%	70,000원
김○○	주임	2X21. 01. 01.	2일	81%	60,000원

13. ●●공단은 매년 12월 31일에 연차유급휴가수당을 지급한다. 2X21년 홍보부 선임급 이상 직원들의 연차휴가 사용 촉진제 적용 여부가 다음 〈보기〉와 같을 때, 각 직원의 이름과 2X21년 연차유급휴가수당 지급 금액을 짝지은 것으로 적절하지 않은 것은?

보기

이름(직위)	연차휴가 사용 촉진제 적용 여부
우○○(대리)	X
임○○(차장)	X
주○○(과장)	O
현○○(선임)	O
정○○(부장)	X
윤○○(선임)	O

① 우○○, 16만 원
② 임○○, 30만 원
③ 주○○, 0원
④ 정○○, 60만 원
⑤ 윤○○, 49만 원

14. 2X21년 홍보부서 차장과 부장의 1년간 연차휴가 사용일수의 합으로 옳은 것은? (단, 2X20년에 사용자의 시기변경권 행사는 없었으며, 2X21년에 연차휴가 외에 직원들에게 지급된 휴가는 없다)

① 36일
② 37일
③ 38일
④ 39일
⑤ 40일

[15 ~ 16] 다음 제시상황과 자료를 읽고 이어지는 질문에 답하시오.

○○회사 고객맞춤형 광고 TF팀 직원 H는 부서별 업무내용과 결재 절차를 파악하고 있다.

◇ **조직도**

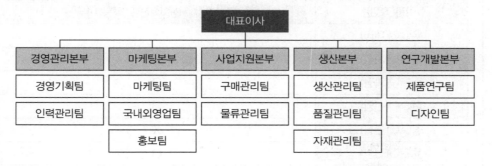

◇ **팀별 주요 업무**

경영기획	사업환경 분석, 경영계획 및 평가, 경영리스크 관리, 신규사업 관리
인력관리	조직관리, 직무관리, 채용관리, 교육훈련, 임금관리, 인사평가
홍보	언론 홍보전략 수립, 기업 이미지 광고, 상품/제품 언론 광고, 대외 언론매체 관리
국내외영업	신규고객 유치, 기존고객 관리, 판매사원 및 대리점 관리, 홍보전략 교육
물류관리	하역, 포장, 창고보관, 출하, 유통가공, 재고관리
생산관리	상품/제품 제작, 자재관리, 공정관리, 생산설비관리, 원가관리
제품연구	정보 수집 및 분석(기술동향, 고객 니즈), 신규제품 개발, 기존제품 개선
마케팅	상품/제품 매출 분석, 상품/제품 홍보전략 수립, 매출 향상 계획 수립

◇ **각 팀의 결재 절차**

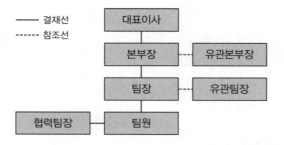

◇ 팀 간 관계

유관관계	• 업무상 밀접한 관계에 있어 결재 시 참조자에 포함됨. • 경영기획팀 – 생산관리팀 – 제품연구팀 • 홍보팀 – 마케팅팀 – 국내외영업팀 • 구매관리팀 – 품질관리팀 – 자재관리팀
협력관계 (TF팀)	• 필요에 따라 각 사업별로 상이한 협력관계를 구축함. • 여러 본부 소속 팀이 협력관계를 구축할 경우, 사업총괄은 한 개 본부에서 담당함. • TF팀에 속한 팀은 신설된 팀으로 간주하며, 기존의 유관관계 등에 속하지 않음.

◇ 고객맞춤형 광고 TF팀 과업 프로세스

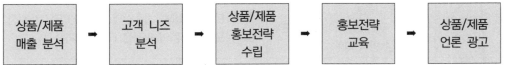

| 상품/제품
매출 분석 | ➡ | 고객 니즈
분석 | ➡ | 상품/제품
홍보전략
수립 | ➡ | 홍보전략
교육 | ➡ | 상품/제품
언론 광고 |

※ 각 과업이 끝날 때마다 해당 과업을 수행하는 팀의 장에게 결재를 받아야 하며, 최종 결재는 대표이사 또는 마지막 과업을 수행하는 본부의 장이 한다. 단, 본부의 장이 결재한 경우 대표이사의 결재는 생략한다.

15. 다음 중 직원 H가 제시된 자료를 읽고 이해한 내용으로 적절하지 않은 것은?

① 모든 팀은 한 명 이상의 유관팀장의 참조를 받는다.

② 협력관계는 유관관계와 달리 소속되는 팀들이 고정적이지 않다.

③ 사업지원본부의 장은 품질관리팀 서류를 참조할 수 있다.

④ 기존고객 관리 업무를 담당하는 팀은 대외 언론매체를 관리하는 팀과 밀접한 관계이다.

⑤ 신규사업 관리 업무는 제품 제작 및 신규제품 개발 업무와 밀접한 관계이다.

16. 다음 중 직원 H가 결재를 받아야 할 순서로 가장 적절한 것은?

① 마케팅팀장 → 제품연구팀장 → 국내외영업팀장 → 홍보팀장 → 마케팅본부장

② 마케팅팀장 → 제품연구팀장 → 국내외영업팀장 → 홍보팀장 → 마케팅본부장 → 대표이사

③ 마케팅팀장 → 제품연구팀장 → 마케팅팀장 → 국내외영업팀장 → 홍보팀장 → 마케팅본부장

④ 마케팅팀장 → 제품연구팀장 → 마케팅팀장 → 국내외영업팀장 → 마케팅본부장 → 대표이사

⑤ 마케팅팀장 → 제품연구팀장 → 마케팅팀장 → 국내외영업팀장 → 홍보팀장 → 마케팅본부장 → 대표이사

[17 ~ 20] 다음 제시상황과 글을 읽고 이어지는 질문에 답하시오.

○○회사 직원 G는 사내 시스템의 모니터링 및 관리 업무를 맡아 업무 처리 방식을 익히고 있다.

◆ 시스템 안내

제시값	설명	종류 및 예시
System Code	• 시스템의 고유 코드 • System Code에 따라 FEV를 적용할 Error Code 선정	• C# : 모든 Error Code를 선정 • D# : 먼저 발견된 Error Code 2개를 선정 • E# : SV값이 제일 큰 Error Code 2개를 선정
System Type	• 시스템의 종류 • Error Value를 이용한 FEV의 지정 방식 제시	• 32# : EV 중 최대, 최솟값의 평균을 FEV로 지정 • 64# : 모든 EV들의 평균을 FEV로 지정
Standard Code	• 시스템의 기준 코드 • 장치별 기준값(Standard Value ; SV)을 표시	예 Standard Code : A12_B8_C10 　　장치 A의 기준값(SV) 12, 　　장치 B의 기준값(SV) 8, 　　장치 C의 기준값(SV) 10
Error Value	오류의 각 항목별 위험값(EV)	예 Error Code of A : HV13_CV81_IV29 　　장치 A의 HV 항목 위험값(EV) 13, 　　　　　　　　CV 항목 위험값(EV) 81, 　　　　　　　　IV 항목 위험값(EV) 29
Error Code	• 각 오류의 위험 코드 • 발견된 순으로 제시	
Error Division	각 오류의 위험 항목	HV(Hazard Value) — 에러의 위험도 CV(Complexity Value) — 에러의 복잡도 IV(Influence Value) — 에러의 확산성

구분	종류 및 예시	
FEV(Final Error Value)	각 Error Code의 위험값으로 산출되는 최종 에러값	
SV(Standard Value)	• 각 장치에 대응하는 위험 항목에 대한 기준값 • 해당 위험 항목과 비교하여 시스템의 최종 평가값(FV)을 조정	• SV>FEV일 경우 : FV값 −1 • SV=FEV일 경우 : FV값 변동 없음 • SV<FEV일 경우 : FV값 +1
FV(Final Value)	• 최종 산출된 FEV값에 따른 전체 시스템의 최종 평가값 • FV의 기본값은 0이며, 기본값에 장치별로 SV와 FEV를 비교한 값을 합산하여 산출	

◆ 입력 코드 안내

입력값	설명	종류 및 예시
Input Code(입력 코드)	진단에 따라 관리자가 해당 코드를 입력	하단의 표 참고

진단 기준	진단 결과	Input Code(입력 코드)
FV<-1일 경우	정상	Green
FV=-1일 경우	주의	Yellow
FV=0일 경우	재진단 필요	Orange
FV=1일 경우	위험	Red
FV>1일 경우	경고	Black

시스템 관리 예시

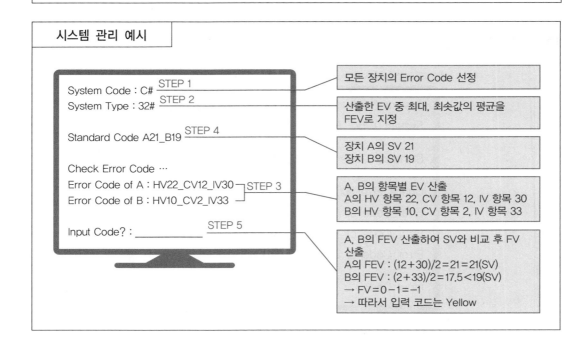

System Code : C# STEP 1
System Type : 32# STEP 2

Standard Code A21_B19 STEP 4

Check Error Code …
Error Code of A : HV22_CV12_IV30 STEP 3
Error Code of B : HV10_CV2_IV33

Input Code? : _____ STEP 5

모든 장치의 Error Code 선정

산출한 EV 중 최대, 최솟값의 평균을 FEV로 지정

장치 A의 SV 21
장치 B의 SV 19

A, B의 항목별 EV 산출
A의 HV 항목 22, CV 항목 12, IV 항목 30
B의 HV 항목 10, CV 항목 2, IV 항목 33

A, B의 FEV 산출하여 SV와 비교 후 FV 산출
A의 FEV : (12+30)/2=21=21(SV)
B의 FEV : (2+33)/2=17.5<19(SV)
→ FV=0-1=-1
→ 따라서 입력 코드는 Yellow

17. 다음 중 제시된 프로그램에 대한 설명으로 적절하지 않은 것은?

① System Code는 FV를 산출하는 데 필요한 FEV값을 적용할 Error Code를 결정한다.

② 현재의 시스템에서 FV는 반드시 −2, −1, 0, 1, 2 중 하나의 값을 가진다.

③ FV가 0보다 작을 경우 입력 코드는 Green과 Yellow 중 하나이다.

④ 각 장치별로 SV와 FEV를 비교하였을 때 FV의 변동값은 1, 0, −1 중 하나이다.

⑤ System Code가 D#일 경우 최초로 발견된 Error Code의 SV가 FEV보다 작으면 입력 코드는 Orange, Red, Black 중 하나이다.

18. 모니터에 나타나는 정보를 이해하고 시스템 상태를 판독하여 입력할 코드로 적절한 것은?

System Code : C#
System Type : 64#

Standard Code X21_Y10_Z12

Check Error Code …
Error Code of X : HV18_CV5_IV22
Error Code of Y : HV10_CV10_IV10
Error Code of Z : HV6_CV20_IV1

Input Code? : _____

① Green　　　　　② Yellow　　　　　③ Orange

④ Red　　　　　⑤ Black

19. 모니터에 나타나는 정보를 이해하고 시스템 상태를 판독하여 입력할 코드로 적절한 것은?

System Code : D#
System Type : 32#

Standard Code U32_S44_N72

Check Error Code ⋯
Error Code of U : HV32_CV60_IV2
Error Code of S : HV98_CV50_IV2
Error Code of N : HV121_CV79_I90

Input Code? : _____

① Green   ② Yellow   ③ Orange   ④ Red   ⑤ Black

20. 모니터에 나타나는 정보를 이해하고 시스템 상태를 판독하여 입력할 코드로 적절한 것은?

System Code : E#
System Type : 64#

Standard Code P46_Q50_R52_T30

Check Error Code ⋯
Error Code of P : HV210_CV150_IV18
Error Code of Q : HV9_CV50_IV100
Error Code of R : HV99_CV33_IV60
Error Code of T : HV32_CV85_IV18

Input Code? : _____

① Green   ② Yellow   ③ Orange   ④ Red   ⑤ Black

[21 ~ 23] 다음 제시상황과 자료를 보고 이어지는 질문에 답하시오.

○○기업 한양본부 직원 K는 한양시 내 지점들을 점검하기 위해 지하철 노선도를 보고 있다.

⟨한양시 지하철 노선도 및 한양시 내 ○○기업 지역본부 · 지점 위치⟩

• 직원 K가 근무하고 있는 ○○기업 한양본부는 한양시청역에 위치한다.
• 점검에는 30분의 시간이 소요된다.

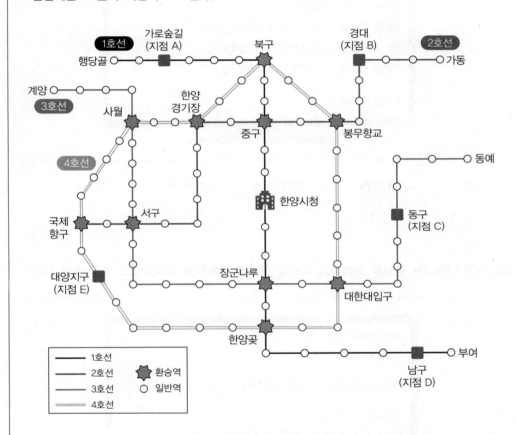

⟨소요 시간 및 승차 요금 계산 규칙⟩

• 지하철 승 · 하차 시간은 각 2분, 환승 시간은 3분으로 계산한다.
• 역간 이동시간 : 1호선과 2호선은 3분, 3호선과 4호선은 5분이 소요된다.
• 역간 정차 시간, 역과 지점 사이의 이동시간, 기타 지연 시간 등은 고려하지 않는다.

- 지하철의 승차 요금은 1,300원(기본 8개역 승차 기준)이며, 이후 3개역 이동 시마다 50원이 추가된다.
  - ㉔ 총 15개 지하철 역 이동 시 승차요금 계산법 : 기본 8개역 1,300원＋3개역 추가 50원＋3개역 추가 50원＝총 1,400원
- 환승은 요금에 영향을 미치지 않는다.

21. 다음 중 직원 K가 한양본부에서 출발하여 지점 C의 점검을 마친 후 다시 본부로 복귀하는데 소요되는 최소 시간은?

① 127분 　　　　② 132분 　　　　③ 137분
④ 142분 　　　　⑤ 147분

22. 직원 K는 한양본부에서 출발해 지점 B와 지점 E를 연이어 점검한 뒤 본부로 복귀하려 한다. 직원 K가 지불해야 하는 최소 승차 요금은?

① 4,050원 　　　　② 4,100원 　　　　③ 4,150원
④ 4,200원 　　　　⑤ 4,250원

23. 직원 K가 한양본부에서 출발해 최소 시간으로 지점 A, B, C, D 순으로 점검한 후 본부로 복귀하려 한다. 다음 중 직원 K가 4호선을 이용하여 이동할 역의 개수는? (단, 계산 시 환승역으로 이동하는 것은 제외한다)

① 0개 　　　　② 5개 　　　　③ 7개
④ 9개 　　　　⑤ 11개

24. 다음 표는 급행열차의 정차역과 소요시간을 정리한 것이다. 〈보기〉를 참고할 때, 급행열차가 정차하는 시간이 동일한 역들로 묶인 것은?

도착 / 출발	김포공항	가양	염창	당산	여의도	노량진	동작	고속터미널	신논현	선정릉	봉은사
종합운동장	47:58	40:18	34:56	30:53	28:05	24:21	19:46	14:14	11:35	8:02	3:30
봉은사	44:08	36:28	31:06	27:03	24:15	20:31	15:56	10:24	7:45	4:12	
선정릉	39:38	31:58	26:36	22:33	19:45	16:01	11:26	5:54	3:15		
신논현	36:01	28:21	22:59	18:56	16:08	12:24	7:49	2:17			
고속터미널	33:14	25:34	20:12	16:09	13:21	9:37	5:02				
동작	27:48	20:08	14:46	10:43	7:55	4:11					
노량진	23:16	15:36	10:14	6:11	3:23						
여의도	19:13	11:33	6:11	2:08							
당산	16:44	9:04	3:42								
염창	12:46	5:06									
가양	7:25										

보기

　종합운동장역과 선정릉역의 교차 지점에 있는 '8:02'는 종합운동장역에서 출발하여 선정릉역에 도착하는 데 소요되는 시간이 8분 2초임을 의미한다.
　종합운동장역에서 출발하여 선정릉역에 도착하는 데에 소요되는 시간은 종합운동장역에서 출발하여 봉은사역에 도착하는 데에 소요되는 시간과 봉은사역에서 정차한 시간, 그리고 봉은사역에서 출발하여 선정릉역에 도착하는 데 소요되는 시간의 합이다.

① 봉은사, 신논현　　　② 선정릉, 가양　　　③ 노량진, 당산
④ 고속터미널, 여의도　⑤ 동작, 염창

[25 ~ 27] 다음 자료를 읽고 이어지는 질문에 답하시오.

현장 책임자 P와 R은 철도 시설에 적합한 안내 표지를 부착하는 업무를 하고 있다.

〈주요 철도표지 종류〉

열차정지표지	차량정지표지	선로전환기 표지	정거장경계 표지	무인역표지	차막이표지
차량접촉 한계표지	열차정지 위치표지	일단정지표지	속도제한표지	속도제한 해제표지	선로작업표지
기적표지	기적제한표지	기적제한 해제표지	제동취급 주의표지	제동취급 경고표지	

※ 예시로 제시된 속도제한 표시는 40km/h 속도제한을 의미

〈철도표지 규칙 및 관리〉

• 철도표지는 식별이 명확한 재질을 사용하고 승무원이 쉽게 확인할 수 있도록 열차 진행 방향의 좌측에 설치한다. 다만, 양방향 운행구간이거나 기관사가 인식하기 곤란한 경우에는 열차 진행 방향의 우측에 설치할 수 있다.

• 열차운행상 특별한 주의가 필요한 곳에는 이를 표시하는 표지를 따로 설치할 수 있다.

• 열차표지의 치수는 따로 표시하는 설계시공표준도에 의한다.

• 열차표지의 설치 및 치수 등에 있어 특이사항이 있는 구간에서는 현장 책임자의 판단에 따라 시설할 수 있다.

25. 다음 중 제시된 자료에 대한 설명으로 올바르지 않은 것은?

① 속도제한표지는 표지 중앙의 숫자를 통해 제한속도를 표기한다.

② 철도표지는 열차 진행 방향의 좌측에 설치하는 것을 기본으로 한다.

③ 차량정지표지와 차막이표지는 동일한 디자인에 반대되는 색상으로 나타낸다.

④ 제동취급에 대한 열차표지는 형태만으로도 다른 내용의 열차표지들과 구분할 수 있다.

⑤ 만일 특이사항이 있는 구간이라면 그 현장의 책임자는 열차표지의 설치 및 치수 등을 스스로의 판단에 따라 시설할 수 있다.

26. 다음 중 □□역의 현장 책임자 R이 설명된 노선에 설치해야 할 철도표지로 적절하지 않은 것은?

- 인근에 주택가 등 소음 최소화 구간이 존재
- 속도제한 60km/h
- 해당 노선에는 차로와 교차하는 구간이 존재하여 열차 및 차량을 정지시켜야 함.
- □□역 이후에 속도제한 및 소음 최소화 구간이 종료됨.
- 현재 노선의 일부는 선로작업이 진행 중임.

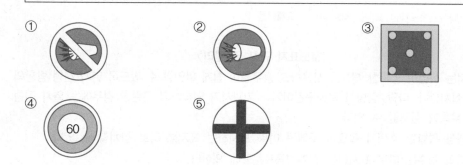

27. 다음은 신설되는 노선 구간의 지형과 노선의 특이사항을 표기한 지도이다. 이 구간의 현장 책임자 P가 설치해야 할 철도표지는?

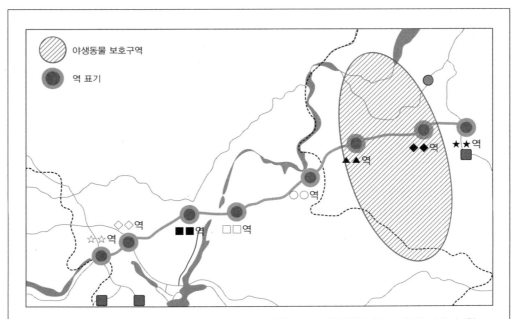

- 야생동물 보호구역에 진입할 때는 일단 정지해야 하며 제동취급에 있어 주의해야 함.
- ■■역과 ○○역 사이의 구간에서는 속도제한을 해제함.
- □□역과 ○○역에는 선로전환기가 존재

①

②

③

④

⑤

28. 다음은 ○○공사에서 산업 재해 예방을 위해 마련한 안전관리시스템 5단계를 나타낸 것이다. (가) ~ (다)에 들어갈 내용을 〈보기〉에서 골라 바르게 묶은 것은?

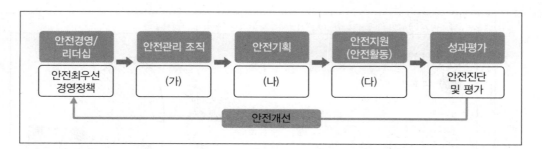

보기

㉠ 중장기 플랜 연계
㉡ 안전관리 컨트롤 타워 운영
㉢ 예방위주 안전증진 활동

	(가)	(나)	(다)
①	㉠	㉡	㉢
②	㉠	㉢	㉡
③	㉡	㉠	㉢
④	㉡	㉢	㉠
⑤	㉢	㉠	㉡

29. 다음 자료를 바탕으로 경력개발과 관련된 최근 이슈에 대하여 적절하지 않은 의견은?

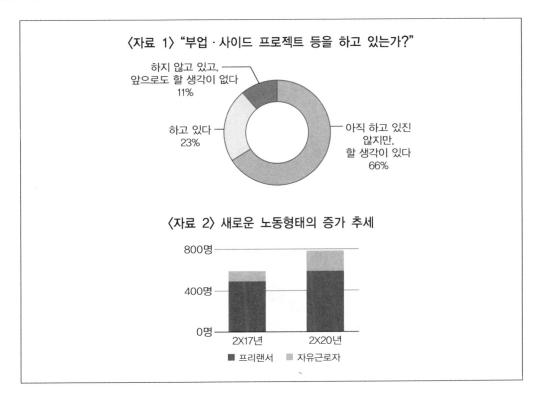

〈자료 1〉 "부업·사이드 프로젝트 등을 하고 있는가?"

- 하지 않고 있고, 앞으로도 할 생각이 없다 11%
- 하고 있다 23%
- 아직 하고 있진 않지만, 할 생각이 있다 66%

〈자료 2〉 새로운 노동형태의 증가 추세

■ 프리랜서　■ 자유근로자

① 경제적인 이유도 있겠지만 또 다른 실무를 체험하며 궁극적으로 자아실현을 하기 위한 목적에서 투잡을 하는 경우도 있을 거 같아.

② 지속적인 경기불황에 따라 두 개 이상의 직업을 가지는 사람이 늘고 있겠네.

③ 정보기술의 발달로 원격근무 등 근무환경이 유연해진 것, AI·IoT 등 다양한 4차 산업분야가 성장한 것 등이 새로운 노동형태의 성장을 가속화시켰을 거야.

④ 새롭게 등장한 형태의 노동자들은 지속적으로 특정 조직에 고용되지 않는 성향이 있지만, 전문적인 경력 개발을 위해 조직 안에 고용된 사람들과 같은 방식으로 경력을 개발할 필요성이 있겠네.

⑤ 프리랜서나 자유근로자들은 고용 불안을 겪기도 하지만 언제 일하고 언제 쉴지를 스스로 결정할 수 있다는 장점이 있어.

30. 다음 ㉠ ～ ㉢은 A 씨가 자기개발을 주제로 준비한 강연 자료이다. 수정이 필요한 것은 모두 몇 개인가?

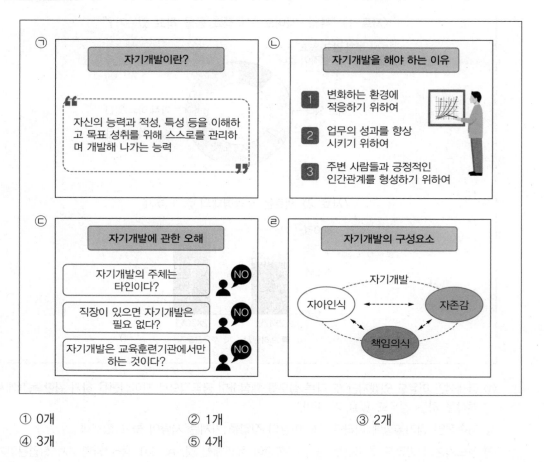

① 0개   ② 1개   ③ 2개
④ 3개   ⑤ 4개

31. 다음은 경력단계에 따른 경력개발 가이드 자료이다. ㉠ ~ ㉤에 대한 설명으로 적절하지 않은 것은?

	준비 단계	실행	완료 단계
조직 입사	조직에 입사하기 위해 준비해야 할 것은 무엇인가?	입사할 때 어떤 과정을 거쳤는가?	㉠
경력 초기	㉡	㉢	직무와 조직의 규칙에 어느 정도 숙달하고 있는가?
경력 중기	㉣	직무와 조직에서 안정기에 접어들면서 무엇을 준비하는가?	㉤

① ㉠ : 조직에 입사하는 과정에서 어떠한 경험을 하였는지 정리해야 한다.

② ㉡ : 내가 맡은 직무와 조직의 규칙 등을 파악하기 위해 업무 매뉴얼을 숙지하고 직장 선배에게 궁금한 점을 적극적으로 물어봐야 한다.

③ ㉢ : 내가 맡은 직무에 적응하기 위해 어떤 방법을 활용하여 노력하고 있는지 확인해봐야 한다.

④ ㉣ : 조직에서 입지를 다지고 나서도 직무 능력이 정체되지 않도록 끊임없이 학습해야 한다.

⑤ ㉤ : 경력 중기에 목표했던 바를 성취했으니 퇴직 이후의 삶을 준비해야 한다.

32. 다음은 A ~ E가 동료 직원 F에 대해 나눈 대화이다. 올바른 성찰에 관하여 적절하지 않은 발언을 한 직원은?

F는 평소에 잘못을 저지르거나 실수를 했을 때 성찰하지 않고 지나쳐 버리는 것으로 동료 직원들 사이에서 유명하다.

직원 A

F가 앞으로 회사 업무를 잘 해낼 수 있을지 걱정돼요. 성찰을 통해 부족한 점을 보완하고 같은 실수를 반복하지 말아야 하는데, F는 성찰 없이 항상 똑같은 실수를 반복해요.

맞아요. 매번 성찰 없이 같은 실수를 반복하다 보니 F에 대한 신뢰가 사라진 지 오래 됐어요. 중요한 업무를 F에게 맡기지 않는 것만 봐도 알 수 있죠.

직원 B

직원 C

그리고 F는 큰 잘못을 저질렀을 때만 성찰을 하는 것이라고 착각하고 있어요. 잘못이 없더라도 개선할 점에 대해 지속적으로 성찰하면 다른 일을 하는 데 필요한 노하우가 축적된다는 걸 모르는 것 같아요.

그래도 너무 걱정하지 마세요. 성찰이 꼭 지속적인 연습이나 훈련을 필요로 하는 건 아니니까 성찰의 필요성만 일깨워주면 F도 금방 발전할 수 있을 거예요.

직원 D

직원 E

하지만 문제는 누군가가 떠먹여 주는 것으로는 성찰이 불가능하다는 데 있어요. F가 주체가 되어 스스로 해야 해요... 빨리 F가 성찰의 중요성을 느끼고 성장할 수 있으면 좋겠네요.

① 직원 A
② 직원 B
③ 직원 C
④ 직원 D
⑤ 직원 E

33. 다음 대화를 이해한 내용으로 적절하지 않은 것은?

사원 C

> Q님께서 바쁘신 와중에도 제가 부탁드린 업무를 항상 기한 내에 책임지고 처리해주셔서 제가 맡은 신규 사업 프로젝트를 성공적으로 마칠 수 있었습니다. 항상 감사하게 생각하고 있습니다.

> 천만에요. 오히려 감사한 건 접니다. 평소에 저를 많이 도와주셨잖아요. 그리고 부탁하신 업무 외에도 눈코 뜰 사이 없이 바쁘셨다는 것 압니다. 주신 업무는 말씀하신 기간 내에 끝내겠다고 제가 말씀드렸고요. 제가 약속한 기간이니 당연히 지켜야지요.

사원 Q

① 사원 C는 사원 Q에게 감사하는 마음을 표현하였다.

② 사원 Q는 본인이 한 말에 책임을 지고 약속을 지켰다.

③ 사원 C는 평소 감정은행계좌를 통해 신뢰를 구축하였다.

④ 사원 C는 이번 사건에서 신용을 잃어 감정계좌에서 인출이 발생하였다.

⑤ 사원 Q는 사원 C에 대한 이해와 배려 차원에서 부탁받은 업무를 처리하였다.

34. 갈등 해결 방법에 대한 〈보기〉의 내용 중 옳은 것을 모두 고르면?

보기

ⓐ 갈등 해결 방법을 조직원들과 모색할 때는 눈을 자주 마주쳐야 한다.

ⓑ 조직원 중 한 명이 합의에 동의하지 않으면 리더는 자신이 결정한 문제 해결 방법을 무조건 따르라고 지시하는 것이 바람직하다.

ⓒ 어떤 갈등 해결 모델을 쓸지 정해두고 사용하기보다 팀 내 갈등이 생길 때마다 적절한 모델을 사용하는 것이 좋다.

① ⓐ

② ⓐ, ⓑ

③ ⓐ, ⓒ

④ ⓑ, ⓒ

⑤ ⓐ, ⓑ, ⓒ

35. 다음은 이 과장의 태스크 포스팀에 대한 〈보고서〉의 일부이다. 이 과장의 팀이 효과적인 팀이 되기 위해 〈보고서〉에서 개선해야 할 점은?

보고서

- 각 팀원들은 기존에 서로 다른 팀에서 두각을 발휘하던 인재들로, 태스크 포스팀에서 개개인의 강점을 살려 작업한다.
- 팀원들은 팀의 목표를 분명히 알고, 역할이 잘 분담되어 있으며 이에 대한 책임감도 높다.
- 의사결정의 속도가 빠르다.
- 팀장과 팀원 간 의견의 불일치가 있을 시 팀장의 의견을 따른다.
- 결과 지향적이다.

(생략)

---

① 개인의 강점을 활용하기   ② 결과에 초점을 맞추기
③ 역할과 책임을 명료히 하기   ④ 팀의 사명과 목표를 명확하게 기술하기
⑤ 의견 불일치를 건설적으로 해결하기

36. 초청강연에 온 강사 E가 조직원들에게 내적 동기부여 방법을 설명 중이다. 다음 중 강사 E가 설명하고 있는 내적 동기부여 방법으로 적절한 것은?

조직원들이 일을 할 때 자신의 소신대로 업무를 진행하지 못하면 일을 하고자 하는 자발적인 동기가 저하될 수 있습니다. 이 방법을 활용한다면, 조직원들은 자신이 실수나 잘못을 한 것을 발견했을 경우 스스로 책임질 수 있게 될 것입니다. 리더가 개입하여 조직원에게 도움을 줄 수는 있지만, 조직원 스스로가 해결해내도록 하는 것이 가장 바람직하죠.

강사 E

---

① 교육의 기회를 지속적으로 제공한다.
② 따뜻한 말과 칭찬으로 보상한다.
③ 변화를 두려워하지 않도록 격려한다.
④ 창의적인 해결책을 찾도록 한다.
⑤ 새롭게 도전할 기회를 부여한다.

37. 다음 중 윤리에 대해 잘못 이해하고 있는 직원은?

① 윤리의 '윤(倫)'은 인간관계에 필요한 질서를 의미한다고 볼 수 있어.

② 윤리는 인간이 살아가면서 해야 할 것과 하지 말아야 할 것, 삶의 목적이나 방법 등에 관한 것이기도 해.

③ 윤리규범이 형성되는 데에는 시간이 필요하고, 형성된 이후에도 변화할 수 있어.

④ 윤리적으로 살다 보면 개인의 행복을 보장받지 못하는 경우가 많지만 윤리적 가치를 지키는 것이 더 중요해.

⑤ 규범을 지켜야 하는 이유는 '어떻게 살 것인가' 하는 가치관의 문제와 관련이 있기 때문이야.

38. 다음 중 상호존중의 문화에 대한 설명으로 적절하지 않은 것은?

① 상대를 존중하는 마음은 예절의 핵심이다.

② 음주나 흡연 등에 대한 강요도 직장 내 괴롭힘의 사례에 해당한다.

③ 존중의 자세는 일상에서의 말과 행동 모두에 반영되어 있다.

④ 한국의 기업문화는 공동체의 단합이 필요하므로 개인의 다양성이 희생되는 것은 불가피하게 생각해야 한다.

⑤ 존중은 자기 자신뿐만 아니라 다른 사람도 소중히 여기고 그 권리를 배려해 주는 자세이다.

1회 기출예상 / 2회 기출예상 / 3회 기출예상 / 4회 기출예상 / 5회 기출예상 / 6회 기출예상 / 7회 기출예상 / 8회 기출예상 / 인성검사 / 면접가이드

39. 다음은 어느 회사 취업규칙의 일부이다. 이와 관련된 공동체윤리에 대한 설명으로 적절한 것은?

제9장 직장 내 괴롭힘 예방 및 금지

제56조 (직장 내 괴롭힘 행위의 금지) ① 직장 내 괴롭힘이란 임·직원이 직장에서의 직위 또는 관행 등의 우위를 이용하여 업무상 적정범위를 넘어 다른 직원에게 신체적·정신적 고통을 주거나 근무환경을 악화시키는 행위를 말한다.

② 직원은 다른 직원뿐 아니라 협력사 직원에 대하여도 직장 내 괴롭힘 행위를 하여서는 아니 된다.

제57조 (금지되는 직장 내 괴롭힘 행위) 회사에서 금지되는 직장 내 괴롭힘 행위는 다음 각호와 같다.

1. 신체에 대하여 폭행하거나 협박하는 행위
2. 지속·반복적인 욕설이나 폭언
3. 다른 직원들 앞에서 또는 온라인상에서 모욕감을 주거나 개인사에 대한 소문을 퍼트리는 등 명예를 훼손하는 행위
4. 합리적 이유 없이 반복적으로 개인 심부름 등 사적인 용무를 지시하는 행위
5. 합리적 이유 없이 업무능력이나 성과를 인정하지 않거나 조롱하는 행위
6. 집단적으로 괴롭히거나, 정당한 이유 없이 업무와 관련된 중요한 정보제공 또는 의사결정 과정에서 방해하거나 배제하는 행위
7. 합당한 이유 없이 상당기간 동안 근로계약서 등에 명시되어 있는 업무와 무관한 일을 지시하거나 근로계약서 등에 명시되어 있는 업무와 무관한 허드렛일만 시키는 행위
8. 정당한 사유 없이 상당기간 동안 일을 거의 주지 않는 행위
9. 그 외에 업무의 적정범위를 넘어 직원에게 신체적·정신적 고통을 주거나 근무환경을 악화시키는 행위

---

① 예절의 핵심 정신이 결여된 현재 우리 사회의 현실을 반영하는 규정이다.

② 단합을 중시하는 기업에서 직장 내 괴롭힘이 발생할 수 있으나 업무 효율은 향상된다.

③ 해당 공동체 윤리는 문화권과 관계없이 보편적인 형식을 갖는다.

④ 상대를 존중하는 마음이 없어도 겉으로 드러나는 것만 신경쓰면 된다.

⑤ 사회적으로 비난받는 행위를 하더라도 동료, 상하, 거래처 간에 존중과 신뢰를 쌓도록 노력해야 한다.

40. 다음 글에서 등장하는 근로윤리 ㉠에 대한 설명으로 적절하지 않은 것은?

> K 레스토랑 체인의 이달의 직원상에는 한 달 동안 하루도 빠짐없이 출근한 직원 김 씨와 박 씨가 선정되었다. ㉠근면함을 보여 회사로부터 헌신을 인정받은 두 직원에게 솔직한 인터뷰를 요청해 보았다.
>
> "이런 얘기를 해도 될지 모르겠지만 사실 하루하루 출근하는 게 힘들긴 합니다." 직원 김 씨로부터 의외의 답변이 나왔다. "저는 요리를 잘하는 편도 아니고, 아시다시피 매일 화구 앞에서 하루 종일 서 있는다는 게 여간 어려운 일이 아니잖아요? 하지만 요리가 아니라고 해서 딱히 잘하는 일도 없을뿐더러, 따로 모아 놓은 돈도 없기 때문에 레스토랑 일을 쉽사리 그만둘 수 없어요. 어쩔 수 없이 출근하는 거죠. 하지만 일할 때에는 누구보다도 책임감을 가지고 열심히 합니다. 직원으로서 그래야 하는 게 당연하구요." 김 씨는 생활비를 충당하기 위해 오늘도 무거운 몸을 이끌고 식당에 출근한다. 하지만 주방에서의 그는 누구보다도 성실하고 전문적인 요리사이다.
>
> 다른 주방의 박 씨는 이른 새벽 레스토랑에서 인터뷰를 할 수 있었다. 업무 중에 따로 시간을 내기 어렵다는 이유에서였다. "개인적으로 개발 중인 메뉴가 있어서 요즘은 일찍 출근하고 있습니다." 지난달부터 박 씨는 새벽 4시에 출근해 요리 연습을 할 수 있도록 허락을 받았다고 한다. "힘들진 않아요. 제가 좋아서 하는 일이고, 제 실력을 키울 수 있는 기회가 생겼는데 피곤하다고 이를 놓칠 수는 없죠. 한 달 동안 쉬지 않고 일하면서 몸이 피곤했던 건 사실이지만 날로 성장하는 제 요리 실력을 보면 더욱 멈출 수 없다는 생각이 들어요. '나는 아직 배가 고프다'라는 말이 있잖아요? 지금 제 상황이 그렇습니다." 그의 눈에서 정상에 대한 욕구가 번뜩였다.

① 김 씨의 ㉠은 외부환경으로부터 영향을 받아 형성된 것이다.

② ㉠은 한국인들의 대표적인 이미지로 표현되며, 한국사회의 긍정적 부분을 강조한다.

③ ㉠은 과거의 어려움을 극복해 낸 경험을 통해 만들어지고, 지금의 문제를 해결할 수 있는 힘이 된다.

④ 박 씨는 ㉠을 통해 자신의 역량을 키워나가고, 명확한 자아를 찾아가는 과정을 진행 중이다.

⑤ ㉠은 목표한 바를 달성하는 것에 안주하지 않고, 늘 더 큰 목표를 수립하는 과정 속에서 만들어진다.

[01 ~ 02] 다음의 제시상황과 글을 읽고 이어지는 질문에 답하시오.

○○기관에서 실행하는 인구주택총조사 방문조사원 Q 씨는 관련 공지사항을 작성하고 있다.

〈20X0 인구주택총조사 방문조사 실시〉

● 방문조사 안내 : 20X0 인구주택총조사

● 20X0 인구주택총조사 개요
  • 연혁 : 인구총조사는 1925년, 주택총조사는 1960년 이후 매 5년마다 정기실시
  • 법적 근거 : 통계법 제5조의3, 지정통계(동법 제17조 제1항)
    ※ 인구총조사 : 지정통계 제101001호, 주택총조사 : 지정통계 제101002호
  • 조사기준 시점 : 20X0년 11월 1일 0시 현재
  • 조사대상 : 대한민국 영토 내에 상주하는 모든 내·외국인과 이들이 살고 있는 거처
  • 조사기간 : 인터넷조사 20X0. 10. 15. ~ 10. 31. / 방문조사 11. 1. ~ 11. 18.
  • 조사방법 : 전수조사 등록센서스, 표본조사(국민 20%)는 인터넷조사와 방문조사를 통한 직접 조사 실시(방문조사 기간에도 선택 가능)
    – 등록센서스 : 전국의 모든 가구를 직접 조사하지 않고 주민등록부와 건축물대장 등 공공데 이터를 이용해 인구, 가구, 주택에 대한 통계를 생산하는 조사 방법
  • 실시체계 : ○○기관(주관기관), 지방자치단체(실시기관)
  • 결과공표 : 전수(등록센서스) 20X1. 7. / 표본 20X1. 3. ~ 12.

● 조사내용
  • 인구이동 : 출생지, 1 ~ 5년 전 거주지, 통근·통학
  • 가족구조 변화 : 가구 구분, 1인 가구 사유, 혼자 산 기간, 반려동물
  • 안전한 사회 : 소방시설 보유 여부, 마시는 물 확보 여부
  • 외국인 : 국적, 입국연월

01. 다음 중 위 자료를 파악한 내용으로 적절하지 않은 것은?

① 인구주택총조사 시행의 법적 근거는 통계법으로 한다.

② 인구주택총조사의 방문조사는 총 18일간 진행된다.

③ 대한민국 영토 외에 상주하는 대한민국 국민은 조사 대상에 해당하지 않는다.

④ 지난 인구주택총조사의 방문조사 시에는 전자조사 방식을 사용하지 않았다.

⑤ 방문조사 대상은 방문조사 기간에도 비대면 조사를 선택할 수 있으며, 인터넷조사만 가능하다.

02. 다음은 조사원 Q 씨가 방문조사에서 회수한 인구주택총조사 조사표의 일부이다. ㉠ ~ ㉤ 중 그 내용이 적절하지 않은 것은?

20X0 인구주택총조사 조사표

조사원 : ㉠지방자치단체 조사원 Q
조사일자 : 20X0년 11월 1일

1. 가구 구분 : 이 가구는 어떻게 구성되어 있습니까?
❶ 1인 가구
② 가족만으로 이루어진 가구
③ 가족과 남이 함께 사는 가구
④ 남남이 함께 사는 가구

2. ㉡1인 가구 사유 : 부모, 배우자, 자녀 등과 떨어져 혼자 살고 있는 주된 이유는 무엇입니까?
❶ 본인의 직장 때문에(구직 포함)
② 본인의 학업 때문에
③ 본인의 독립생활을 위하여
④ 본인의 건강 때문에(요양 포함)
⑤ 가족이 학업, 취업, 혼인, 건강 등으로 타지에 거주하게 되어서
⑥ 가족과 사별

3. 혼자 산 기간 : 혼자 산 기간은 얼마나 되었습니까?
☐ 3 년 ☐ 2 개월

4. ㉢반려(애완)동물 : 이 가구에서 함께 반려(애완)동물을 키우고 있습니까?
① 있음 → ① 개 ② 고양이 ③ 기타
❷ 없음

5. 마시는 물 : 이 가구에서는 주로 어떤 물을 마십니까? (마시는 물의 종류가 두 가지 이상이거나 가구원별로 다른 경우에는 많이 마시는 한 가지에 표시합니다)
① 수돗물
❷ 생수
③ 기타

6. ㉣소방시설 보유 여부 : 이 가구 내에 소방시설이 있습니까?
▣ 소화기
❶ 있음 ② 없음

▣ 화재경보기
❶ 있음 ② 없음

조사결과 공표는 ㉤20X1년 7월 예정입니다. 협조에 감사드립니다.

---

① ㉠ ② ㉡ ③ ㉢
④ ㉣ ⑤ ㉤

[03 ~ 04] 다음 글을 읽고 이어지는 질문에 답하시오.

〈20X2년도 지능형 뿌리공정 시스템 구축 사업 공고〉

□ 지원대상

• 뿌리업종별 공정 문제해결을 목적으로, 공정 설비와 연계한 맞춤형 지능형 공정시스템의 기획 및 구축

　－ IoT, CPS 등 ICT기술이 적용된 설비를 기반으로 제어 및 모니터링 등이 적용된 솔루션 시스템 개발·실증, 공정설비 구입 및 개량, 솔루션 개발 및 구축, 인건비 등 지원

　－ 단, 지능형 뿌리공정 시스템에 반드시 필요한 핵심 설비가 아닌 양산 목적 설비 또는 단순 자동화 설비 구입은 지원 불가

　　㉐ PLC 교체, 센서 부착 등의 개선을 통한 기 보유 설비의 지능화

　－ 전사적 시스템 구축은 지원불가(MES, ERP, SCM 등)하나, 시스템 연계는 권장

□ 지원조건

• 지원금액 : 총 사업비의 50% 이내, 사업 당 최대 2억 원 이내

　－ 단, 추가 도입기관(뿌리기업) 1개사당 1억 원 이내 증액 가능

　－ 총 사업비 중 상기 예산에 따른 지원금을 제외한 비용은 컨소시엄 내 자체 부담

□ 선정방법

• 신청평가 : 업종별 전문가 평가위원회를 통한 서면평가 및 대면·현장평가

　－ 서면평가 및 대면평가를 통해 선정 후 현장평가를 통해 적합 여부 판단

□ 신청방법

• 신청기간 : 1월 29일 ~ 2월 28일 18:00까지

□ 지원 제외 사항

• 사업에 참여하는 자(주관/도입/공급기관, 기관별 각 대표자, 사업총괄책임자)가 다음 어느 하나에 해당하는 경우

　－ 접수마감일 현재 사업별 의무사항(각종 보고서 제출, 기술료 납부, 정산금 또는 환수금 납부 등)을 불이행하고 있는 경우

　－ 국가연구개발사업에 참여제한 중인 경우

• 사업에 참여하는 자(주관/도입/공급기관, 기관별 각 대표자, 사업총괄책임자)가 국세·지방세 체납자인 경우(과제 선정평가 개시 전까지 해소한 경우에는 예외)

　－ 다만, 중소기업지원기관 등으로부터 재창업 자금을 지원받은 기업 등 정부·공공기관으로부터 재기지원 필요성을 인정받은 기업, 중소기업 건강관리시스템 기업구조 개선진단을 통한 정상화 의결기업, 채권금융기관 협의회와 경영정상화계획 이행을 위한 약정을 체결한 기업은 예외

• 동일한 사업내용으로 국가연구개발사업 등 타 정부지원사업에 기지원 및 중복지원 받은 주관 · 공급기관

※ 지원 제외 사유에 해당하는지 여부는 접수마감일을 기준으로 판단하며, 선정된 이후라도 해당 사실이 발견되는 경우에는 선정 취소

□ 기타

• 6대 뿌리기술 : 주조, 금형, 소성가공, 용접, 표면처리, 열처리
• 도입기관의 사업 참여가 필수는 아니나, 다수의 도입기관이 사업 참여 시 우대
• 설비 공급기업, 솔루션 공급기업 각 1개사 이상으로 구성

03. 다음 중 위 자료를 읽고 이해한 내용으로 적절한 것은?

① 추가 도입기관 없이 총 사업비가 5억 원인 사업은 최대 2억 원을 지원받을 수 있다.
② 공급기관이 스마트 산단 소재 기업에 해당하는 경우 우대를 받을 수 있다.
③ 지원 제외 사항 해당 여부는 신청 서류 제출일 기준으로 판단한다.
④ 해당 사업의 선정 단위는 최소 4개 기업이다.
⑤ 지원기업의 공정 설비와 연계해 MES 등 맞춤형 지능형 공정 시스템 구축을 지원받을 수 있다.

04. 다음은 위 사업에 함께 지원할 컨소시엄 기업 선정을 위해 나눈 대화이다. 이 중 제시된 자료를 잘못 이해하고 있는 사원은?

> 갑 사원 : 우리 기업은 열처리 기술이 주 사업영역이니 주관기관으로 참여할 수 있겠어요.
> 을 사원 : A 기업이 도입기관으로 참여할 의사를 밝혀왔는데, 도입기관이 사업에 많이 참여할 수록 우대를 받을 수 있다고 하네요.
> 병 사원 : 표면처리 기술을 가진 B 기업에도 물어보는 게 어떨까요?
> 을 사원 : B 기업은 지금 금융 관련 채무불이행 상태라서 지원이 불가능하지 않아요?
> 정 사원 : B 기업이 최근 중소기업지원기관과 경영정상화 약정을 체결해서 괜찮을 것 같습니다.
> 무 사원 : 오늘이 2월 15일이니까 신청기간이 2주도 안 남았네요. 서둘러서 신청서류를 작성하도록 합시다.

① 갑 사원   ② 을 사원   ③ 병 사원
④ 정 사원   ⑤ 무 사원

[05 ~ 06] 다음 제시상황과 자료를 바탕으로 이어지는 질문에 답하시오.

○○회사 김 대리는 △△시 온라인쇼핑 음식서비스 이용인원에 대한 자료를 열람하고 있다.

〈2022년 1분기(1 ~ 3월) △△시 온라인쇼핑 음식서비스 이용인원〉

• 지역구별 이용인원

(단위 : 명)

구분		계	1월	2월	3월
지역구	합계(A ~ I 구)	484,541	294,455	94,566	95,520
	A 구	14,741	4,455	4,666	5,620
	B 구	148,700	92,000	28,200	28,500
	C 구	56,600	35,000	10,700	10,900
	D 구	53,200	33,000	10,100	10,100
	E 구	68,200	42,000	13,100	13,100
	F 구	㉠	22,000	6,800	6,800
	G 구	76,600	47,000	15,000	14,600
	H 구	21,100	13,000	4,100	4,000
	I 구	9,800	6,000	1,900	1,900

• A 구 주요 동별 이용인원

(단위 : 명)

지역구	동	계	1월	2월	3월
A구	가동	2,790	800	890	1,100
	나동	1,340	420	420	500
	다동	2,266	680	706	880
	라동	1,647	507	540	600
	마동	㉡	400	470	500
	바동	707	217	220	270

05. 다음 중 김 대리가 위 자료를 이해한 내용으로 적절하지 않은 것은?

① 2022년 1분기에 이용인원이 지속적으로 감소한 지역구는 2개이다.

② A 구의 가 ~ 바동 중 1월과 2월의 이용인원 상위 4개 동은 동일하다.

③ A 구의 가 ~ 바동 중 1분기에 이용인원이 지속적으로 증가한 동은 5개이다.

④ 1월에 이용인원이 가장 많은 지역구의 이용인원은 이용인원이 가장 적은 지역구 이용인원의 20배 이상이다.

⑤ 2022년 1분기 I 구 이용인원은 해당 기간 전체 이용인원의 2% 이상을 차지한다.

06. 다음 중 ㉠, ㉡에 들어갈 값으로 올바른 것은?

	㉠	㉡		㉠	㉡		㉠	㉡
①	35,600	1,370	②	35,600	1,470	③	35,600	1,570
④	36,600	1,370	⑤	36,600	1,570			

[07 ~ 08] 다음 제시상황과 자료를 바탕으로 이어지는 질문에 답하시오.

○○공사 황 대리는 20X1년 회계결산표를 열람하고 있다.

〈20X1년 회계결산〉

(단위 : 억 원)

자산				부채 및 자본			
구분	20X1년 말 (A)	20X0년 말 (B)	증감 (A-B)	구분	20X1년 말 (C)	20X0년 말 (D)	증감 (C-D)
자산계	131,990	130,776	1,214	부채·자본계	131,990	132,424	-434
유동자산	2,397	1,198	1,199	부채	46,455	51,201	-4,746
당좌자산	1,813	584	㉠	유동부채	9,075	10,400	-1,325
재고자산	584	614	-30	비유동부채	37,380	40,801	㉡
비유동자산	129,593	129,578	15	자본	85,535	81,223	4,312
투자자산	757	807	-50	자본금	206,769	196,592	10,177
유형자산	127,622	127,560	㉢	기타포괄손익누계액	28,313	㉣	0
무형자산	1,089	1,096	-7				
기타비유동자산	125	115	10	결손금	-149,547	-143,682	㉤

수익				비용			
구분	20X1년 말 (E)	20X0년 말 (F)	증감 (E-F)	구분	20X1년 말 (G)	20X0년 말 (H)	증감 (G-H)
수익계	20,550	21,549	-999	비용계	26,415	26,938	-523
영업수익	20,046	19,865	181	영업비용	25,370	25,187	183
영업외수익	504	1,684	-1,180	영업외비용	1,045	1,751	-706
이자수익	24	64	-40	이자비용	578	623	-45
자산수증이익	136	1,240	-1,104	잡손실 등	467	1,128	-661
당이익 등	344	380	-36	당기순이익 (손실)	-5,865	-5,389	-476

07. 다음 중 위 자료의 ㉠ ~ ㉢에 들어갈 수치로 옳지 않은 것은?

① ㉠ : 1,229　　　　② ㉡ : −3,421　　　　③ ㉢ : 62

④ ㉣ : 28,313　　　　⑤ ㉤ : −5,855

08. 위 자료를 보고 김 과장과 황 대리가 다음과 같은 대화를 나누었을 때, (가) ~ (다)에 들어갈 수치가 바르게 짝지어진 것은? (단, 소수점 아래 둘째 자리에서 반올림한다)

> 김 과장 : 황 대리, 20X1년 회계결산에서 인상적인 부분이 있었나요?
>
> 황 대리 : 네. 영업외수익 부분이 눈에 띄었습니다. 20X1년 말 기준으로 전체 영업외수익이 전년 대비 (가)% 감소했더라고요. 그중에서도 자산수증이익이 (나)% 감소한 것이 전체 영업외수익 감소에 큰 영향을 준 것 같습니다. 이 밖에도 전체 영업외비용이 전년 대비 (다)% 감소한 것 역시 주목해 볼 사항이라고 생각합니다.

	(가)	(나)	(다)		(가)	(나)	(다)
①	68.1	89.0	39.3	②	68.1	92.0	40.3
③	70.1	89.0	39.3	④	70.1	89.0	40.3
⑤	70.1	92.0	40.3				

[09 ~ 10] 다음 글을 읽고 이어지는 질문에 답하시오.

<〈방방곡곡 문화공감 사업〉>

□ 사업목적
- 문예회관의 시설 특성 등을 활용, 전국 방방곡곡 지역 주민에게 다양한 문화예술프로그램을 제공함으로써 문화 향유권 신장 및 문화 양극화 해소에 기여
- 지역 특성에 맞는 자생적 공연 창작 · 유통 역량 강화를 통해 지역 문화 예술 수준 제고 및 지역 문예회관의 운영 활성화에 기여

□ 사업개요
- 사업기간 : 20X1년 1 ~ 12월
- 시행 및 주최 : 한국문화예술회관연합회
- 지원대상 : 전국 문예회관
- 사업내용

지원유형	주요내용
민간예술단체 우수공연프로그램	작품성 및 대중성 등에서 검증된 민간예술단체의 우수공연 프로그램을 선정 후, 문예회관에서 유치한 우수공연에 대해 초청경비 일부 지원
국공립예술단체 우수공연프로그램	국공립예술단체의 전막공연 등 우수공연 프로그램을 선정하여 지역문예회관에서 유치한 우수공연에 대해 초청경비 일부 지원
문예회관 기획 · 제작프로그램	문예회관을 중심축으로 지역 예술단체 및 주민 등이 참여하여 지역문화의 특성을 반영할 수 있는 프로그램을 기획 · 제작 운영할 수 있도록 경비 일부 지원
문예회관 · 예술단체 공연콘텐츠 공동제작 · 배급	신규 발굴 또는 예술단체가 보유하고 있는 공연콘텐츠를 다수의 문예회관이 참여하여 공동제작 · 배급될 수 있도록 개최경비 지원
문예회관 – 예술단체 교류협력 프로그램 (구. 지역아트페스티벌)	문예회관, 예술단체 간 소통 및 교류 기회 제공 등 공연예술 유통 활성화를 위해 아트마켓, 포럼, 공연 개최 등 네트워킹 지원 강화

- 지원비율

지원유형	지원대상		지원비율	기관부담률
민간예술단체 우수공연프로그램	운영주체	광역시 및 도립	50%	50%
	문예회관 소재지	시 · 군 · 구 재정자립도 20% 이상	60%	40%
		시 · 군 · 구 재정자립도 20% 미만	70%	30%

국공립예술단체 우수공연프로그램	운영주체	광역시 및 도립	40%	60%
	문예회관 소재지	시·군·구 재정자립도 20% 이상	50%	50%
		시·군·구 재정자립도 20% 미만	60%	40%
문예회관 기획·제작프로그램	프로그램 특성에 따라 선정심사 시 지원 금액 결정 ※ 단, 한국문화예술회관연합회의 부담금 비율은 최대 30%로 책정			
문예회관·예술단체 공연콘텐츠 공동제작·배급	신규 발굴		40%	60%
	보유 콘텐츠		20%	80%
문예회관-예술단체 교류협력프로그램 (구. 지역아트페스티벌)	아트마켓, 포럼, 공연 개최 등		30%	70%

09. 다음 중 위 자료를 이해한 내용으로 적절하지 않은 것은?

① 문예회관-예술단체 교류협력프로그램은 지원유형의 이름이 변경되었다.
② 해당 사업의 지원비용에는 기관부담률이 존재한다.
③ 해당 사업은 전국 문예회관을 대상으로 한국문화예술회관연합회가 주최 및 시행한다.
④ 우수공연에 대해 초청경비를 지원해 주는 것은 민간예술단체, 국공립예술단체 우수공연프로그램이다.
⑤ 공연콘텐츠 공동제작·배급 관련 개최경비 지원을 받기 위해서는 새로운 공연콘텐츠를 만들어야 한다.

10. 다음 중 〈보기〉의 기관에 대한 지원비율이 가장 높은 사업은?

> 보기

A 구 문예회관
- A 구의 재정자립도 : 25%
- 공연콘텐츠 공동제작·배급 사업에 참여할 경우 신규 콘텐츠 발굴 예정

① 민간예술단체 우수공연프로그램
② 문예회관 기획·제작프로그램
③ 문예회관-예술단체 교류협력프로그램
④ 국공립예술단체 우수공연프로그램
⑤ 문예회관·예술단체 공연콘텐츠 공동제작·배급

[11 ~ 12] 다음 글을 읽고 이어지는 질문에 답하시오.

〈영업비밀 유출 디지털포렌식 사업 공고문〉

1. 사업개요

영업비밀 유출로 피해를 입은 중소기업이 법적·경제적으로 재기할 수 있도록 디지털 증거 수집·분석에 필요한 디지털포렌식 기술을 지원

2. 지원대상

영업비밀 유출 피해가 의심되어 증거 확보가 필요한 중소기업(상시 직원 수 300명 이하)

3. 신청기간

20X1. 01. 19. ~ 20X1. 04. 30.

※ 단, 90개 기업이 신청한 경우 조기 마감될 수 있음.

4. 지원내용

구분	주요내용
디지털 증거 수집	적법한 심사에 따라 ○○청이 영업비밀 유출과 관련된 디지털 증거 수집
디지털 증거 분석	영업비밀 유출 피해 입증과 관련된 디지털 증거자료 분석 후 분석 결과를 민간기관에 교차 검증 실시
영업비밀 유출 피해 상담	○○청-기업 간 영업비밀 유출피해에 대한 법적 수사 가능성을 논의하고, 디지털 포렌식 지원 가능 범위를 협의

5. 지원절차

신청 접수	▶	사전 준비	▶	증거 수집	▶	증거 분석	▶	결과 제공
신청서 접수 후 영업비밀 유출피해 상담 실시		법률 검토, 조사대상 확인, 지원계획 수립		증거 수집 후 기업에 증거물 수집 확인서 교부		영업비밀 유출행위 분석		기업에 분석 보고서 전달

6. 신청 방법

① 홈페이지 신청(https://www.xxx.or.kr) 혹은 대표메일 접수(abc_help@xxx.or.kr)

② 서면을 통한 직접 제출

11. 다음 중 위 자료를 이해한 내용으로 적절하지 않은 것은?

① ○○청은 증거를 수집한 후 이와 관련된 확인서를 기업에 교부한다.

② 유출피해 기업에 대한 지원은 크게 5단계에 걸쳐 진행된다.

③ 디지털포렌식 사업은 홈페이지 외에도 다양한 방법을 통해 신청 가능하다.

④ ○○청은 사업에 참여한 기업과 영업비밀 유출피해 상담을 실시한다.

⑤ 디지털 증거 분석 중에는 공공기관과 협력하여 해당 분석 결과에 대한 교차 검증을 실시한다.

12. 다음의 사업 참가 신청서가 반려된 이유를 적절하게 추론한 것은?

(서면 제출용) 영업비밀 유출 디지털포렌식 사업 참가 신청서			
신청기업명	Y 기업	기업분류	중소기업(상시 직원 13명)
신청서 작성일자 (Y 기업)	20X1. 03. 20.	신청서 수정일자 (○○청)	20X1. 03. 25.
신청사유	협력사측에서 디스플레이 제조 관련 영업비밀을 유출한 것으로 의심되나, 이를 입증하지 못해 디지털포렌식 역량을 갖춘 ○○청의 도움이 필요한 상황		

① ○○청이 사업 신청기간 내에 신청서를 수령하지 못하였다.

② Y 기업의 기업분류가 본 사업의 지원대상 요건을 충족하지 않는다.

③ 사업을 신청한 기업들의 수가 많아 신청 기업 모집이 조기 마감되었다.

④ Y 기업은 영업비밀 유출이 의심되지 않는 상황이므로 사업 신청이 불가하다.

⑤ 신청서 제출 시 본 사업에서 요구하는 신청 방법을 따르지 않았다.

[13 ~ 15] 다음 자료를 바탕으로 이어지는 질문에 답하시오.

부서	전산 ▼		이름	K ▼

근무일자	근무시간(출근-퇴근)	외출(외출-복귀)	비고
20X9. 02. 02.	12:00 ~ 22:00	−	
20X9. 02. 03.	08:00 ~ 20:00	−	
20X9. 02. 04.	09:00 ~ 23:00	20:00 ~ 22:00	
20X9. 02. 05.	09:00 ~ 18:00	13:00 ~ 18:00	교육(외출)
20X9. 02. 06.	09:00 ~ ㉠	−	
20X9. 02. 07.	−	−	일요일
20X9. 02. 08.	10:00 ~ 17:00	−	
20X9. 02. 09.	11:00 ~ 21:00	−	
20X9. 02. 10.	09:00 ~ 19:30	−	
20X9. 02. 11.	11:30 ~ 21:00	−	당직
20X9. 02. 12.	10:00 ~ 20:00	−	
20X9. 02. 13.	15:00 ~ 17:00	−	
20X9. 02. 14.	−	−	일요일
20X9. 02. 15.	09:00 ~ 21:00	−	

〈비고 유형〉

일요일	휴일
훈련	기본 근무 인정
교육	기본 근무 인정
출장	기본 근무 인정
당직	추가수당 지급

〈벌점 제도〉

3점 이상	추가수당 10% 감봉
5점 이상	추가수당 20% 감봉
10점 이상	추가수당 30% 감봉

◆ 근태 규정

1. 법정근로시간은 하루에 최대 8시간으로 정한다.
2. 12시 ~ 13시는 중식, 18시 ~ 18시 30분은 석식시간으로 근무시간에서 제외한다.
3. 출퇴근 시각 및 일일 근무시간은 개인 재량에 맡기되, 한 주당(월 ~ 일) 법정근로시간 40시간과 연장근로시간 12시간을 합친 52시간을 초과하지 않도록 한다.

4. 연장근로 30분당 10,000원, 1시간당 20,000원을 추가수당으로 지급한다.

5. 본 근무시간 내 13시 ~ 17시를 코어타임(필수근무시간)으로 지정한다.

6. 한 사유 없이 코어타임에 자리를 비울 경우 시간당 벌점 1점을 부과한다.

7. 수당과 벌점은 1주일 단위로 계산한다.

8. 당직의 경우 연장근로에 포함되지 않으며 추가수당 80,000원이 지급된다.

13. 다음 중 위 자료를 이해한 내용으로 적절하지 않은 것은?

① 출퇴근 시각은 자율이며 주간 법정근로시간과 연장근로시간 제한만 지키면 된다.

② 일요일은 기본적으로 근로하지 않는다.

③ 특별한 사유가 없다면 일일 근무시간에서 제외 가능한 시간은 최대 1시간 30분이다.

④ 벌점에 의한 감봉은 기본급에는 영향을 주지 않는다.

⑤ 외출하더라도 사유에 따라서 근무한 것으로 인정될 수 있다.

14. 20X9년 2월 1일의 일일 근태 기록이 다음 〈보기〉와 같을 때, 위 자료의 ㉠에 들어갈 시각으로 옳은 것은?

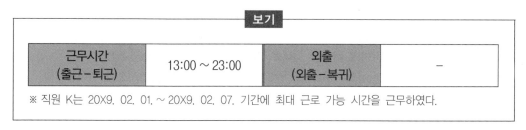

보기			
근무시간 (출근-퇴근)	13:00 ~ 23:00	외출 (외출-복귀)	-

※ 직원 K는 20X9. 02. 01. ~ 20X9. 02. 07. 기간에 최대 근로 가능 시간을 근무하였다.

① 12:00 ② 15:00 ③ 18:00
④ 21:00 ⑤ 23:00

15. 20X9년 2월 8일부터 14일까지의 근로에 대하여 지급받는 추가수당의 금액은?

① 84,000원 ② 96,000원 ③ 108,000원
④ 120,000원 ⑤ 216,000원

16. 다음은 서울교통공사의 미션, 비전, 경영목표, KPI에 대한 경영기획팀 직원들의 대화 내용이다. 가장 적절하지 못한 발언을 한 직원은?

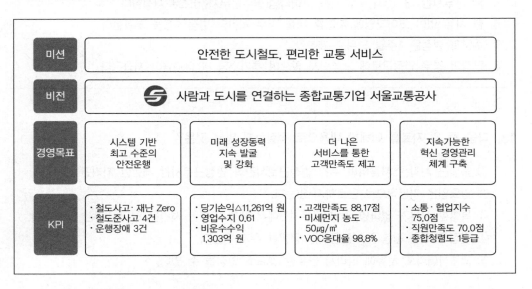

| 미션 | 안전한 도시철도, 편리한 교통 서비스 | | | |

| 비전 | 사람과 도시를 연결하는 종합교통기업 서울교통공사 | | | |

| 경영목표 | 시스템 기반 최고 수준의 안전운행 | 미래 성장동력 지속 발굴 및 강화 | 더 나은 서비스를 통한 고객만족도 제고 | 지속가능한 혁신 경영관리 체계 구축 |

| KPI | · 철도사고·재난 Zero
· 철도준사고 4건
· 운행장애 3건 | · 당기손익△11,261억 원
· 영업수지 0.61
· 비운수수익 1,303억 원 | · 고객만족도 88.17점
· 미세먼지 농도 50㎍/㎥
· VOC응대율 98.8% | · 소통·협업지수 75.0점
· 직원만족도 70.0점
· 종합청렴도 1등급 |

> 김 팀장 : 미션은 '언제까지 어떠한 회사가 된다'라는 것으로 기업의 궁극적인 도달목표, 미래 모습 등을 나타내는 것이며, 비전은 기업의 존재 이유로 기업이 생존하여 어떠한 사업을 영위하는 한 변하지 않는 최고의 목적 내지 가치를 의미합니다.
>
> 박 과장 : 미션과 비전을 기반으로 경영목표가 도출될 수 있습니다.
>
> 이 대리 : 효과적인 비전은 개인이 변화에 동참하도록 동기를 부여할 수 있습니다.
>
> 안 주임 : 오랜 기간 장수하는 경쟁력을 가진 기업들은 이윤 추구 외에 의미 있는 목적, 가치, 철학을 미션과 비전의 형태로 가지고 있는 경우가 많습니다.
>
> 최 사원 : KPI는 Key Performance Indicator의 약어로 핵심성과지표를 의미합니다.

① 김 팀장　　　　② 박 과장　　　　③ 이 대리
④ 안 주임　　　　⑤ 최 사원

[17 ~ 20] 다음 글을 읽고 이어지는 질문에 답하시오.

관리부 직원 박상철 씨는 다음 전산 시스템의 모니터링 및 관리 업무를 하고 있다.

〈시스템 오류 모니터링 화면 항목 및 세부사항〉

항목	세부사항		
ErrorAlert #○ □	Code, Hazard, Weight를 알려줌.	– # : Code(산출 코드) – ○ : Hazard(위험도) – □ : Weight(가중치)	
Error Value	Hazard와 Weight를 이용하여 산출	Code가 대문자	Hazard×Weight×2
		Code가 소문자	Hazard×Weight
Result Value	산출된 Error Value의 총합		

〈시스템 판단 기준 및 입력 코드〉

시스템 상태*	판단 기준	입력 코드
안전	Result Value가 0 이하	Whit3
주의	Result Value가 0 초과 20 이하	0reen
경고	Result Value가 20 초과 40 이하	7ello
위험	Result Value가 40 초과 50 이하	M8nta
정지	Result Value가 50 초과	8lack

* 시스템 상태는 '안전'이 제일 낮은 등급이고, '주의, 경고, 위험, 정지' 순으로 높아진다.

시스템 모니터링 및 관리 업무 예시

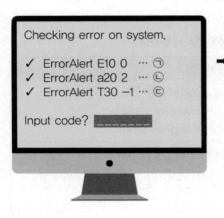

Checking error on system.

✓ ErrorAlert E10 0 ··· ㉠
✓ ErrorAlert a20 2 ··· ㉡
✓ ErrorAlert T30 −1 ··· ㉢

Input code? _____

[절차 1] 시스템 항목의 해석
㉠ Code가 대문자(E) : Hazard(10)×Weight(0)×2 =0
㉡ Code가 소문자(a) : Hazard(20)×Weight(2)=40
㉢ Code가 대문자(T) : Hazard(30)×Weight(−1)× 2=−60
Result Value : 0+40+(−60)=−20

[절차 2] 시스템 상태 판정 및 코드 산출 후 입력
Result Value(−20)가 0 이하이므로 시스템 상태는 '안전', 입력 코드는 'Whit3'

17. 다음 중 위 자료에 대한 설명으로 적절하지 않은 것은?

① Weight는 숫자로 이루어져 있다.
② 입력 코드는 영문과 숫자로 이루어져 있다.
③ 산출 코드에 따라 Error Value의 산출식이 달라진다.
④ 시스템 상태에서 '정지'가 가장 낮은 등급이다.
⑤ 산출된 Error Value의 총합이 음수일 경우 시스템 상태는 '안전'이다.

18. 다음 화면에서 박상철 씨가 입력할 코드는?

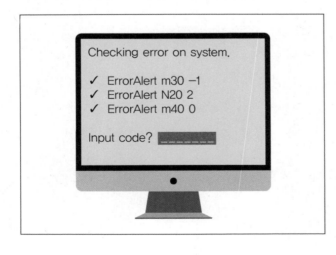

Checking error on system.

✓ ErrorAlert m30 −1
✓ ErrorAlert N20 2
✓ ErrorAlert m40 0

Input code? _____

① Whit3
② 0reen
③ 7ello
④ M8nta
⑤ 8lack

19. 다음 화면에서 박상철 씨가 입력할 코드는?

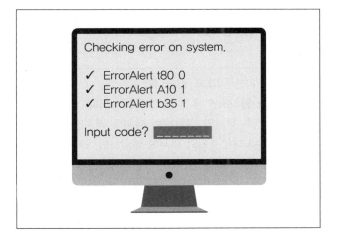

① Whit3
② 0reen
③ 7ello
④ M8nta
⑤ 8lack

20. 다음 화면에서 박상철 씨가 입력할 코드는?

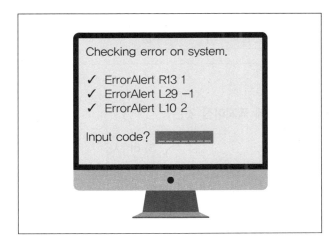

① Whit3
② 0reen
③ 7ello
④ M8nta
⑤ 8lack

[21 ~ 23] 다음의 제시상황과 글을 읽고 이어지는 질문에 답하시오.

인사팀 대리 K는 신입사원들을 두 명씩 생산팀, 홍보팀, 영업팀, 인사팀에 배치하려고 한다.

신입사원을 배치할 때 순서는 아래와 같습니다.
1. 연수 부서와 희망 부서가 일치하면 우선 배치합니다. 이때, 희망 부서의 지망 순서는 무관하게 연수 부서와 일치하는 부서로 배치합니다.
2. 직원 평가 점수가 높은 순서대로 1지망 부서에 배치하되, 각 부서에 2명이 초과되는 경우에는 2지망 부서, 남는 부서 순서대로 배치합니다.

기준 신입사원	직원 평가 점수	연수 부서	희망 부서 (1지망)	희망 부서 (2지망)
가	4점	총무팀	영업팀	총무팀
나	3점	영업팀	총무팀	영업팀
다	1점	총무팀	영업팀	홍보팀
라	4점	홍보팀	총무팀	생산팀
마	5점	생산팀	영업팀	홍보팀
바	3점	홍보팀	생산팀	총무팀
사	3점	영업팀	생산팀	총무팀
아	2점	생산팀	총무팀	영업팀

21. 다음 중 생산팀에 배치되는 사원으로 바르게 짝지어진 것은?

① 가, 나 　　② 가, 바 　　③ 바, 사
④ 바, 아 　　⑤ 사, 아

22. 다음 중 1지망과 2지망을 통틀어 희망 부서에 배치되지 못하는 사원은?

① 다 　　② 라 　　③ 마
④ 사 　　⑤ 아

23. 기존의 신입사원 배치 기준에서 연수 부서 기준이 삭제되고 직원 평가 점수로만 부서를 배치하게 되었다. 다음 중 영업팀에 배치되는 사원으로 바르게 짝지어진 것은?

① 가, 마   ② 가, 아   ③ 나, 마

④ 다, 아   ⑤ 사, 마

24. 다음은 자원의 특징과 낭비요인에 대한 글이다. 빈칸 ㉠, ㉡에 들어갈 가장 알맞은 용어는?

> 직장 생활에서 시간, 예산, 물적자원, 인적자원 등의 자원 가운데 무엇이 얼마나 필요한지를 확인하고, 이용 가능한 자원을 최대한 수집하여 실제 업무에 어떻게 활용할 것인가를 계획하며, 계획대로 업무수행에 이를 할당할 수 있어야 한다.
> 자원은 (㉠)을/를 지니고 있기 때문에 자원을 적정히 분배하여 관리하고 최대한 활용해야 한다. 자원의 낭비요인은 비계획적인 행동, (㉡) 추구, 자원에 대한 인식 부재, 노하우 부족 등을 들 수 있다.

	㉠	㉡		㉠	㉡
①	무한성	차별성	②	내구성	편리성
③	보존성	가용성	④	대중성	타당성
⑤	유한성	편리성			

[25 ~ 26] 다음의 제시상황과 글을 읽고 이어지는 질문에 답하시오.

사원 J는 선로점검내규 중 일부를 숙지하고 있다.

〈선로의 주기별 점검표〉

구분	추진항목	세부내용	점검주기	점검가능일정(월)												비고
				1	2	3	4	5	6	7	8	9	10	11	12	
승차점검	열차순회		주간	○	○	○	○	○	○	○	○	○	○	○	○	1주에 1회 시행
정기점검	선로순회		분기	○			○			○			○			
	궤도틀림	본선*	분기	○			○			○			○			
		분기기**	분기		○			○			○			○		
재료점검	침목 점검		연간							○						
	도상		반기		○								○			
	레일 초음파 탐상	본선	반기		○								○			
		분기기	반기			○								○		
	레일마모	곡선 반경이 600m 이하인 본선	반기				○					○				
		분기기 및 기타 구간	연간										○			
	이음매부 점검		연간									○				
	도유기		분기		○				○			○			○	

✓ 추진항목과 세부내용이 구분되지 않은 점검 항목은 본선 및 분기기에 동시 적용되는 것으로 간주한다.

✓ 각 점검 항목은 점검가능일정에 해당하는 월에만 실시할 수 있다.

✓ 각 점검 항목의 점검가능일정에 해당되는 월이 겹칠 경우 동시에 실시할 수 있다.

✓ 주간점검을 제외한 모든 점검들은 해당 시행 월을 같은 일자에 일제히 실시하며, 점검 간격과 관계없이 점검시행 월의 다음 달 1일이 도래하면 1개월이 지난 것으로 본다.

＊ 열차운행에 사용할 목적으로 설치한 선로

＊＊ 열차를 한 궤도에서 다른 궤도로 이동시키기 위하여 궤도상에 설치한 설비

> **〈선로 점검 규정〉**
>
> **제31조(유지·보수한 선로의 검사 및 시운전)**
>
> 기술책임자는 선로 점검을 다음 사항에 대하여 시행한 뒤 선로 사용이 가능하다.
>
> 1. 임시 사용중지 중인 시설의 유지보수를 행한 경우
>   - 대상 : 레일 초음파 탐상, 침목 점검, 도상, 이음매부 점검
> 2. 철도사고 등으로 인한 특수한 유지보수를 시행한 경우
>   - 대상 : 궤도틀림, 선로순회, 레일 초음파 탐상, 침목 점검, 도상, 이음매부 점검
> 3. 그밖에 철도시설의 안전성능과 관련된 유지보수 등 시험운전을 필요로 하는 유지보수를 시행한 경우
>   - 대상 : 궤도틀림, 열차순회, 선로순회, 레일 초음파 탐상, 레일마모, 도상, 이음매부 점검

25. 다음 중 사원 J가 팀장 U의 질문에 대하여 대답할 내용으로 적절한 것은?

팀장 U

> 지난 5월 말에 발생한 철도사고 이후에 특수 유지보수를 시행한 분기기의 사용 재개를 위한 점검이 필요해 보입니다. 규정상 해당 본선에 요구되는 점검 항목이 있을 텐데, 6월부터 점검을 시작한다면 모든 항목에 대하여 최소 1회 점검이 완료되는 월은 언제일까요?

① 8월   ② 9월   ③ 10월

④ 11월   ⑤ 12월

26. 사원 J는 1년 중 본선에 대한 정기점검 및 재료점검의 모든 항목을 점검하려 한다. 다음 중 관련된 모든 항목이 적어도 한 번씩 점검되는 데 소요되는 최소 기간의 시작 월은?

① 7월   ② 8월   ③ 9월

④ 10월   ⑤ 12월

27. 다음 중 기술 또는 기술능력에 대한 설명으로 적절하지 않은 것은?

① 기술은 물리적인 것뿐만 아니라 사회적인 것으로서 지적인 도구를 특정한 목적에 사용하는 것이다.

② 기술은 인간이 주위환경에 대한 통제를 확대시키는 데 필요한 지식의 적용이다.

③ 기술은 제품이나 용역을 생산하는 원료, 생상공정, 생산방법, 자본재 등에 관한 지식의 집합체이다.

④ 기술능력은 직장에 근무하기 위해 일부 소수의 사람들이 필요로 하는 능력으로, 인문교양이라고도 한다.

⑤ 기술능력은 크게 기술이해능력과 기술선택능력 및 기술적응능력으로 구성된다.

28. 다음 중 산업재해에 대한 설명으로 적절하지 않은 것은?

① 산업재해는 근로자가 업무에 관계되는 설비, 가스, 중기, 분진 등에 의하거나 작업 또는 그 밖의 업무로 인하여 사망 또는 부상을 입거나 질병에 걸리는 경우를 말한다.

② 산업재해는 건설현장에서 오래 근무하면서 생긴 허리디스크나 기타 질병 같은 경우는 포함하지 않는다.

③ 산업재해는 업무 중에 발생한 재해뿐만 아니라 통근 중 발생한 재해도 포함한다.

④ 업무상 재해가 발생하면 해당 사업주는 근로자에게 요양비용 및 휴업 중의 임금 등에 관한 보상 책임을 지게 된다.

⑤ 사업주뿐만 아니라 산업재해를 발생시킨 것으로 간주되는 자는 경찰에 의한 수사를 거쳐 산업안전보건법에 따라 처벌받을 수 있다.

29. 다음 글을 참고할 때, 올바른 거절 방법으로 적절하지 않은 것은?

> 전국 직장인 2천 명을 대상으로 착한 아이 콤플렉스에 대한 설문조사를 실시한 결과 응답자의 약 83.9%가 착한 아이 콤플렉스로 인해 거절이 어렵다고 밝혔다. 이들 중 약 84.2%는 직장에서 착한 아이 콤플렉스를 경험했다고 답했는데, 그 상황으로는 '동료의 부탁을 거절하지 못할 때', '상사의 무리한 주문에 싫은 티를 내지 못할 때' 등이 언급되었다. 직장인들은 착한 아이 콤플렉스에 대해 사회생활에서 피할 수 없다는 태도를 보였으며 착한 아이 콤플렉스를 갖는 이유로는 '누구에게나 좋은 사람으로 기억되고 싶어서', '작은 것 하나로 평가되는 사회 분위기 때문', '소심한 성격 때문에 거절을 못해서', '나에 대한 사람들의 뒷담화가 두려워서'라고 응답하였다.

① 거절함으로써 발생될 문제들과 자신이 그 일을 수락했을 때의 기회비용을 따져본다.

② 거절을 할 때에는 분명한 이유가 있어야 한다.

③ 상대방이 부탁할 때에는 주의를 기울여 문제의 본질을 파악한다.

④ 무작정 거절 의사만 밝히기보다는 대안을 함께 제시한다.

⑤ 거절의 의사결정 전에 신중하게 고민하는 시간을 충분히 가진다.

30. 〈보기〉는 자기관리 모범사례의 발표 내용이다. ㉠ ～ ㉤ 중 적절하지 않은 것은?

보기

> 제가 자기관리의 모범사례로 뽑힌 이유는 자기관리의 과정과 그 법칙을 잘 지켜 수행해왔기 때문이라고 생각합니다. 우선 ㉠저는 자기관리에 대해 저에게 가장 중요한 것이 무엇인지 파악하여 삶의 목적을 정립하는 시간을 항상 가집니다. 그리고 ㉡제가 맡고 있는 역할에 따라 실행 가능한 목표를 세우고 여러 가지 일에 대하여 우선순위를 설정합니다. ㉢이에 따라 월간·주간·하루 계획을 작성하는데, 이때는 한정된 시간 안에 해결할 수 있도록 긴급하고 중요한 문제의 우선순위를 높이 둡니다. 또한 ㉣일을 수행할 때에는 시간, 돈과 같이 수행에 영향을 주는 요소를 파악하고 있어야 합니다. 마지막으로 ㉤일이 끝난 후에 그 결과에 대해 분석하여 피드백을 한 후 수행에 반영하는 것까지 해야 한다는 것을 잊지 마세요.

① ㉠   ② ㉡   ③ ㉢   ④ ㉣   ⑤ ㉤

31. 다음 중 업무수행 성과 향상을 위한 행동 전략으로 적절하지 않은 것을 모두 고르면?

> ㉠ 비슷한 업무라도 한꺼번에 처리하지 않기
>   – 비슷한 업무를 한꺼번에 처리하면 과부하로 인해 업무 효율성이 떨어진다.
>
> ㉡ 일을 미루지 않기
>   – 해야 할 일을 미루면 다른 일도 지속적으로 밀리게 된다.
>
> ㉢ 익숙한 방식으로 일하지 않기
>   – 타인과 다른 방식으로 일하면 효율적인 업무수행 방법을 발견할 수 있다.
>
> ㉣ 회사와 팀의 업무 지침에서 벗어나 창의적으로 일하기
>   – 회사의 업무 지침은 임의적으로 획일된 경우가 있고 창의성을 억압하므로 업무 수행
>   시 업무 지침을 따를 필요는 없다.
>
> ㉤ 역할 모델을 설정하기
>   – 직장에서 직무 역량으로 인정받는 사람의 업무 방식과 행동을 벤치마킹해 본다.

① ㉠, ㉡   ② ㉠, ㉢   ③ ㉠, ㉣
④ ㉡, ㉣   ⑤ ㉣, ㉤

32. 다음은 A(익명) 직원이 사내 상담사에게 상담한 내용이다. 빈칸에 들어갈 말로 적절한 것은?

> A(익명) : 안녕하세요. 저는 입사 1년차 신입사원입니다. 이제 어느 정도 일을 수월하게 처리
> 할 수 있고 회사의 전체적인 업무 흐름도 파악하였는데, 매일 반복되는 업무에 집중
> 력이 떨어지거나 남들보다 뒤처진다는 생각이 들기도 합니다. 제가 특별히 잘 해낼
> 수 있는 업무를 찾고 싶은데 어떤 일을 제가 잘할 수 있는지에 대한 파악이 되지
> 않아서 잘 모르겠어요. 동기들은 회사 세미나 진행 등의 색다른 업무를 잘 맡던데
> 저는 색다른 직무를 수행해볼 수 있는 방법이 무엇인지에 대해서도 잘 모르고 있는
> 것 같아요.
> 사내 상담사 : 안녕하세요. 상담하신 내용을 보니 (   )과 같은 장애요인을 마
> 주하신 것 같군요. 이러한 요인들을 원만하게 해결하기 위한 방법에는… (하략)

① 자기정보 부족, 내부 작업정보 부족   ② 자기정보 부족, 외부 작업정보 부족
③ 자기정보 부족, 의사결정 시 자신감 부족   ④ 내부 작업정보 부족, 외부 작업정보 부족
⑤ 내부 작업정보 부족, 의사결정 시 자신감 부족

33. 식당의 주방 직원인 K와 서빙 직원인 S 간에 언쟁이 발생했다. 매니저 L이 이를 중재하기 위해 윈-윈 전략을 활용할 때, 해당 전략의 실행 단계와 그 내용이 적절하게 이어지지 않은 것은?

주방 직원 K

아니, 저녁 시간대에는 왜 이렇게 주문을 한꺼번에 많이 받아요. 이러면 마지막에 주문하신 손님은 얼마나 많은 시간을 기다려야 하는지 알면서도 그러세요? 옆에 앉은 사람이랑 동시에 주문했는데, 내 음식만 늦게 나오면 기분이 좋을 수가 있겠어요?

저희 입장도 생각해 주세요. 아시다시피 우리 서빙 팀 인원수가 레스토랑 크기에 비해 부족하잖아요. 그리고 테이블 치우고 있는 중에도 호출벨을 누르는 분이 얼마나 많은데요. 테이블이 다 정리되고 상황이 어느 정도 진정된 후에 손님을 받을 때 한꺼번에 주문이 들어갈 수도 있는 거죠. 저희는 직접 손님을 대면하는 사람들인 만큼 서비스도 최고 수준으로 제공하기 위해 열심히 노력하는데, 회전율에만 집중한다면 뭐라고들 생각하시겠어요.

서빙 직원 S

① 1단계(충실한 사전준비) : 우선 K 씨와 S 씨가 대화하시기 전에 우리 레스토랑에 오시는 손님들의 의견도 취합해보는 것이 좋겠습니다.

② 2단계(긍정적인 방식으로 접근하기) : 제 생각에는 우리 레스토랑에 오시는 손님들이 만족하기를 바라는 점에 있어서는 K 씨도 S 씨도 모두 같은 마음인 것 같습니다.

③ 3단계(두 사람의 입장을 명확히 하기) : K 씨는 주문들이 간격을 두고 들어오기를 바라고, S 씨는 인력 여건상 간격을 고려하면서 주문을 받기는 힘들다는 거군요.

④ 4단계(윈-윈에 기초한 기준에 동의하기) : 그렇다면 K 씨의 걱정은 시간에 쫓겨 서둘러 조리하다가 요리의 질이 낮아지는 것이고, S 씨는 들어오는 고객들을 응대하는 업무만으로도 벅차다는 말이군요.

⑤ 5단계(몇 가지 해결책을 생각해 내기) : 그렇다면 테이블마다 주문용 태블릿PC를 비치하여 서빙 팀의 인력을 효율적으로 활용해보는 것은 어떨까요?

34. 다음 직원 A를 평가한 동료들의 말을 통해 알 수 있는 직원 A의 팔로워십 유형은?

> 팀장 B : 직원 A는 저의 의견에 언제나 잘 따라주는 팀원입니다. 단 한 번도 제가 제시한 의견에 반박해 본 적이 없습니다.
>
> 직원 C : 직원 A의 성격과는 별개로, 회의 시에 참신한 아이디어를 제시하는 모습은 딱히 본 적이 없는 것 같아요.
>
> 직원 D : 직원 A가 팀을 위해 헌신하는 모습은 자주 볼 수 있었어요. 보통 업무가 끝나면 다들 자기 시간을 가지고 싶어 하는데, A는 야근이나 회식이 갑자기 잡혀도 묵묵히 따르더라고요.
>
> 직원 E : 원래 직장에서 자신이 하고 싶은 일만 할 수는 없는 법인데, 직원 A는 유독 힘든 일을 기피하는 것 같아요.

① 주도형   ② 수동형   ③ 실무형
④ 순응형   ⑤ 소외형

35. 다음 (A) ~ (C)의 세 가지 협상 상황에 사용된 협상전략을 바르게 연결한 것은?

(A)	집주인 갑은 새로 전세계약을 맺은 세입자 을로부터 싱크대가 오래되었으니 교체를 해달라는 요청을 받았다. 계약상으로 싱크대를 바꿔줘야 하는 의무는 존재하지 않지만, 앞으로 2년간 자신의 집에 거주할 세입자 을과의 관계를 생각해 사비를 들여 싱크대를 교체해 줬다.
(B)	가게 주인 병은 자신의 가게에서 후식 서비스를 새롭게 시작하려고 했다. 그 과정에서 식품공급업체와 단가를 두고 협상을 계속 해봤지만 좀처럼 의견 차이를 좁힐 수 없었다. 고민 끝에 병은 후식 서비스가 이득이 없다고 판단해 계획을 접었다.
(C)	사장 정은 옆에 있는 경쟁 가게 때문에 요즘 골치가 아프다. 계속된 가격경쟁 탓에 두 가게 모두 이윤이 별로 나지 않기 때문이다. 사장 정과 옆 가게 주인 무는 이에 관해 논의를 하다가 무의 가게를 자신이 인수하는 것이 더 이득이라고 판단하였다. 무 역시 오랜 장사를 그만두고 쉬는 것을 희망했기 때문에 두 사람은 합의점에 도달할 수 있었다.

	(A)	(B)	(C)		(A)	(B)	(C)
①	협력전략	회피전략	강압전략	②	협력전략	유화전략	회피전략
③	유화전략	회피전략	협력전략	④	유화전략	회피전략	강압전략
⑤	유화전략	강압전략	협력전략				

36. 다음 사례 속 불만 고객에 대한 대처 방법으로 적절한 것은?

> 상담원 : 감사합니다. 고객님께 행복을 전해드리는 K 전자 상담원 김○○입니다. 무엇을 도와
> 드릴까요?
>
> A 고객 : 네, 제가 며칠 전 매장에서 산 카메라가 불량품이 아닌지 의심되네요.
>
> 상담원 : 네, 고객님. 어떤 문제가 있는지 알 수 있을까요?
>
> A 고객 : 아니 문제가 생긴 건 아니고. 글쎄 당신들 설명을 듣고 사긴 했는데 어째 장사하는
> 사람들이 자기들 물건 괜찮다고 하는 말을 믿을 수 있어야지…. 사진도 뭔가 흐릿하
> 니 내가 원하는 대로 잘 안 나온다 싶고. 하여튼 무상 A/S 기간 6개월이래서 사긴
> 했는데 불량품인가 의심도 되고 내가 제대로 샀나 의심도 되네요.
>
> 상담원 : …….

① 이야기를 무시하고 마무리한다.

② 불만 사항을 경청하고, 맞장구치고, 사과하고 설득한다.

③ 정중하게 대하고, 고객의 과시욕이 채워지도록 내버려 둔다.

④ 분명한 증거, 근거를 제시하여 고객 스스로 확신을 갖게 한다.

⑤ 애매한 화법을 피하고 해당 사안을 시원스럽게 처리하는 모습을 보인다.

37. 다음은 예절과 관련된 기사를 읽고 직원들이 나눈 대화이다. 일터에서의 예절에 대해 잘못 이해
하고 있는 직원은?

> **신입사원이 갖춰야 할 역량 1위는 '예절과 매너'**
>
> 회사에 다니고 있는 직장인 700명을 대상으로 직장생활에 대한 설문조사를 한 결과, 응답
> 자의 62.5%(437명)는 신입사원에게 가장 필요한 역량을 '직장생활의 예절과 매너'라고 답했
> 다. 다음으로는 '업무에 대한 열정과 적극성' 27.4%(192명), '업무에 대한 전문적인 지식'
> 6.7%(47명), '기본 업무 능력' 3.4%(24명) 순이다.

① 김 대리 : 예절과 매너를 비즈니스 업무에 활용할 경우 관련 에티켓이 필요해.

② 박 대리 : 이메일에는 사람의 표정이나 음성이 빠져 있으니 오해가 생기지 않도록 조심해야 해.

③ 임 대리 : 매너는 형식적인 측면이 강하고 에티켓은 그 형식을 나타내는 방식이라고 할 수 있지.

④ 안 대리 : 직장예절은 단순히 인사할 때뿐만 아니라 일터에서의 모든 상황에 적용된다고 할 수
있어.

⑤ 허 대리 : 직장예절이 잘 지켜질수록 직장 동료들과 원만한 관계를 수립하여 업무 능률과 생산
성이 향상될 수 있어.

38. 직원 정△△ 씨는 고객 서비스에 대한 주제로 사내 교육을 수강하고 있다. 이와 관련된 공동체 윤리에 대해 직원 정△△ 씨가 떠올릴 생각으로 적절하지 않은 것은?

〈서비스(SERVICE)의 7가지 의미〉

S(Smile & Speed) : 서비스는 미소와 함께 신속하게 하는 것
E(Emotion) : 서비스는 감동을 주는 것
R(Respect) : 서비스는 고객을 존중하는 것
V(Value) : 서비스는 고객에게 가치를 제공하는 것
I(Image) : 서비스는 고객에게 좋은 이미지를 심어 주는 것
C(Courtesy) : 서비스는 예의를 갖추고 정중하게 하는 것
E(Excellence) : 서비스는 고객에게 탁월하게 제공되어야 하는 것

① 자신에게 명시적으로 주어진 역할을 충실히 해내는 것만으로도 조직과 사회 발전에 있어 충분히 기여할 수 있어.

② 기본적으로 타인을 배려하고, 자신을 희생하여 조직과 사회에 기여하는 태도를 지녀야 해.

③ 서비스는 고객과 공동체를 위하는 마음을 지니고, 그 마음을 행동으로 보여 주는 봉사와 같은 개념이구나.

④ 봉사정신뿐 아니라 자신의 직업에 대한 사회적 역할에 충실히 임하고 책임을 지는 태도를 가져야 해.

⑤ CSR 중심의 경영활동을 통해 단순한 이윤 추구를 넘어 지역사회에 가치를 환원하는 것도 공동체윤리에 해당한다고 볼 수 있어.

39. 다음 사례에서 지켜지지 않은 직업윤리의 기본원칙은?

> 기업 대표인 김○○ 씨는 자신의 직원들에게 직업윤리의 덕목 중 전문가 의식을 강조한다. 모든 직원은 자신의 분야의 전문가이며, 자신의 직업을 수행하는 순간만큼은 누구보다 존경받아야 하고, 자신의 직업은 아무나 할 수 있는 업무가 아니라는 자부심을 가져야 한다고 말한다. 그러나 종종 김○○ 씨의 이야기가 가진 뜻을 오해하여 정당한 불만을 제기하는 고객에게 강압적인 태도로 대하는 직원이 있다.

① 전문성의 원칙   ② 고객중심의 원칙

③ 객관성의 원칙   ④ 공정경쟁의 원칙

⑤ 정직과 신용의 원칙

40. 다음 설문조사 결과를 통해 파악할 수 있는 공동체윤리에 대한 내용으로 적절하지 않은 것은?

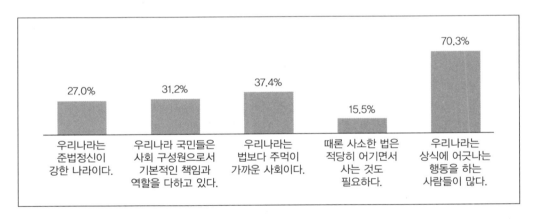

① 시민으로서의 권리를 보장 및 보호하고, 사회 질서를 유지하는 역할을 한다.

② 원만한 직업생활을 위한 직업인 간의 도리보다는 강제적 성격이 강하다.

③ 대한민국은 해당 공동체윤리가 의무적인 사회를 지향하며, 이를 위한 사회적 · 정신적 인프라를 제대로 구축했다고 평가받는다.

④ 한 정치학자에 따르면 해당 공동체윤리는 민주 시민에게 가장 중요하게 요구되는 자세이다.

⑤ 대한민국이 해당 공동체윤리를 통해 글로벌 경쟁력을 키우기 위해서는 국민의 의식 변화와 함께 체계적인 접근과 설정을 통한 제도 및 시스템 확립이 필요하다.

기출예상문제

[01 ~ 03] 다음의 제시상황과 글을 읽고 이어지는 질문에 답하시오.

□□공단 직원 P는 4차 산업혁명과 관련된 보도자료를 살펴보고 있다.

☆☆철도기술연구원과 □□공단이 공동 주최한 '4차 산업혁명의 철도기술혁신 국제세미나'가 20일 오전 A 호텔에서 열렸다.

㉠ 이번 국제세미나는 4차 산업혁명 시대를 맞이해 철도 분야의 미래신기술 개발과 기존 철도 기술의 혁신을 통해 혁신성장동력을 창출하고자 마련됐다. 이번 행사에는 하이퍼루프* 프로젝트를 포함해 자율주행, 최첨단 IoT(사물인터넷) 기술을 이용한 스마트 철도기술들이 소개됐다.

㉡ 이날 ☆☆철도기술연구원은 "4차 산업혁명은 최근에 중요한 아젠다"라면서 "우리 철도분야에서도 IoT(사물인터넷), 인공지능, 빅데이터 첨단기술을 연구 개발해 적용하고 있다. 초연결, 자율주행, 무인 운송 수단 등 4차 산업혁명의 스마트 혁신을 준비하고자 한다."고 말했다. 또한 "미래에는 대중교통과 대인교통의 경계를 허물고 교통수단이 수요자 중심의 공유체제 중심으로 바뀌는 등 우리 생활이 근본적으로 변화할 것이다. 이에 선제적으로 대응하기 위해 고속철도를 이어 새로운 혁명을 주도한 하이퍼루프, 자율주행, IoT, 스마트환경을 연구해야 한다."고 강조했다.

㉢ 철도 사고 예방을 위해 검사방식에 예방적 수시점검이 추가된다. 지금까지는 사고 및 장애 발생에 철도안전관리체계 위반 여부를 확인하는 사후적 수시경계로 진행됐는데 앞으로는 사전 점검인 예방적 수시검사를 추가로 실시한다. 예방적 수시검사 수행을 위해 최근 5년간의 사고 및 장애를 분석해 주요 취약점을 도출하고 대응한다는 방침이다.

㉣ 먼저 오프닝 세션에서는 앞으로 철도의 미래가 유망한 만큼 안정성이 높고 신뢰할 수 있는 운송수단으로 거듭나는 것과 안전 점검의 필요성을 강조했다. 특히, 휴먼에러로 인한 대형사고는 반드시 막아야 한다고 이야기했다. 구체적인 방법론으로 현재 기하급수적으로 발달하는 과학기술을 활용한 철도의 사고 사전방지 등에 대한 다양한 이야기를 진행할 예정이라고 밝혔다. 다양한 기술 중 하이퍼루프의 중요성에 대해 강조했다.

㉤ 하이퍼루프 프로젝트는 ☆☆철도기술연구원이 하이퍼루프 개발을 위해 연구원뿐 아니라 사내의 각종 유관기관과 협업하는 대형 프로젝트이다. 해당 내용 발표를 담당한 이○○ 단장은 한국형 하이퍼루프인 하이퍼튜브에 대해 설명했다. 하이퍼튜브는 저가형 항공기 속도의 절반 정도를 내는 것을 목표로 하며 이것을 구현하기 위하여 초저기압, 아(芽)진공 상태를 유지하며 운행하도록 설정했다. 진공 튜브 내 기압은 0.2기압 수준으로 차량의 단면적과 튜브의 단면적비를 구성할 수 있었다. 결국 저가형 항공기 속도와 비슷하게 운행하도록 만들기 위해 항공기 기술을 많이 차용했다.

* 하이퍼루프 : 초고속 진공튜브 캡슐열차

01. 다음 중 윗글의 제목으로 적절한 것은?

① 철도에서 4차 산업혁명의 중요성

② 스마트 연구-4차 산업혁명에서 가장 중요

③ 4차 산업혁명을 대비하기 위한 철도기술혁신 세미나 개최

④ 철도 사고 예방을 위한 대비책 마련

⑤ ☆☆철도기술연구원 하이퍼루프 프로젝트 변경사항

02. 다음 중 직원 P가 윗글을 이해한 내용으로 적절하지 않은 것은?

① ☆☆철도기술연구원은 사물인터넷, 인공지능을 이미 개발해 적용하고 있다.

② 한국형 하이퍼루프는 고가형 항공기 속도의 절반 정도를 내는 것을 목표로 한다.

③ 철도기술혁신 국제세미나에서는 휴먼에러로 인한 대형사고 방지를 강조하였다.

④ 철도기술혁신 국제세미나는 혁신성장동력을 창출하려는 목적으로 개최되었다.

⑤ 하이퍼루프는 오프닝 세션에서 강조된 주제 중 하나로 초고속 진공튜브 캡슐열차를 의미한다.

03. 윗글의 ㉠ ~ ㉤ 중 글의 통일성을 해치는 문단은?

① ㉠   ② ㉡   ③ ㉢

④ ㉣   ⑤ ㉤

04. 다음 기사를 읽은 A 씨는 자신도 아이들과 가족을 위해 매주 금요일 밤을 '가족의 밤'으로 정해 TV를 함께 보며 의견을 나누고, 토요일 아침 식사 후에는 반드시 가족회의를 열어야겠다고 결심하였다. A 씨의 결심은 〈보기〉 중 어느 단계에 해당하는가?

6남매 美 최고 엘리트로 키운 전○○ 여사

"저는 '행동이 말보다 낫다'라는 표현을 참 좋아합니다. 잔소리할 시간에 사소한 실천 하나라도 먼저 행하는 것이지요."

전 여사 부부는 처음부터 집안에 책상 18개를 구해 놓고 애들이 보든 말든 거기서 책을 읽었다. 전 여사는 '공부 습관을 들이는 데는 규칙적인 학습이 열쇠'라는, 평범한 경험담을 강조했다. 엄마는 아이들의 나이와 성향에 맞춰 공부시간과 양을 함께 정했다. 계획에 무리가 없도록 했고, 아이들은 자신이 정한 양을 해낼 수 있었다.

또 하나, 가족은 무슨 일이 있어도 같이 아침 식사를 했다. 매주 금요일 밤은 '가족의 밤'으로 TV를 함께 보며 의견을 나누었고, 토요일 아침 식사 후에는 반드시 가족회의를 열었다.

보기

①	문서의 목적 이해하기

↓

②	이러한 문서가 작성되게 된 배경과 주제 이해하기

↓

③	문서에 쓰인 정보를 밝혀내고, 문서가 제시하고 있는 현안 문제 파악하기

↓

④	문서를 통해 상대방의 욕구와 의도 및 내게 요구된 행동에 관한 내용 분석하기

↓

⑤	문서에서 이해한 목적 달성을 위해 취해야 할 행동을 생각하고 결정하기

↓

	상대방의 의도를 도표나 그림 등으로 메모하여 요약, 정리해 보기

[05 ~ 07] 다음 자료를 바탕으로 이어지는 질문에 답하시오.

○○공사 직원인 정아윤 씨는 국가철도 개량투자계획을 살펴보고 있다.

〈국가철도 개량투자계획〉

IoT(사물인터넷), 빅데이터 등 4차 산업혁명 핵심기술의 발전에 따라 철도분야에도 신기술을 접목하여 미래에 대비할 필요가 있다. 또한 철도시설의 개량을 통해 열차운행 안전을 확보하고 편의성을 향상시키기 위하여 개량투자계획을 수립한다.

(단위 : 억 원)

구분		20X6년	20X7년	20X8년	20X9년	계
철도역사 이용편의 향상	이동편의시설 개량	400	350	370	380	1,500
	승강장조명설비 LED 개량	100	120	–	–	220
시설관리 과학화	구조물원격관리시스템 구축	130	140	160	170	600
	전기설비원격진단시스템 구축	20	50	150	200	420
	스마트전철급전제어장치 구축	5	15	70	100	190
철도교통관제시스템 고도화		10	5	150	120	285
기반시설 성능개선	LTE 기반 철도 무선망 구축	120	1,300	900	1,000	3,320
	양방향 신호시스템 구축	15	30	30	40	115
	철도통신망 이중화	30	60	80	100	270
노후기반 시설 개량	노후신호설비 개량	370	420	500	550	1,840
	노후통신설비 개량	150	155	160	165	630
재해예방 시설 확충	내진성능보강	500	100	150	125	875
	재난방송수신설비(FM/DMB)	25	40	50	50	165
계		1,875	2,785	2,770	3,000	

05. 다음 중 위 자료에 대한 설명으로 적절하지 않은 것은?

① 노후기반시설 개량에 투자하는 금액은 매년 증가한다.

② 이동편의시설 개량에 투자하는 금액은 매년 감소한다.

③ LTE 기반 철도 무선망 구축에 대한 총 투자금이 가장 많다.

④ 승강장조명설비 LED 개량에는 2년 동안만 투자가 이루어진다.

⑤ 구조물원격관리시스템 구축에 투자하는 금액은 20X9년에 가장 많다.

06. 다음은 철도통신망 이중화와 노후신호설비 개량에 투자하는 금액의 전년 대비 증감률을 나타낸 그래프이다. ㉠, ㉡에 해당하는 값이 바르게 짝지어진 것은? (단, 소수점 아래 첫째 자리에서 반올림한다)

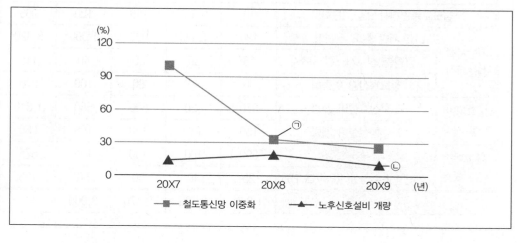

	㉠	㉡			㉠	㉡			㉠	㉡
①	31	10		②	31	12		③	33	10
④	33	12		⑤	35	10				

07. 다음은 20X9년 개량투자계획 총 투자금에서 각 부문이 차지하는 비중을 나타낸 그래프이다. (가)에 해당하는 값은?

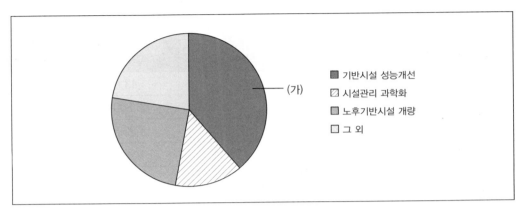

범례:
- ■ 기반시설 성능개선
- ▨ 시설관리 과학화
- ▩ 노후기반시설 개량
- □ 그 외

① 36% ② 37% ③ 38%
④ 39% ⑤ 40%

08. $f(x) = \dfrac{1}{x+1}$ 이라 할 때, 다음 식을 계산한 값은?

$$f\left(\frac{1}{10}\right) + f\left(\frac{1}{9}\right) + \cdots + f\left(\frac{1}{1}\right) + f(0) + f(1) + \cdots + f(9) + f(10)$$

① 21 ② 20 ③ 15
④ 11 ⑤ 10

1회 기출예상
2회 기출예상
3회 기출예상
4회 기출예상
5회 기출예상
6회 기출예상
7회 기출예상
8회 기출예상
인성검사
면접가이드

09. 다음은 ○○시 지하철의 어느 한 노선을 운행 방법에 따라 A 방식과 B 방식으로 시뮬레이션 운행한 결과와 실제로 운행하여 측정한 결과를 정리한 것이다. 이 자료를 바탕으로 했을 때, 지하철의 문제점 개선 방향으로 가장 적절한 것은?

구분	A 방식 (시뮬레이션)	A 방식 (실제 측정)	B 방식 (시뮬레이션)	B 방식 (실제 측정)
역 수(개)	43	43	43	43
운행거리(m)	48,800	48,800	48,800	48,800
소요시간(초)	4,600	5,386	5,220	5,355
정차시간(초)	1,260	1,784	1,260	1,795
순 주행시간(초)	3,340	3,602	3,060	3,540

① 지하철을 A 방식으로 변경하여 운행한다.

② 지하철을 B 방식으로 변경하여 운행한다.

③ 순 주행시간을 엄격히 준수하여 운행한다.

④ 열차와 역사 내의 혼잡도를 개선한다.

⑤ 지하철을 연장하여 운행 역의 개수를 줄인다.

[10 ~ 12] 다음 스마트 스테이션에 관한 자료를 읽고 이어지는 질문에 답하시오.

〈스마트 스테이션〉

□ 스마트 스테이션의 특징

– 스마트 스테이션은 기존 도시철도 역사(驛舍)와 달리 정보통신기술(ICT)을 접목한 미래형 도시철도 정거장이다.

– 현재 분산되어 있는 역사 관리 정보를 ICT 기술을 통해 통합플랫폼으로 구축하는 것으로, 하나의 시스템을 통해 통합관리가 가능하다.

– 수집된 도시철도 역사 평가 DB를 통해 역사의 구조, 이용객의 동선, 수요 등으로 사전에 분석하고 이를 효과적으로 예측 및 설계한다.

– 역무원이 IoT 허브를 통해 역내에 모든 시설물을 관리하기 때문에 보다 빠르게 대응한다.

– ICT 기술을 통해 분석된 이용객 개개인의 상황별 정보로 각자에게 맞춤형 정보를 제공한다.

기대효과	1. 통합적인 관리 : 3D 지도, IoT 센서, 지능형 CCTV 등이 유기적으로 기능하여 보안 · 재난 · 시설물 · 고객서비스 등 다양한 분야에서 통합적인 관리 가능 2. 위험 감시 및 추적 : 역사 내 지능형 CCTV, 열화상 카메라 등을 활용한 스마트 센서와 상황인식 기반 기술로, 역무원이 자리를 비워도 범죄 및 테러 위험 방지 가능 3. 혼잡도 관리 : IoT · ICT 기술을 이용하여 혼잡도를 실시간으로 수집 및 분석한 정보 제공 4. 에너지 비용 절감 : 빅데이터 기반 저비용 모니터링 기술을 통해 에너지 통합 관리 시스템을 운영하여 일반 역사보다 비용 절감 가능 5. 쾌적한 실내 환경 유지 : 인공지능으로 실내 공기 오염도를 분석하여 쾌적한 실내를 유지하며 다양한 기술 활용에 따른 운영비용 최소화
시범 구축 결과 (일반 역사와 비교)	1. 역사 평균 순회시간 : 28분 → 10분 (단축) 2. 긴급상황 발생 시 평균 대응 시간 : 11분 → 3분 (단축) 3. 보안 관련 운영 효율 상승
개선사항	1. 교통약자 서비스 강화 : 휠체어 자동감지 기능 추가로 역무원에게 실시간으로 전달하기 2. 모바일 버전 구축 : 자리와 시간에 제한 없이 모니터링하기 3. 수집 정보 표준화 : 각 부서별 IoT 단말 수집 정보 표준화로 돌발 상황에 신속하게 대응하도록 IoT 플랫폼 구축하기

□ 스마트 스테이션 적용 기술

기술	3D 지도	지능형 CCTV
특징	– 3D로 한눈에 파악하는 역사 내부 – 화재 등 긴급 상황 발생 시 위치와 상황을 입체적으로 파악하여 신속하게 대응 가능	– 200만 화소 이상의 영상 화질 – 객체인식 기능으로 역사 내 화재나 제한 구역에 발생한 무단침입 실시간 확인 가능 – 3차원으로 표현한 위치별 폐쇄회로 화면을 통한 가상순찰 가능

10. 위 자료를 읽고 스마트 스테이션에 대해 언급한 내용으로 옳지 않은 것은?

① 이용객에게 맞춤형 정보를 제공할 수 있어.

② 스마트 스테이션의 다양한 기술은 운영비용을 최대화되게 해.

③ 시범 구축 후 개선사항에 따라 교통약자를 위한 서비스가 강화될 거야.

④ 스마트 스테이션의 통합플랫폼은 ICT 기술을 기반으로 하고 있어.

⑤ 혼잡한 정도를 수집 및 분석하기 때문에 실시간으로 관련 정보를 제공받을 수 있어.

11. 다음 중 위 자료에 따라 일반 역사와 스마트 스테이션의 특징을 비교한 내용으로 적절한 것은?

	구분	일반 역사	스마트 스테이션
①	가상순찰	가능	불가능
②	긴급상황 시 대응 시간	빠름	느림
③	역무원 부재 시 테러 방지	가능	불가능
④	통합 관리	가능	불가능
⑤	역사 순회시간	김	짧음

12. 다음의 스마트 스테이션을 나타낸 그림을 보고 내릴 수 있는 판단으로 적절하지 않은 것은?

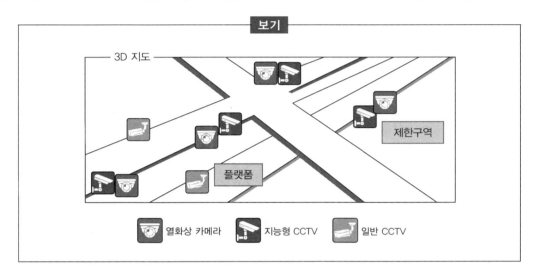

① 일반 CCTV로만 범죄자를 뚜렷하게 식별 가능하다.

② 3D 지도로 역사 내부를 한 눈에 파악할 수 있다.

③ 긴급상황 시 평면형 지도보다 3D 지도로 위치를 더 정확하게 파악할 수 있다.

④ 역사 내 지능형 CCTV와 열화상 카메라를 같이 설치하여 근무자 부재 시에도 위험상황 방지가 가능하다.

⑤ 제한구역 바로 앞에 지능형 CCTV를 설치함으로써 무단침입이 발생했다는 정보를 실시간으로 제공받을 수 있다.

[13 ~ 14] 다음은 4차 산업혁명시대의 조직구조에 대한 내용이다. 이어지는 질문에 답하시오.

〈4차 산업혁명시대에 적합한 조직구조〉

4차 산업혁명 이전에는 관료화된 조직구조로 인한 비효율 때문에 여러 어려움을 겪었다. 이는 구성원들이 서로 경쟁하지 않았기 때문에 비효율적이었던 것이 아니라 뜨거운 가슴으로 매력적인 비전을 제시하여 함께 성취하려는 리더십이 부족했기 때문이다. 조직의 효율성과 직결되는 문제 해결이나 신속한 의사결정에 있어서 구조적인 제약이 따르기도 했다.

우리가 잘 알고 있는 구글, 아마존, 페이스북, 애플 등의 세계적인 기업들을 살펴보면 이들은 인간존중의 조직문화를 추구한다는 특징을 금방 알 수 있다. 경영진과 구성원들이 함께 매력적인 비전을 마련하고 이를 추구하기 위해 협동심을 가지도록 리더십을 발휘하기도 한다. 이와 같은 인간존중의 사상과 결합이 조직의 높은 생산성과 창의성을 가져오기 때문이다.

따라서 우리나라가 4차 산업혁명시대에서 경쟁력을 갖춘 기업을 확보하기 위해서는 세계적인 기업들이 추구하는 인간존중의 조직구조를 심도 있게 검토해 볼 필요가 있다. 미국 서부의 신생 IT업체들과 유럽 기업들이 인사조치 실무를 관찰해 보면 상명하복의 엄격한 위계질서를 포기한 지 오래되었음을 알 수 있다. 제4차 산업혁명을 주도하고 있는 기업들은 한결같이 (㉠)된 자율적인 네트워크 조직, 즉 DANO(Decentralized Autonomous Networked Organization)의 경영철학을 실천하고 있다.

이제는 우리나라의 국가운영방식도 바뀌어야 하며, 모든 공공기관들이 이런 (㉠)된 자율적인 네트워크 조직으로 전환되어야 한다. 게르만 모델 또는 스칸디나비아 모델을 추구하는 세계적인 기업들은 이미 1970년대 이전부터 DANO의 경영방식으로 전환하여 높은 생산성과 창의성을 구현하고 있다. 독일, 스위스 등의 국가가 지금 제조업 차원에서 혁명적인 변화인 인더스트리 4.0을 이끌 수 있는 원동력도 바로 여기서 비롯된 것이다.

제4차 산업혁명은 단순한 구호에 의해 만들어지는 것이 아니다. 우리나라의 조직운영방식을 (㉠)된 자율적인 네트워크 조직으로 전환해야 높은 생산성과 창의성을 확보할 수 있을 것이다.

13. 다음 내용에 따라 윗글의 빈칸 ㉠에 들어갈 내용으로 적절한 것은?

〈구조적 차원에서 조직설계 시 고려 사항〉

조직설계(Organizational Design)란 조직의 목표를 성취하기 위해서 필요한 조직구조와 의사소통, 분업, 조정, 통제, 권한, 책임 등의 공식적인 시스템을 평가하고 선택하는 과정을 의미한다. 경영자는 조직전략이 잘 수행되고 실행될 수 있도록 적절한 조직구조를 설계해야 한다. 특히 조직 내부의 구조적 차원에서는 공식화, 부서화, 집권화, 분권화, 분업화, 명령체계, 통제 범위 등의 요소들을 고려해야 한다.

---

① 공식화 ② 부서화 ③ 분권화
④ 집권화 ⑤ 분업화

14. 다음 중 윗글에서 언급한 네트워크 조직의 특성으로 적절한 것은?

① 상호관련성 있는 업무를 동일 부서에 배치하는 조직구조이다. 비슷한 기능끼리 묶어서 하나의 부서로 만들기 때문에, 부서 간의 조정과 연결이 필요하다.

② 부서나 개인이 서로 독립성을 유지한 채 다른 사람과 강하게 연결된 조직구조이다. 업무적으로는 상호 의존성이 크지만, 권한이나 책임에 대해서는 독립적이고 계약을 바탕으로 업무 신뢰관계가 형성된다.

③ 부서와 기능 간의 수평적인 연결이 매우 높은 조직구조로, 한 사람이 두 명의 상급자에게 지시를 받고 보고하게 된다. 불안정한 환경에서 복잡한 의사결정이 가능하고 여러 분야에서 인적 자원을 공유할 수 있다.

④ 엄격한 관리체계하에 전문화된 직무를 계층적으로 나누고 공식적인 규정과 규칙에 따라 운영하는 조직구조이다. 업무가 표준화된 규칙과 절차에 따라 수행되며, 권한과 책임이 위계에 따라 명확하게 규정되어 있다.

⑤ 고객의 기대치를 반영할 수 있도록 업무 프로세스를 중심으로 설계한 조직구조이다. 산출물의 생산 공정 과정에 따라 조직구조가 설계되고 팀 단위로 업무를 수행하기 때문에, 팀워크의 협력이 절대적으로 필요하다.

[15 ~ 16] 다음 자료를 보고 이어지는 질문에 답하시오.

자원개발팀 김서울 대리는 새로운 사업을 평가하는 업무를 하고 있다.

〈사업별 수익체계〉

구분	초기 투자금	예상 월수익	예상 월지출	특이사항
A 사업	3,000만 원	월 300만 원	월 100만 원	초기 1년간은 예상 월수익의 50%만 얻으며, 이후엔 예상 월수익의 100%를 얻는다.
B 사업	2,000만 원	월 120만 원	월 20만 원	- 초기 1년간은 예상 월수익의 200%를 얻으며, 이후에는 예상 월수익의 100%를 얻는다. - 초기 1년간은 예상 월지출의 100%를 부담하며, 이후에는 예상 월지출의 200%를 부담한다.
C 사업	4,000만 원	월 300만 원	월 50만 원	–
D 사업	3,000만 원	월 200만 원	월 10만 원	초기 1년간은 예상 월지출의 200%를 부담하며, 이후에는 예상 월지출의 100%를 부담한다.

- 표에 나타난 수익과 비용 이외의 수익과 비용은 고려하지 않는다.
- 첫 달에는 초기 투자금만 부담하며, 이후에는 예상 월지출만 부담한다.
- 예상 월수익은 첫 달부터 매달 발생한다.
- 순수익＝수익－비용＝예상 월수익의 합계－(초기 투자금＋예상 월지출의 합계)

---

15. 다음 중 A 사업이 흑자로 전환되는 시기는 몇 개월 차인가? (단, 특이사항은 고려하지 않는다)

① 11개월 차 ② 12개월 차 ③ 13개월 차
④ 14개월 차 ⑤ 15개월 차

---

16. 특이사항을 고려하여 3년간 사업을 진행할 때 A ~ D 사업을 순수익이 큰 순서대로 나열한 것은?

① B, A, C, D ② B, C, D, A ③ C, D, B, A
④ C, A, D, B ⑤ D, B, C, A

[17 ~ 20] 다음의 제시상황과 글을 읽고 이어지는 질문에 답하시오.

○○회사 직원 G는 사내 모니터링 시스템을 관리하고 있다.

◆ 모니터링 시스템 안내

제시값	종류 및 예시	
System Code	• C# : 모든 Error Code를 선정 • D# : 먼저 발견된 Error Code 3개를 선정 • E# : SV값이 큰 순으로 Error Code 3개를 선정 • F# : DV값이 큰 순으로 Error Code 3개를 선정	
System Type	• 16# : DV를 제외한 EV 중 가장 작은 두 값의 평균을 FEV로 지정 • 32# : DV를 제외한 EV 중 최대, 최솟값의 평균을 FEV로 지정 • 64# : DV를 제외한 모든 EV들의 평균을 FEV로 지정 • 128# : DV를 제외한 EV 중 가장 큰 두 값의 평균을 FEV로 지정	
Standard Code	예) Error Code of A : HV13_CV81_IV29_DV20 　　장치 A의 HV 항목 위험값(EV) 13,	
Error Value	CV 항목 위험값(EV) 81,	
Error Code	IV 항목 위험값(EV) 29, 　　　　　　DV 항목 진단값(DV) 20	
Error Division	HV(Hazard Value)	에러의 위험도
	CV(Complexity Value)	에러의 복잡도
	IV(Influence Value)	에러의 확산성
	DV(Diagnosis Value)	에러의 진단값

진단 기준	진단 결과	Input Code(입력 코드)
FV < -1	정상	Green
FV = -1	주의	Yellow
FV = 0	재진단 필요	Orange
FV = 1	위험	Red
FV > 1	경고	Black

구분	종류 및 예시	
FEV (Final Error Value)	각 Error Code의 위험값으로 산출되는 최종 에러값	
SV (Standard Value)	• 각 장치에 대응하는 위험 항목에 대한 기준값 • 해당 위험 항목과 비교하여 에러값을 추정	• SV>FEV : FV값 −1 • SV=FEV : FV값 변동 없음 • SV<FEV : FV값 +1
FV (Final Value)	• 최종 산출된 FEV값에 따른 전체 시스템의 최종 평가값 • FV의 기본값은 0이며, 기본값에 장치별로 SV와 FEV를 비교한 값을 합산하여 산출	

◆ 재진단

구분		설명
설명		• 시스템 상태가 재진단 필요(입력 코드 : Orange)일 때 시행 • 재진단 방식은 System Code에 따라 결정되며, 위험 항목 중 진단값(DV) 사용 • 재진단은 1회만 시행
System Code별 재진단 방법	C#	• 재진단을 시행하지 않음. • 입력 코드는 Orange
	D#	• 네 번째로 발견된 Error Code의 DV와 SV를 비교 • DV>SV일 경우 FV +1 • DV=SV일 경우 FV +0 • DV<SV일 경우 FV −1
	E#	• SV값이 네 번째로 큰 Error Code의 DV와 SV를 비교 • DV>SV일 경우 FV +1 • DV=SV일 경우 FV +0 • DV<SV일 경우 FV −1
	F#	• DV값이 네 번째로 큰 Error Code의 DV와 SV를 비교 • DV>SV일 경우 FV +2 • DV=SV일 경우 FV +0 • DV<SV일 경우 FV −2

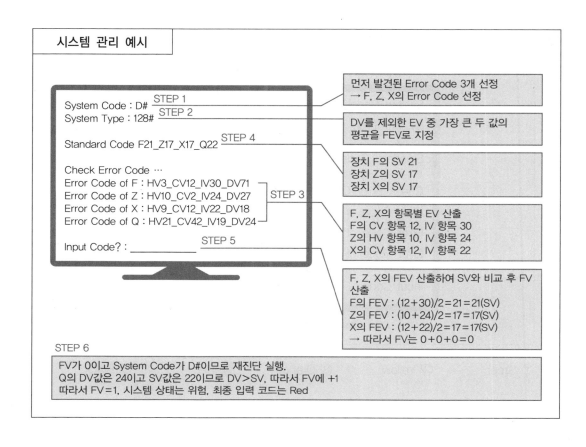

시스템 관리 예시

System Code : D# STEP 1
System Type : 128# STEP 2

Standard Code F21_Z17_X17_Q22 STEP 4

Check Error Code …
Error Code of F : HV3_CV12_IV30_DV71
Error Code of Z : HV10_CV2_IV24_DV27
Error Code of X : HV9_CV12_IV22_DV18 STEP 3
Error Code of Q : HV21_CV42_IV19_DV24

Input Code? : _____ STEP 5

먼저 발견된 Error Code 3개 선정
→ F, Z, X의 Error Code 선정

DV를 제외한 EV 중 가장 큰 두 값의
평균을 FEV로 지정

장치 F의 SV 21
장치 Z의 SV 17
장치 X의 SV 17

F, Z, X의 항목별 EV 산출
F의 CV 항목 12, IV 항목 30
Z의 HV 항목 10, IV 항목 24
X의 CV 항목 12, IV 항목 22

F, Z, X의 FEV 산출하여 SV와 비교 후 FV
산출
F의 FEV : (12+30)/2=21=21(SV)
Z의 FEV : (10+24)/2=17=17(SV)
X의 FEV : (12+22)/2=17=17(SV)
→ 따라서 FV는 0+0+0=0

STEP 6

FV가 0이고 System Code가 D#이므로 재진단 실행.
Q의 DV값은 24이고 SV값은 22이므로 DV>SV, 따라서 FV에 +1
따라서 FV=1, 시스템 상태는 위험, 최종 입력 코드는 Red

17. 다음 중 위 프로그램에 대한 설명으로 적절한 것은?

① System Code가 F#인 경우 Error Code의 선정은 CV의 크기로 결정된다.

② 장치별 조정값을 합산한 FV가 0이라면 항상 재진단을 실행한다.

③ 재진단 프로세스는 System Type의 영향을 받는다.

④ 재진단 수행 후 도출되는 FV는 3 이상의 값을 가질 수 있다.

⑤ 재진단은 FEV 산출에 사용되지 않는 Error Code의 DV를 사용한다.

18. 모니터에 나타나는 정보를 이해하고 시스템 상태를 판독하여 입력할 코드로 적절한 것은?

System Code : C#
System Type : 128#

Standard Code I20_U16_L27

Check Error Code …
Error Code of I : HV12_CV19_IV11_DV21
Error Code of U : HV32_CV17_IV10_DV35
Error Code of L : HV23_CV17_IV31_DV40

Input Code? : _____

① Green   ② Yellow   ③ Orange   ④ Red   ⑤ Black

19. 모니터에 나타나는 정보를 이해하고 시스템 상태를 판독하여 입력할 코드로 적절한 것은?

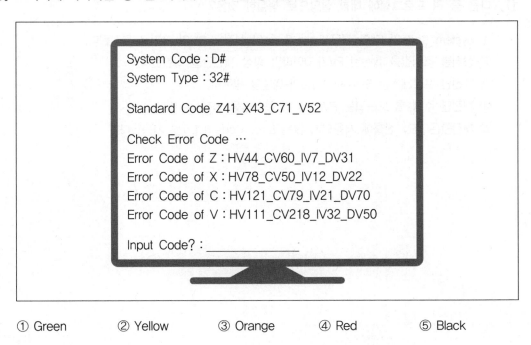

System Code : D#
System Type : 32#

Standard Code Z41_X43_C71_V52

Check Error Code …
Error Code of Z : HV44_CV60_IV7_DV31
Error Code of X : HV78_CV50_IV12_DV22
Error Code of C : HV121_CV79_IV21_DV70
Error Code of V : HV111_CV218_IV32_DV50

Input Code? : _____

① Green   ② Yellow   ③ Orange   ④ Red   ⑤ Black

20. 모니터에 나타나는 정보를 이해하고 시스템 상태를 판독하여 입력할 코드로 적절한 것은?

System Code : F#
System Type : 128#

Standard Code A47_S34_D25_F3_G21

Check Error Code …
Error Code of A : HV11_CV60_IV34_DV15
Error Code of S : HV22_CV11_IV43_DV100
Error Code of D : HV72_CV83_IV90_DV2
Error Code of F : HV12_CV90_IV10_DV33
Error Code of G : HV21_CV39_IV18_DV11

Input Code? : _____

① Green   ② Yellow   ③ Orange
④ Red   ⑤ Black

[21 ~ 24] 다음은 매장별 물건 운송에 대한 자료이다. 이어지는 질문에 답하시오.

- 매장 A, B, C, D, E의 부설창고는 각각 a, b, c, d, e이다.
- 매장에 운송할 물건들은 각 부설창고에서 상차한 후에 해당 매장으로 운송한다. 예를 들어, A 매장의 물건은 a 창고에서 상차하여 A 매장에서 하차한다.
- 물건을 상차하는 데 30분, 하차하는 데 20분이 걸린다.
- 모든 사원은 최단 시간이 걸리는 경로로 이동하며, 도로별 이동 시간은 일정하다고 가정한다.
- 운송 차량의 적재량과 연료는 고려하지 않는다.
- 매장에서 하차가 끝나면 납품을 완료한 것으로 간주한다.

〈자료 1〉 매장, 창고, 본사의 위치 및 이동시간

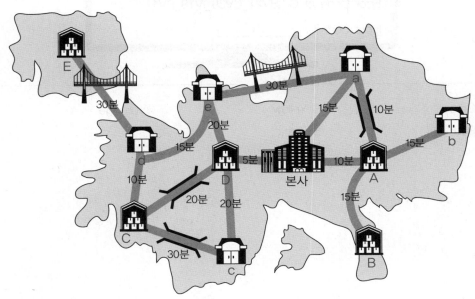

〈자료 2〉 민자도로 구조물의 종류별 이용 도로요금

표기	구조물	도로요금
	교량	1,000원
	고가도로	1,500원

21. 위 자료를 이해한 내용으로 옳은 것은?

① 본사에서 출발해 B 매장에 물건을 납품하기 위해서는 도로요금을 지불해야 한다.

② 매장에서 각 부설창고로 이동하는 시간이 가장 짧은 곳은 10분, 가장 긴 곳은 50분이 걸린다.

③ 본사에서 매장까지 이동시간이 65분 이상인 곳은 없다.

④ 본사와 부설창고를 왕복하는 시간이 가장 긴 곳은 70분 이상이 걸린다.

⑤ 본사에서 출발해 가장 빠르게 납품을 완료할 수 있는 매장은 A로, 1시간 45분이 소요된다.

22. 정 사원은 C, D 매장의 납품을 새로 담당하게 되어 이동 계획을 세우고 있다. 본사에서 출발하여 C, D 매장에 물건을 납품한 후 본사로 돌아올 때의 소요 시간과 비용을 바르게 짝지은 것은?

	소요 시간	비용		소요 시간	비용
①	3시간	1,500원	②	2시간 50분	1,500원
③	3시간 20분	3,000원	④	2시간 50분	3,000원
⑤	3시간 20분	1,500원			

23. 최 사원은 A, B 매장을, 민 사원은 D, E 매장을 담당하고 있다. 두 사원은 본사에서 오전 8시에 출발하여 담당 매장에 물건을 납품해야 한다. 다음 중 납품을 완료하고 본사에 더 늦게 돌아오는 직원과 그 시각을 바르게 짝지은 것은? (단, 고가도로는 지나지 않는다)

① 최 사원, 11시 30분

② 최 사원, 11시 40분

③ 민 사원, 11시 5분

④ 민 사원, 11시 40분

⑤ 민 사원, 12시

24. 다음 지도와 같이 매장과 창고가 일부 변경되었다. 박 사원은 F 통합매장을 담당하게 되어 담당 매장에 물건을 납품해야 한다. 박 사원이 본사에서 출발하여 납품을 완료하는 데 걸리는 시간은?

- 매출이 낮은 E 매장이 폐업함에 따라 e 창고는 폐쇄되었다(단, 해당 지역을 지나는 것은 가능하다).
- 본사와 가까운 지역에 F 통합매장이 개업하였다. F 통합매장에는 창고 a, b, c, d의 물건을 모두 납품해야 한다.
- 물건 상차 시 소요시간은 동일하며, F 통합매장에 물건을 하차하는 데는 70분이 걸린다.

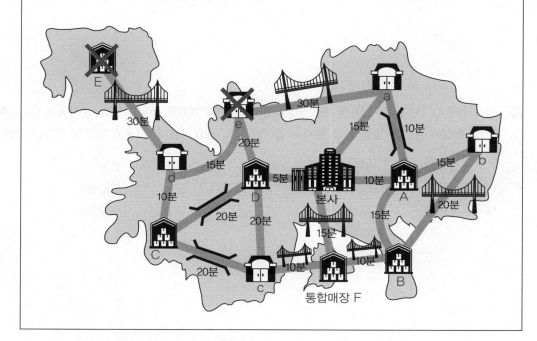

① 5시간 25분   ② 5시간 55분   ③ 6시간
④ 6시간 5분   ⑤ 6시간 10분

[25 ~ 28] 다음은 A 전자제품 회사의 신제품 사용설명서이다. 이어지는 질문에 답하시오.

제품 사양 및 조작창

제품명 : K 세탁기

모델명	K20-6221
출시연도	20X0년
제품규격	55×100×62cm
제품중량	38kg
세탁용량	15kg
소비전력	300W(에너지효율 2등급)
디스플레이	LED 디스플레이

〈제품 조작창〉

① 수평확인
제품 수평이 맞지 않을 때 LED 라이트 ON

② 세탁옵션
설정에 따라 LED 라이트가 이동
- 온냉수 : 온수/냉수 물온도 설정
  (기본설정-냉)
- 물살 : 강/중/약 물살의 세기 설정
  (기본설정-중)
  (중 → 강 → 약 순으로 변경됨)
- 물높이 : 세탁물 중량 따라 설정
  (기본설정-소)
  (소 → 저소 → 저 → 중저 → 중 → 고중 → 고 순으로 변경됨)
※ 기본설정은 버튼을 따로 누르지 않아도 지정되어 있는 옵션이다.

③ 예약
설정한 시간이 지나면 세탁 모드 실행

④ 세탁 / 헹굼 / 탈수(수동세탁)
버튼을 누르는 만큼 횟수 추가
(⑧ 상단 LED 타이머 창에서 확인)

⑤ 코스(자동세탁)
각 코스에 의해 지정된 옵션 실행
(버튼 누를 때마다 ⑦ 상단 코스창 LED 라이트 이동)

⑥ 동작/정지
- 자동/수동 설정 후, 버튼을 누르면 동작 실행
- 세탁 중 버튼을 누르면 일시정지

제품 사용설명서

1. 기본 조작법

1. [전원] 버튼을 눌러 전원을 켠다.
2. 자동 또는 수동세탁을 설정한다.
   – 자동세탁 : [코스] 버튼을 눌러 미리 설정된 시간 및 횟수, 옵션대로 세탁
   – 수동세탁 : 원하는 만큼 [세탁]/[헹굼]/[탈수] 옵션 버튼을 눌러 세탁
3. 설정을 마치면 [동작] 버튼을 눌러 실행한다(급수 → 세탁 → 헹굼 → 탈수 순서로 진행).
   ※ 1회당 세탁 15분, 헹굼 15분, 탈수 10분씩 진행된다.
4. 설정된 세탁이 모두 끝나면 자동으로 전원이 꺼진다.

2. 자동세탁

1. [코스] 버튼으로 미리 설정된 세탁/헹굼/탈수 옵션을 선택한다.
2. 전원을 켠 후 바로 [동작] 버튼을 누르면 '표준' 모드로 자동 실행된다.
3. 자동세탁 코스 설정 후 사용자 편의에 따라 [세탁]/[헹굼]/[탈수] 옵션 버튼을 눌러 추가 설정이 가능하다.

구분	세탁	헹굼	탈수	옵션 (온냉수/물살/물높이)	비고
표준	1회	2회	1회	냉수/중/자동설정	전원을 켜면 기본으로 설정됨.
불림	2회	2회	1회	온수/중/자동설정	불림 1회당 10분
급속	1회	1회	1회	냉수/강/자동설정	
통세척	1회	1회	1회	온수/강/고	– 불림 1회당 50분 – 세탁조 세척에 추천
이불	1회	2회	2회	온수/중/고	
조용조용	1회	1회	1회	냉수/약/자동설정	속옷 등 비교적 세심한 의료 세탁 시

※ 물높이는 세탁물의 중량에 따라 자동으로 설정된다. 2kg당 1단계씩 높이가 상승한다(2kg : 소)(통세척, 이불은 제외).

※ 불림은 특별한 세탁 동작 없이 세탁물을 담가 두는 기능이다.

3. 수동세탁

1. 사용자 편의에 따라 모든 동작을 설정하는 기능이다.
2. [세탁]─[헹굼]─[탈수] 버튼 순으로 눌러야 하며, 이후 기타 옵션을 상관없이 설정한다.
3. [세탁]/[헹굼]/[탈수] : 버튼을 누를 때마다 횟수가 추가되며(최소 1회 ~ 최대 5회) 전원을 껐다 켜면 설정이 초기화된다.
4. [온냉수]/[물살]/[물높이] : 미설정 시 '냉수/중/소'로 기본 설정된다.

4. 예약세탁

1. 지정된 시간이 지나면 세탁이 실행되도록 예약하는 기능이다.
2. [예약] 버튼을 눌러 1시간 단위로 예약 설정이 가능하다(최소 2시간 ~ 최대 12시간).
   (단, 처음 버튼을 누를 때에는 3시간부터 시작한다)
3. 전원을 켜고 자동/수동세탁 설정 후, [예약] 버튼으로 예약 시간을 설정하고 [동작] 버튼을 누르면 남은 시간이 표시되고 설정한 시간에 세탁이 실행된다.

5. LED 타이머

상황에 따라 '시 : 분' 혹은 '회 : 분'으로 표시된다.

자동세탁 시	– 각 코스별로 설정된 총 세탁시간(시 : 분)이 표시된다. – 추가로 [세탁]/[헹굼]/[탈수] 버튼을 조작하면 각 단계의 횟수 및 시간(회 : 분)이 번갈아 표시된다.
수동세탁 시	[세탁]/[헹굼]/[탈수] 버튼을 누를 때마다 각 단계의 횟수 및 시간(회 : 분)이 번갈아 표시된다.
동작 실행 시	남은 세탁 시간(시 : 분)이 표시된다.

6. 주의사항

1. 표시 용량보다 많은 양의 세탁물을 넣고 세탁하면 제품 또는 세탁물 손상의 원인이 될 수 있습니다.
2. 세탁기 문과 제품 사이에 손이 끼이면 상해를 입을 수 있으므로 주의하십시오.
3. 세탁기 문의 유리가 파손되었을 경우에는 상해의 우려가 있으므로 제품을 작동시키지 말고 즉시 서비스 센터로 연락하십시오.
4. 제품을 평평한 곳에 위치해 두어야 합니다.
5. 급수를 제외한 나머지 세탁─헹굼─탈수 시에는 세탁기의 문 중앙 부분을 끝까지 밀어 닫아야 합니다.

25. 다음 중 제품 사용설명서를 바르게 이해한 것은?

① 본 제품에는 총 6개의 버튼이 있다.

② 자동세탁 시 물높이는 세탁물의 중량에 따라 자동으로 결정된다.

③ 세탁물 약 10kg을 급속 코스로 실행하면 물높이의 '중'에 LED 라이트가 켜진다.

④ 자동세탁 설정 시 미리 설정된 세탁, 헹굼 등을 따로 변경할 수 없다.

⑤ 전원을 켠 후 바로 [동작] 버튼을 누르면 세탁 1회, 헹굼 1회, 탈수 1회가 진행된다.

26. 다음과 같이 세탁하기 위해 눌러야 하는 버튼의 횟수와 순서로 적절한 것은?

> – 수동세탁으로 설정
> – 세탁물 중량은 10kg이며, 물살 약하게 조절 필요
> – 세탁 1회, 헹굼 3회, 탈수 1회
> – 4시간 후 예약 세탁 설정

① 전원 1회 → 세탁 1회 → 헹굼 3회 → 탈수 1회 → 물높이 4회 → 물살 2회 → 예약 2회 →
동작 1회

② 전원 1회 → 세탁 1회 → 헹굼 3회 → 탈수 1회 → 물높이 3회 → 물살 1회 → 예약 2회 →
동작 1회

③ 전원 1회 → 세탁 1회 → 헹굼 3회 → 탈수 1회 → 물높이 5회 → 물살 2회 → 동작 1회 →
예약 2회

④ 전원 1회 → 세탁 1회 → 헹굼 3회 → 탈수 1회 → 물높이 5회 → 물살 1회 → 예약 2회 →
동작 1회

⑤ 전원 1회 → 세탁 1회 → 헹굼 3회 → 탈수 1회 → 물높이 4회 → 물살 1회 → 동작 1회 →
예약 2회

27. A 전자제품 회사의 김 사원은 고객의 문의사항에 대해 다음과 같이 답했다. 빈칸에 들어갈 내용으로 적절한 것은?

> 고객 : 양말만 모아서 빨래를 하려고 합니다. 찌든 때가 많은 세탁물이라 물에 오랫동안 담가두어 불려가며 세탁을 하고 싶은데, 자동세탁 중 어떤 코스를 사용하는 것이 좋은가요? 조금 찜찜한 부분이 있어 헹굼도 1회 더 추가하고 싶어요. 조작 방법을 자세히 알려주세요.
>
> 답변 : 네, 고객님. 문의하신 사항에 답변 드립니다. 말씀하신 조건으로 세탁을 하실 때에는 전원을 켠 후 (   ) 누른 뒤 [동작] 버튼을 누르시면 됩니다. 감사합니다.

① [코스] 버튼을 눌러 통세척을 선택하고 [헹굼] 버튼을 1회
② [코스] 버튼을 눌러 불림을 선택하고 [헹굼] 버튼을 1회
③ [세탁]과 [헹굼] 버튼을 각 1회 누르고 [탈수] 버튼을 1회
④ [코스] 버튼을 눌러 표준을 선택하고 [불림] 버튼을 1회
⑤ [코스] 버튼을 눌러 표준을 선택하고 [헹굼] 버튼을 1회

28. A 전자제품 회사 김 사원은 제품 사용설명서를 검토하던 중 코스별 LED창 예시 이미지를 삽입하기로 하였다. 다음 중 예시 이미지로 옳지 않은 것은? (단, 해당 이미지는 코스 설정 후 [동작] 버튼을 눌렀을 때의 LED 타이머이며, 세탁물의 중량은 8kg으로 가정한다)

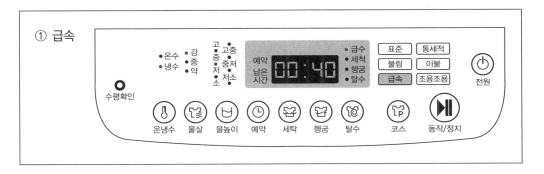

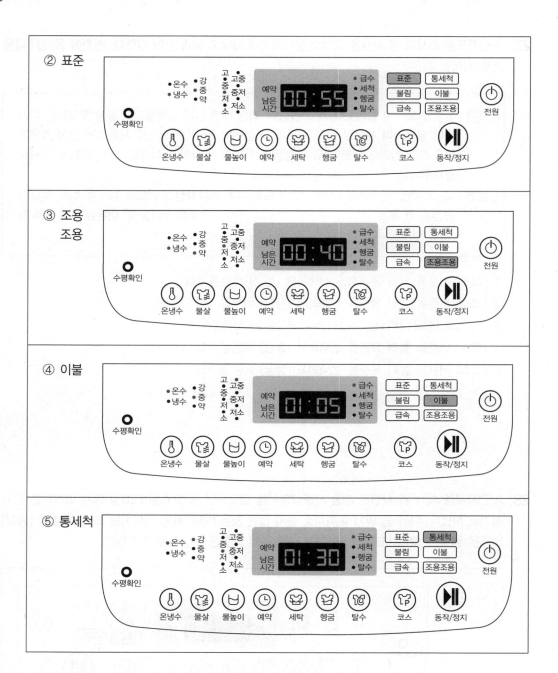

② 표준

③ 조용조용

④ 이불

⑤ 통세척

29. 다음 중 〈자아를 인식하는 방법〉과 그 〈예시〉가 올바르게 짝지어지지 않은 것은?

〈자아를 인식하는 방법〉

ㄱ. 내가 아는 나 확인하기

ㄴ. 다른 사람과의 커뮤니케이션

ㄷ. 표준화된 검사 도구

〈예시〉

(가) 타인에게 자신을 처음 보고 어떤 느낌이 들었는지 물어본다.

(나) 생애진로검사, 인적성검사, 직업가치관검사를 한다.

(다) 상사에게 자신의 업무수행에 있어 장·단점은 무엇이라고 생각하는지 물어본다.

(라) 자신이 타인에게 바라는 바람직한 상사, 동료 및 부하직원의 행동은 어떤 것인지 생각해 본다.

(마) 타인이 생각하는 나를 이해하기 위해 자신이 평소 관심을 가지고 열정적으로 하는 일은 무엇인지 적는다.

---

① ㄱ - (라)   ② ㄴ - (가)   ③ ㄴ - (다)

④ ㄴ - (마)   ⑤ ㄷ - (나)

30. 다음은 자기관리의 과정을 나타낸 것이다. 각 단계마다 해야 할 일로 적절하지 않은 것은?

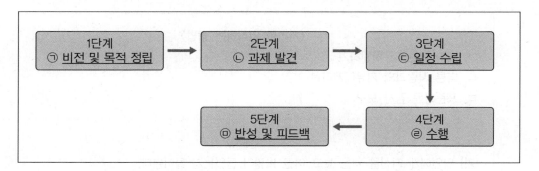

① ㉠-자신에게 가장 중요한 것을 파악한다.

② ㉡-현재 주어진 역할 및 능력을 파악한다.

③ ㉢-우선순위를 설정한다.

④ ㉣-수행과 관련된 요소를 분석한다.

⑤ ㉤-수행결과를 분석한다.

31. 다음 중 경력개발 단계에 대한 설명으로 적절하지 않은 것은?

① 직무정보를 탐색할 때는 관심 직무에 필요한 자질, 고용이나 승진 전망, 직무만족도 등을 알아내야 한다.

② 일기 등을 통한 성찰이나 주변 지인과의 대화를 통해 자신과 환경을 이해할 수 있다.

③ 직무와 자신, 환경에 대한 이해를 바탕으로 장기목표는 향후 5 ~ 7년, 단기목표는 향후 2 ~ 3년 사이의 목표를 수립한다.

④ 업무시간에 하는 경력개발보다 업무 외 시간에 하는 경력개발을 통해 더 많은 자원을 얻을 수 있다.

⑤ 실행 시에는 자신이 수립한 전략이 경력목표를 달성하기에 충분한지 검토한다.

32. 신입사원 오나라 씨는 오전 업무 시간에 사내에서 실시하는 경력개발과 관련된 최근 이슈에 대한 강의를 수강했다. 그 내용을 다음과 같이 정리하였을 때, 적절하지 않은 것은?

〈경력개발 관련 최신 이슈 강의 요약〉

[평생학습사회]
지식과 정보의 폭발적 증가로 개인이 현재 가지고 있는 능력보다 지속적인 자기능력개발 노력이 더욱 중요시되는 시대가 되었다.

[투잡스(Two-jobs)]
경기불황이 지속되면서 2개 이상의 직업을 가지는 사람들이 늘고 있다. 특히 주 5일제가 시행되면서 이러한 현상은 더욱 확대되고 있다.

[창업 감소]
최근 청년 실업 등의 불안한 상황이 지속됨에 따라 창업보다는 안정적인 직장을 선호하는 사람들이 늘고 있다.

[소셜 네트워크 구인·구직]
기업 인사담당자들은 앞으로 취업시장의 핵심 키워드로 'SNS를 통한 구인·구직'을 꼽았다. 실제로 최근 많은 기업들이 채용 SNS를 운영하고 있다.

[일과 삶의 균형(WLB)]
전 세계적으로 취업준비생들이 복리후생제도와 일과 삶의 균형을 고려하여 직업을 선택하는 현상이 커지고 있다.

① 평생학습사회
② 투잡스
③ 창업 감소
④ 소셜 네트워크 구인·구직
⑤ 일과 삶의 균형(WLB)

33. □□공사는 신입사원을 대상으로 감정은행계좌 적립 게임을 진행했다. 〈보기〉는 □□공사 감정은행계좌 적립 게임에 대한 사회자의 설명이다. 다음 중 감정은행계좌에 금액을 저축할 수 있는 방법으로 적절하지 않은 것은?

> **보기**
>
>
>
> 감정은행계좌는 인간관계에서 구축하는 신뢰의 정도를 의미합니다. 즉 감정은행계좌의 잔고가 많으면 타인과의 관계에서 형성된 신뢰의 정도가 높고, 감정은행계좌의 잔고가 적으면 신뢰의 정도가 낮은 것이지요. 만약 여러분이 다른 사람의 입장을 먼저 배려하고 공감하며, 친절하고 약속을 잘 지킨다면 감정은행계좌에 저축을 하고 있는 것입니다.
>
> 잔고를 축적할 수 있는 수단은 타인과의 신뢰와 대인관계에 긍정적인 영향을 줄 수 있는 경험이나 성격입니다. 자, 그렇다면 이제 여러분은 그동안의 자신의 경험이나 성격을 말씀해 주세요. 말씀해 주신 것을 기준으로 감정은행계좌의 잔고를 평가할 예정입니다!

감정은행계좌 적립 게임 평가표	
금액을 저축할 수 있는 방법	금액(원)
㉠ 약속의 이행	500
㉡ 사소한 일에 대한 무관심	700
㉢ 상대방에 대한 이해와 정보	700
㉣ 진지한 사과	800
㉤ 언행일치	1,000

금액 축적 예시

직원 갑은 동료직원에게 "고맙다.", "덕분에 도움이 되었다." 등의 말을 잘한다. 또한 후배나 선배, 동기의 장점을 보고 이를 칭찬하는 말을 일주일에 1번 이상 한다. 이러한 행동으로 직원 갑은 회사 내에서 동료직원과의 사이가 매우 좋으며, 주변의 신뢰도 많이 받는 편이다. 왜냐하면 좋은 대인관계가 주변의 신뢰에 영향을 주기 때문이다.

칭찬과 감사하는 마음은 감정은행계좌에 금액을 예입하는 대표적인 방법이다.

① ㉠   ② ㉡   ③ ㉢

④ ㉣   ⑤ ㉤

34. 다음 〈보기〉에서 팀워크를 저해하는 요소를 모두 고르면?

> **보기**
>
> ㄱ. 자기중심적인 이기주의   ㄴ. 무뚝뚝한 성격
> ㄷ. 사고방식 차이에 대한 무시   ㄹ. 자의식 과잉
> ㅁ. 질투로 인한 파벌주의

① ㄱ, ㄴ, ㄷ   ② ㄷ, ㄹ, ㅁ   ③ ㄱ, ㄷ, ㄹ, ㅁ
④ ㄴ, ㄷ, ㄹ, ㅁ   ⑤ ㄱ, ㄴ, ㄷ, ㄹ, ㅁ

35. 다음 〈협상에서 자주 하는 실수〉와 이에 대한 〈대처방안〉을 잘못 짝지은 것은?

> 〈협상에서 자주 하는 실수〉
> ㉮ 잘못된 대상과 협상을 한다.
> ㉯ 설정한 목표와 한계를 벗어난다.
> ㉰ 협상할 준비가 되지 않은 상태에서 협상을 시작한다.
>
> 〈대처방안〉
> ㉠ 협상을 하고 있는 상대가 협상의 결과를 책임질 수 있고 타결권한을 가지고 있는 사람인지 확인한다.
> ㉡ 더 많은 것을 얻기 위해 한계와 목표를 바꾸기도 한다.
> ㉢ 협상에 있어 상대방의 입장에 대해 질문하는 기회로 삼고, 듣기만 한다.
> ㉣ 한계와 목표를 잊지 않도록 노트에 기록한다.
> ㉤ 협상 상대가 충분히 상급자일 경우에만 협상을 시작한다.

	협상에서 자주 하는 실수	대처방안
①	㉮	㉠
②	㉮	㉤
③	㉯	㉡
④	㉯	㉣
⑤	㉰	㉢

36. 다음 중 고객 만족을 측정할 때 많이 범하는 오류로 적절하지 않은 것은?

① 포괄적인 가치에 대해서만 질문하며 중요도 척도를 오용한다.
② 고객이 원하는 것에 대해 알지 못한다고 생각한다.
③ 모든 고객이 동일한 수준의 서비스를 필요로 한다고 생각한다.
④ 비전문가로부터 도움을 얻는다.
⑤ 적절한 측정 프로세스가 없는 상태에서 고객 만족을 조사한다.

37. 다음 중 한국인들이 일반적으로 직장에서 갖추어야 한다고 강조되는 중요한 직업윤리 덕목으로 적절하지 않은 것은?

① 창의성　　　　　② 협조성　　　　　③ 책임감
④ 성실성　　　　　⑤ 전문성

38. 다음 중 정직과 신용을 구축하기 위한 지침으로 적절하지 않은 것은?

① 잘못된 행동을 했을 때도 숨기지 않고 정직하게 말한다.
② 부정직한 관행에 대해서는 인정하지 않는다.
③ 타인이 정직하지 못한 행동을 했을 때 눈감아 주지 않는다.
④ 자신이 하루 동안 한 정직한 행동에 대해서 모두 기록하고, 매일 평가한다.
⑤ 매일 조금씩 정직과 신뢰를 쌓을 수 있는 행동을 한다.

39. S 백화점 사장의 경영방침 중 하나는 고객이 건물에 들어서는 순간부터 나가는 순간까지 전 과정에 있어서의 모든 행동에 회사의 서비스가 깃들어 있어야 한다는 것이다. 이러한 경영방침의 토대가 되는 공동체윤리를 가장 적절하게 설명한 것은?

① 백화점 직원은 무엇보다 희생정신이 강조되어야 한다는 생각

② 경쟁 백화점과의 차별화 전략이 관건이라는 생각

③ 백화점은 불특정 다수가 생활하는 공간이므로 보안유지가 가장 절실하다는 생각

④ 다 잘해도 한 군데에서 엉망이라는 이미지를 심어 주면 모든 이미지를 망칠 수 있다는 생각

⑤ 직원이 근면하고 성실해야 고객의 반복유치가 가능하다는 생각

40. 다음 직장에서의 인사예절 중 소개에 대한 설명으로 적절하지 않은 것은?

① 소개를 할 때에는, 성과 이름을 함께 말해야 하고 정부 고관의 직급명은 퇴직한 경우에도 사용해.

② 고객과 동료임원이 있으면 고객을 동료임원에게 소개해야 해.

③ 연장자에게 나이 어린 사람을 먼저 소개해야 해.

④ 소개하는 사람의 별칭이 비즈니스에서 사용하는 것이 아니라면 사용하지 않아야 해.

⑤ 소개를 할 때에는 관심사와 성과도 함께 이야기하는 것이 좋아.

[01 ~ 02] 다음은 「철도안전법 시행규칙」 일부개정안에 대한 내용이다. 이어지는 질문에 답하시오.

Ⅰ. 개요

철도종사자에 대한 안전교육을 의무화하고 차량을 개조할 경우 승인을 받도록 「철도안전법」이 개정됨에 따라, 개정된 법에서 위임한 사항을 정하기 위해 시행령·시행규칙을 개정한다.

Ⅱ. 주요 내용

1. 철도종사자 안전교육 의무화

　가. 법률 개정 주요내용

　　인적오류로 인한 사고가 지속적으로 발생하여 철도운영자와 시설관리자에게 자신이 고용하고 있는 철도종사자에 대한 교육을 의무화하고 교육에 필요한 사항을 국토부령으로 정하도록 위임한다.

　나. 철도종사자 안전교육 의무화 세부기준 마련(시행규칙안 제41조의2)

　　인적오류로 인한 안전사고 예방을 위해 철도운영자와 시설관리자가 고용한 모든 철도종사자들을 그 교육대상으로 한다. 다만, 「민법」상 도급관계 직원은 「파견근로자 보호 등에 관한 법률」에 따라 불법파견 우려가 있기 때문에 간접고용근로자는 제외한다.

　다. 안전관리체계(SMS), 위기대응 매뉴얼 등 철도종사자가 갖추어야 할 직무관련 내용과 근로자의 보건에 관한 사항을 교육한다. 교육시간은 산업안전보건교육과 동일하게 분기 6시간 이상으로 하고, 교육의 실효성을 높이기 위해 이론·실습을 병행하도록 한다. 그러나 철도안전교육을 받은 경우에는 산업안전보건교육을 받은 것으로 갈음하도록 고용부와 협의하여 추진한다. 그 밖에 철도운영자와 시설관리자가 안전교육을 위탁할 수 있도록 안전전문기관(「철도안전법」 제69조)을 지정한다.

2. 철도차량 개조 승인 제도 도입

　가. 법률 개정 주요내용

　　철도의 운행 안전을 위해 철도차량을 개조한 경우 국토부장관의 승인(경미한 사항 신고)을 받도록 하고, 임의 개조 시에는 과징금 또는 과태료를 부과한다. 철도차량 개조 절차·방법 및 법령 위반 시 필요한 행정처분 기준 등 세부사항은 시행령·시행규칙으로 위임한다.

　나. 철도차량 개조 절차·방법 및 법령 위반 시 필요한 행정처분 기준을 정함.

　　철도차량을 소유하거나 운영하는 자는 개조 착수 20일 전까지 개조 범위, 사유 등을 첨부하여 국토부장관에게 신청한 후, 개조 작업 기술력에 대한 검토를 받아야 한다. 국토부장관은 개조 작업을 실시한 철도차량에 대하여 '철도차량기술기준(고시)'의 적합성 여부를 검사한 다음, 적합한 경우에 승인하도록 한다(제75조의3, 제75조의5). 또한 철도차량 개조의 신뢰성·안전성 확보를 위해 개조 작업을 수행할 수 있는 자의 요건을 정한다(제75조의7). 여기에는 철도차량 또는 개조대상 부품의 제작경험이 있는 자, 해당 부품을 1년 이상 정비한 실적이 있는 자, 국토부장관으로부터 정비조직 인증을 받은 자 등이 해당된다. 만일 국토장관의 승인 없이 임의로 차량을 개조한 경우에는 철도차량 운행제한 처분에 갈음하여 5천만 원 이하의 과징금을 부과하고, 경미한 사항의 개조에 대한 신고의무를 위반한 경우에는 250만 원 이하의 과태료를 부과하도록 한다(시행령 29조의2). 과징금·과태료 금액은 현행 시행령의 "철도안전관리체계" 변경 승인·신고 위반에 따른 과징금·과태료 금액을 준용한다.

01. 제시된 「철도안전법 시행규칙」 일부개정안을 통해 구체적으로 얻을 수 있는 정보가 아닌 것은?

① 철도종사자 안전교육의 내용 및 이수시간
② 철도종사자 안전교육을 받아야 하는 대상자
③ 철도종사자 안전교육을 위탁받은 지정 기관명
④ 철도차량의 불법 개조 작업에 대한 행정처분 내용
⑤ 철도차량에 대한 개조 작업을 수행할 수 있는 자격요건

02. 제시된 「철도안전법 시행규칙」 일부개정안을 바탕으로 철도차량 개조 절차를 바르게 도식화한 것은?

① 개조 신청 → 개조 작업 → 사전기술검토 → 개조승인검사 → 승인 운행
② 개조 신청 → 사전기술검토 → 개조 작업 → 개조승인검사 → 승인 운행
③ 개조 작업 → 사전기술검토 → 개조 신청 → 개조승인검사 → 승인 운행
④ 사전기술검토 → 개조 신청 → 개조승인검사 → 개조 작업 → 승인 운행
⑤ 사전기술검토 → 개조승인검사 → 개조 신청 → 개조 작업 → 승인 운행

[03 ~ 04] 다음 글을 읽고 이어지는 질문에 답하시오.

○○기관 이기쁨 사원은 철도국 202X년 예산안과 관련된 보도자료를 살펴보고 있다.

○○부는 철도망 확충을 통한 촘촘한 철도안전 기반 조성을 위해 20X2년 도국 예산 정부안을 전년도(5.5조 원) 대비 19.3% 증가한 6.3조 원으로 편성하였다고 밝혔다. 20X2년 예산안은 고속 · 일반 등 6개 분야(프로그램), 총 68개 세부사업으로 구성하였으며, 이 중 철도부분 6개 분야 예산은 건설공사 설계, 착수 및 본격 추진, 안전 강화 등을 위한 필수 소요를 반영하여 증액 편성* 하였다. 특히, 노후화된 철도시설 개량, 부족한 안전 · 편의시설에 대한 수요 증가 등으로 철도안전 분야 예산을 큰 폭으로 증액(10,360 → 15,501억 원)하였다. 한편 예비타당성 조사 연계사업의 조속한 추진 등을 위해 9개 사업을 신규로 선정하여 775억 원을 편성하였으며, 2020년에는 익산 ~ 대야 복선전철 등 5개 노선을 개통할 계획이다.

* 고속(400 → 596억 원), 일반(26,212 → 28,319억 원), 광역(3,650 → 4,405억 원), 도시(414 → 566억 원), 철도 안전 및 운영(21,539 → 28,161억 원)

철도국 20X2년 예산안 주요 특징은 다음과 같다.

1. 수도권 교통 혼잡 해소를 위한 GTX−A · B · C 등 본격 추진

수도권의 만성적인 교통난으로 인한 시민 불편을 획기적으로 개선하기 위해 수도권광역급행 철도*(GTX) 및 신안산선 등 광역철도 건설 사업이 진행된다. 사업의 차질 없는 추진을 위해 20X1년 3,650억 원에서 20X2년 4,405억 원으로 편성되었다.

우선 GTX−A 노선은 20X0년 12월 착공 후 현장공사 추진 중으로, 20X2년 본격공사 추진을 위한 보상비, 건설보조금 등 총 1,350억 원을 편성했고, GTX−C 노선은 20X1년 12월 예비타 당성 조사 통과 후 기본계획 수립 중으로, 20X2년 민간투자시설사업기본계획(RFP) 수립 등을 위해 10억 원을 신규 반영하였다.

민간투자시설사업 절차는 1년의 기본계획 수립 후 시설사업기본계획(RFP) 수립, 우선협상대 상자 선정 및 협상, 실시협약체결, 실시설계(RFP ~ 실시설계까지 2년), 착공 순으로 진행된다.

신안산선은 경기 서남부 주민들의 교통 여건을 개선시키는 사업으로 20X1년 8월 실시계획 승인 및 착공하였고, 20X2년 공사 본격 추진을 위해 보상비 908억 원을 편성하였다.

아울러, 지난 8월 서부수도권과 동부수도권을 횡으로 연결하는 GTX−B 노선에 대한 예비타 당성 조사 통과(연내 기본계획 수립 발주 예정)로 GTX 3개 노선의 사업 추진이 확정됨에 따라 신 · 구 도심 간 균형발전 촉진뿐 아니라 수도권 교통지도 개편 및 노선 간 네트워크 효과 발생 이 기대된다.

* 지하 40m 이하 대심도로 건설하여 평균 약 100km/h로 운행하는 신개념 고속전철 서비스로, 수도권 외곽지역 에서 서울 도심까지 30분 내로 이동 가능

2. 노후시설 개량, 안전시설 확충 등을 위한 철도안전 투자 강화

노후 철도시설 개량을 확대하고 시설 안전관리 및 생활안전 지원을 강화하기 위해 20X1년 10,360억 원에서 20X2년 15,501억 원으로 안전 투자 예산을 확장 편성하였다. 시설 노후화로 각종 안전사고가 빈발하는 도시철도(서울·부산) 노후 시설물 개량 지원을 566억 원으로 확대하고, 이용객 편의를 도모하기 위해 노후 철도역사 개량도 282억 원 신규 지원한다. 시설물을 안전하게 관리하고 장애 발생 시 보다 신속히 대처할 수 있도록 IoT(사물인터넷) 기반 원격제어, 센서 등을 활용한 스마트 기술을 도입할 예정이다. 스마트 기술에는 철도 원격감시·자동 검측 시스템, 철도 통합무선망(LTE-R) 구축, 고속철도 역사 디지털트윈이 포함된다. 철도이용객 안전을 위한 스크린도어 등 승강장 안전시설(924억 원), 건널목 안전설비(75억 원), 선로 무단횡단 사고 예방을 위한 방호울타리(360억 원) 설치 등 생활안전시설도 확충 지원할 계획이다.

철도차량 및 철도시설 이력관리 정보시스템 구축을 확대 지원하고 철도차량 고장으로 인한 운행 장애 건수 감소를 위해 차량의 '제작 및 등록-운영(점검·정비)-폐차 및 말소'를 관리하는 철도차량 전 생애주기 관리 정보망 구축도 새로 지원한다. 철도시설물의 이력, 상태, 속성 정보 등을 통합 관리함으로써 적정 유지보수 및 교체주기 등을 산출하여 시설물 안전 및 유지관리 최적화 구현이 기대된다.

○○부 철도국장은 "철도국 20X2년 예산은 우선 국민의 생활과 직결되는 철도안전을 선제적 예방하기 위해 노후시설 개량, 생활사회간접자본 확충 등 철도안전에 집중·확대 투자했으며, GTX 등 철도네트워크 확충을 위한 예산도 적정 소요를 반영했다."라고 밝혔다.

03. 다음 중 이기쁨 사원이 자료를 이해한 내용으로 적절하지 않은 것은?

① 수도권 교통 혼잡 완화 및 철도안전을 위한 투자가 이번 예산안의 주요 내용이다.
② GTX를 통해 수도권 외곽에서 서울 중심부까지 30분 내로 이동이 가능하다.
③ 20X2년의 철도부 예산 중 특히 철도안전 분야의 예산이 큰 폭으로 증가하였다.
④ 수도권 내 교통불편으로 인해 광역철도 건설 사업과 GTX 사업 추진이 확정되었다.
⑤ 노후 철도역사 개량 및 도시철도 노후 시설물 개량 지원은 이번 예산안을 통해 새로 지원되는 사업이다.

04. 제시된 글을 읽고 나눈 다음 대화의 흐름상 ㉠에 들어갈 말로 적절한 것은?

> 김새롬 대리 : 광역철도 건설 사업이 진행되는군요. 사업의 추진을 위해 예산도 증액되었고요.
>
> 이기쁨 사원 : 네. 특히 GTX-B 노선의 경우 예비타당성 조사를 통과해서 20X2년 내에 기본 계획을 수립할 예정이라고 합니다. 해당 사업을 통해 노선 간 네트워크 효과 발생도 기대할 수 있습니다.
>
> 김새롬 대리 : 또한 철도안전을 위해서 투자를 강화하네요. IoT 기반 스마트 기술을 도입하는 이유는 무엇인가요?
>
> 이기쁨 사원 : (㉠   )

① 스마트 기술을 통해 신·구 도심 간의 균형발전을 촉진하기 위해서입니다.

② 안전한 시설물 관리와 장애 발생 시 신속한 대처가 가능하기 때문입니다.

③ 철도 통합무선망을 구축하고 고속철도 역사 디지털트윈을 도입하기 위해서입니다.

④ 철도차량의 전 생애주기 관리 정보망 구축을 통해 시설물 안전·유지관리가 더 쉬워지기 때문입니다.

⑤ 사고 예방을 위한 생활안전시설 확충을 지원함으로써 사고를 예방할 수 있기 때문입니다.

05. 김 대리는 A4 크기로 작성된 문서를 A5 크기로 축소 복사하려고 한다. 국제표준 용지 규격 중 A시리즈에 대한 〈정보〉가 다음과 같을 때, 복사기 제어판에 표시되는 축소 비율은 대략 얼마인가? (단, 복사기 제어판에 표시되는 비율은 길이 비율을 의미하고, $\sqrt{2}=1.4$, $\sqrt{3}=1.7$, $\sqrt{5}=2.2$, $\sqrt{7}=2.6$이다)

> **정보**
>
> • A시리즈 용지들의 면적은 한 등급 올라갈 때마다 두 배로 커진다. 예를 들어, A1의 면적은 A2의 면적의 2배이다.
>
> • 한 등급의 가로 길이는 그 위 등급 세로 길이의 절반이고, 세로 길이는 그 위 등급 가로 길이와 같다. 예를 들어, A2 가로 길이는 A1 세로 길이의 절반이고, A2 세로 길이는 A1 가로 길이와 같다.
>
> • 모든 등급들의 가로 길이와 세로 길이 비율은 동일하다.

① 40% ② 50% ③ 60%

④ 70% ⑤ 80%

[06 ~ 08] 다음 자료를 바탕으로 이어지는 질문에 답하시오.

〈최근 5년간 열차 운행장애 현황〉

□ 위험사건 발생 현황

(단위 : 건)

구분	20X5년	20X6년	20X7년	20X8년	20X9년
무허가 구간 열차운행	1	0	0	0	1
진행신호 잘못 현시	0	0	0	0	0
정지신호 위반운전	1	1	2	1	5
정거장 밖으로 차량구름	0	0	0	0	0
작업/공사 구간 열차운행	0	0	0	0	0
본선지장 차량탈선	0	0	0	0	0
안전을 지장하는 시설고장	0	0	2	0	2
안전을 지장하는 차량고장	0	0	0	0	0
위험물 누출사건	0	0	0	1	1
기타 사고위험이 있는 사건	0	0	0	0	1

□ 지연운행 발생 현황

(단위 : 건)

구분	20X5년	20X6년	20X7년	20X8년	20X9년
차량탈선	0	0	0	0	0
차량파손	1	0	0	0	0
차량화재	0	0	0	0	0
열차분리	3	3	1	1	0
차량구름	0	0	0	1	0
규정위반	6	14	4	4	15
선로장애/급전장애/신호장애	28	㉠	55	49	61
차량고장	116	119	㉡	109	184
열차방해	1	0	1	0	0
기타	98	67	51	67	87
합계	253	245	259	231	347

06. 제시된 자료의 ㉠, ㉡에 들어갈 값의 합은 얼마인가?

① 185   ② 187   ③ 189

④ 191   ⑤ 193

07. 다음 중 자료에 대한 설명으로 적절한 것은?

① 자료의 기간 동안 정지신호 위반운전으로 인한 운행장애는 10건 넘게 발생하였다.

② 자료의 기간 동안 무허가 구간 열차운행으로 인한 운행장애는 위험물 누출사건으로 인한 운행장애보다 많이 발생하였다.

③ 자료의 기간 동안 차량탈선, 차량파손, 차량화재로 인한 운행장애는 발생하지 않았다.

④ 규정위반으로 인한 운행장애는 20X6년에서 20X8년 사이 매년 꾸준히 감소하였다.

⑤ 자료의 기간 동안의 지연운행 발생 현황을 보면 선로장애/급전장애/신호장애로 인한 발생건수가 세 번째로 많다.

08. 제시된 자료를 바탕으로 그래프를 작성하였을 때, 다음 중 자료와 일치하지 않는 그래프는? (단, 운행장애는 위험사건과 지연운행만 일어나며, 계산은 소수점 아래 첫째 자리에서 반올림한다)

① 〈20X5 ~ 20X9년 위험사건 발생건수〉

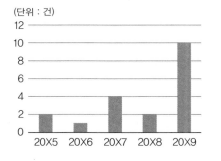

② 〈20X5 ~ 20X9년 운행장애 발생건수〉

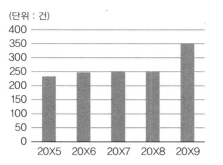

③ 〈20X9년 원인별 위험사건 발생건수〉

④ 〈20X7 ~ 20X9년 지연운행 중 선로장애/급전 장애/신호장애로 인한 지연운행 비중〉

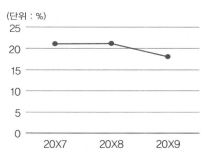

⑤ 〈20X5 ~ 20X9년 지연운행 중 기타로 인한 지연운행 비중〉

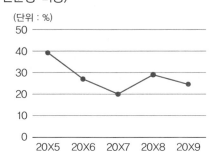

[09 ~ 11] ○○기업 신입사원 독고 씨는 BIM기반 통합운영시스템 관련 자료를 살펴보고 있다. 이어지는 질문에 답하시오.

1. 추진 배경
   - (4차 산업혁명 기술 기반 스마트 건설 도입) 4차 산업혁명 기술을 적용한 철도 건설 산업의 생산성 향상 및 안전성 강화 필요
     - 국토교통부 스마트 건설 로드맵 반영 : 2021년부터 BIM 라이브러리 기반 설계 부분 자동화 시행을 통한 철도 설계부분의 생산성 향상과 2026년부터 건설 전 단계를 고려한 BIM 설계 최적화 계획 반영
     - 생산성 및 해외 경쟁력 향상 : AR(증강현실), VR(가상현실), AI(인공지능) 등의 4차 산업혁명 기술을 도입한 스마트 건설에 따라 생산성과 해외 경쟁력 향상
     - 기술 우선도입 : 국토교통부 스마트 건설 시행계획에서 철도인프라 부문 우선도입기술 필요
2. 과제 개요
   - 연구기간 : 2021. 04. ~ 2025. 12.
   - 연구비 : 정부 28,700백만 원 / 민간 미정

(단위 : 백만 원)

구분	총 연구비	2021년	2022년	2023년	2024년	2025년
정부투자	28,700	3,000	6,500	7,000	7,000	5,200

- 연구수행체계 : 연구단

연구단(총괄)	
과제	철도인프라 생애주기 관리를 위한 BIM기반 통합운영시스템 개발 및 구축

(세부 1) 철도인프라 BIM기반 생애주기 통합관리시스템 구축 및 운영기술 개발	(세부 2) 철도인프라 BIM 설계 생산성 향상 및 품질관리 기술 개발	(세부 3) 철도인프라 BIM기반 지능형 안전 시공 및 준공 기술, 유지관리 연계 기술 개발
(1-1) 철도인프라 BIM 발주관리체계 구축 및 실증	(2-1) 철도인프라 BIM 디지털 모델 생성 자동화기술, 품질관리 자동화 기술 및 전자납품체계 기술 개발	(3-1) 시공관리를 위한 지능형 철도인프라 BIM 모델 자동생성 및 작업 안전성 확보 기술 개발
(1-2) 철도인프라 생애주기 통합운영시스템 개발	(2-2) 철도인프라 BIM 설계 정보관리시스템 개발	(3-2) 철도인프라 BIM 시공/준공 성과품의 검측 기술
(1-3) 철도인프라 BIM 적용 현장 구축 및 운영	(2-3) 개방형 철도인프라 BIM 데이터센터시스템 구축 및 시범운영	(3-3) 기존 유지관리 시스템과 연계를 위한 철도인프라 BIM 기술 개발 및 현장 적용

09. 다음 중 위 자료에 대한 내용으로 적절하지 않은 것은?

① 연구비의 경우 정부투자금액은 확정되었지만 민간 투자금액은 알 수 없다.

② 국토교통부 스마트 건설을 위해서는 철도인프라 부문에서 우선도입기술이 필요하다.

③ 본 연구사업은 4차 산업혁명 기술을 반영한 스마트 건설 도입에 따른 해외 경쟁력 향상을 위해 필요하다.

④ 본 연구사업은 4차 산업혁명 기술을 적용해 철도 건설 산업의 안전성을 강화할 필요성이 있기 때문에 진행하는 것이다.

⑤ 철도인프라 생애주기 관리를 위한 BIM기반 통합운영시스템 개발 및 구축에 관한 연구를 기반으로 스마트 건설 로드맵이 작성되었다.

10. 다음 자료를 통해 독고 씨가 추론한 내용으로 적절한 것은?

① 기술 향상 등 기술적인 기대효과는 없으며 경제적인 기대효과만 존재한다.

② 정부투자금액은 연구가 시작하는 때부터 매년 지속적으로 증가한다.

③ 철도인프라 생애주기 관리를 위한 BIM기반 통합운영시스템 개발 및 구축에 관한 연구는 약 3년 동안 진행된다.

④ 철도인프라 생애주기 관리를 위한 BIM기반 통합운영시스템 개발 및 구축 연구를 총괄하는 세부 연구단을 알 수 있다.

⑤ 철도인프라 생애주기 관리를 위한 BIM기반 통합운영시스템 개발 및 구축의 세부 연구 과제는 3개로, 각각 3단계에 걸쳐 진행된다.

11. 독고 씨는 제시된 자료를 바탕으로 과제를 도식화하였다. ㉠ ~ ㉤ 중 적절하지 않은 것은?

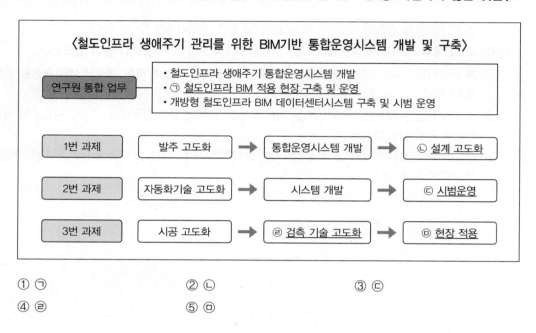

〈철도인프라 생애주기 관리를 위한 BIM기반 통합운영시스템 개발 및 구축〉

연구원 통합 업무
- 철도인프라 생애주기 통합운영시스템 개발
- ㉠ 철도인프라 BIM 적용 현장 구축 및 운영
- 개방형 철도인프라 BIM 데이터센터시스템 구축 및 시범 운영

1번 과제	발주 고도화	→	통합운영시스템 개발	→	㉡ 설계 고도화
2번 과제	자동화기술 고도화	→	시스템 개발	→	㉢ 시범운영
3번 과제	시공 고도화	→	㉣ 검측 기술 고도화	→	㉤ 현장 적용

① ㉠ ② ㉡ ③ ㉢
④ ㉣ ⑤ ㉤

12. A ~ E사의 5개 회사 직원이 모여서 자기 회사의 영업이익에 대해 다음과 같이 말하였다. 이 중에서 1명만 거짓말을 하고 있다고 할 때, 진실을 말했다고 확신할 수 있는 사람은?

A사 직원 : A사는 E사보다 영업이익이 작습니다.
B사 직원 : B사는 D사보다 영업이익이 큽니다.
C사 직원 : C사는 E사보다 영업이익이 큽니다.
D사 직원 : D사는 A사보다 영업이익이 작습니다.
E사 직원 : E사는 B사보다 영업이익이 작습니다.

① A사 직원 ② B사 직원 ③ C사 직원
④ D사 직원 ⑤ E사 직원

13. 다음은 기업조직의 지배구조에 대한 ○○기업 사원들 간의 대화 내용이다. 적절하지 않은 내용을 말하는 사원은?

> 김 팀장 : 기업조직에 대한 지배구조는 기업을 실질적으로 지배하고 통제하는 부분에 대한 것으로 우리나라 기업들은 소유경영체제를 유지하고 있으나, 미국기업들은 상대적으로 전문경영체제의 비율이 높습니다.
>
> 박 과장 : 소유경영체제의 장점은 신속한 의사결정, 과감한 투자, 장기적인 전략수립이 전문경영체제보다 유리하다는 것이지만, 독단적인 의사결정, 가족경영 및 경영권 승계의 비합리성과 같은 문제가 있을 수 있습니다.
>
> 이 대리 : 전문경영체제는 경영성과가 좋지 않을 경우 최고경영자 교체가 소유경영체제보다 용이하지만, 대리인 문제라는 커다란 약점이 있을 수 있습니다.
>
> 안 주임 : 대리인 문제는 전문경영자가 기업조직의 주주보다는 자신의 이익을 위해 일하는 경향인데, 예를 들어 단기적인 실적에 집착하여 기업조직의 장기적인 발전을 위한 연구개발이나 신규 투자를 소홀히 할 수 있다는 점입니다.
>
> 최 사원 : 대리인 문제를 극복하기 위한 내부적 수단과 외부적 수단이 존재하는데, 대표적인 내부적 수단으로는 주식매수 선택권 부여가 있고 외부적 수단으로는 사외이사제도가 있습니다.

① 김 팀장   ② 박 과장   ③ 이 대리
④ 안 주임   ⑤ 최 사원

[14 ~ 16] 다음 글을 읽고 이어지는 질문에 답하시오.

다음은 A 제약회사 영업 1 ~ 5팀의 영업 매출 보고서와 성과 기준표이다.

〈팀별 영업 매출 보고서〉

(단위 : 만 원)

구분	전년 매출액	금년 매출액
영업 1팀	5,500	6,000
영업 2팀	4,000	4,500
영업 3팀	6,500	8,000
영업 4팀	4,500	6,000
영업 5팀	5,000	6,000

〈본부 제시 목표 실적〉

(단위 : 만 원)

구분	목표 실적
영업 1팀	6,500
영업 2팀	5,300
영업 3팀	7,500
영업 4팀	6,000
영업 5팀	6,000

〈팀 제시 목표 실적〉

(단위 : %)

구분	목표 실적(전년 대비 증가율)
영업 1팀	10
영업 2팀	15
영업 3팀	20
영업 4팀	30
영업 5팀	20

〈성과 기준표〉

평가 기준	평가 등급	평가 기준	평가 등급
목표 매출 110% 이상 달성	A	목표 매출 90% 이상 달성	C
목표 매출 100% 이상 달성	B	목표 매출 90% 미만 달성	D

14. 본부에서 제시한 목표 실적을 참고하여 금년 팀별 성과를 평가하였을 때, 다음 중 가장 낮은 등급을 받은 팀은?

① 영업 1팀   ② 영업 2팀   ③ 영업 3팀

④ 영업 4팀   ⑤ 영업 5팀

15. 팀에서 제시한 목표 실적을 참고하였을 때, 다음 중 목표를 달성한 팀을 모두 고르면?

① 1팀, 3팀   ② 2팀, 4팀   ③ 3팀, 5팀

④ 2팀, 4팀, 5팀   ⑤ 3팀, 4팀, 5팀

16. 목표 실적 달성 여부에 따라 점수를 부여한 후 가장 높은 점수를 받은 팀에게 성과급을 부여하려 한다. 〈보기〉의 점수 부여 방식을 참고하였을 때, 다음 중 성과급을 받는 팀은?

> **보기**
>
> • 본부 제시 목표를 달성하였을 경우 3점을 부여한다.
> • 팀 제시 목표를 달성하였을 경우 1점을 부여한다.
> • 금년 매출액이 전년 대비 1,000만 원 이상 향상되었을 경우 4점, 1,500만 원 이상 향상되었을 경우 5점을 부여한다.
> • 점수가 같은 경우 전년 대비 금년 매출액의 증가율이 더욱 큰 팀이 성과급을 받는다.

① 영업 1팀   ② 영업 2팀   ③ 영업 3팀

④ 영업 4팀   ⑤ 영업 5팀

1회 기출예상

2회 기출예상

3회 기출예상

4회 기출예상

5회 기출예상

6회 기출예상

7회 기출예상

8회 기출예상

인성검사

면접가이드

[17 ~ 20] 다음 글을 읽고 이어지는 질문에 답하시오.

관리부 직원 한구름 씨는 다음 전산 시스템의 모니터링 및 관리 업무를 하고 있다.

〈시스템 오류 모니터링 화면 항목 및 세부사항〉

항목	세부사항		
ErrorAlert #_@○ □	Error Type, Code, Hazard, Weight를 알려줌.		– # : Error Type(에러의 종류) • C : 클라이언트 • S : 서버 – @ : Code(산출 코드) – ○ : Hazard(위험도) – □ : Weight(가중치)
Error Value	Error Type에 따라 Hazard와 Weight를 이용하여 산출	Error Type이 클라이언트	Code가 대문자
			Hazard×Weight×2
			Code가 소문자
			Hazard×Weight×0
		Error Type이 서버	Hazard×Weight×1
Result Value	산출된 Error Value의 총합		

〈시스템 판단 기준 및 입력 코드〉

시스템 상태*	판단 기준	입력 코드
안전	Result Value 0 이하	Whit3
주의	Result Value 0 초과 20 이하	0reen
경고	Result Value 20 초과 40 이하	7ello
위험	Result Value 40 초과 50 이하	M8nta
정지	Result Value 50 초과	8lack

* 시스템 상태는 안전이 제일 낮은 등급이고, 주의, 경고, 위험, 정지 순으로 높아진다.

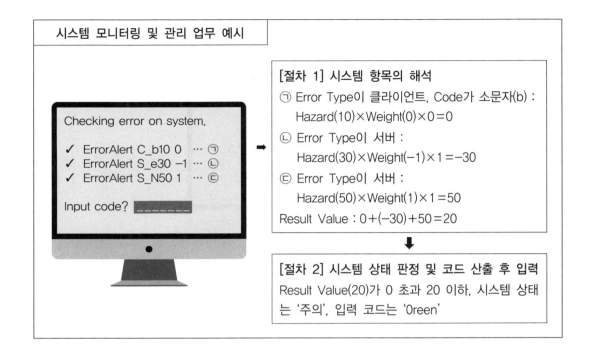

시스템 모니터링 및 관리 업무 예시

Checking error on system.

✓ ErrorAlert C_b10 0 ··· ㉠
✓ ErrorAlert S_e30 −1 ··· ㉡
✓ ErrorAlert S_N50 1 ··· ㉢

Input code? _____

[절차 1] 시스템 항목의 해석
㉠ Error Type이 클라이언트, Code가 소문자(b) :
 Hazard(10)×Weight(0)×0=0
㉡ Error Type이 서버 :
 Hazard(30)×Weight(−1)×1=−30
㉢ Error Type이 서버 :
 Hazard(50)×Weight(1)×1=50
Result Value : 0+(−30)+50=20

[절차 2] 시스템 상태 판정 및 코드 산출 후 입력
Result Value(20)가 0 초과 20 이하, 시스템 상태는 '주의', 입력 코드는 '0reen'

17. 다음 화면에서 한구름 씨가 입력할 코드는?

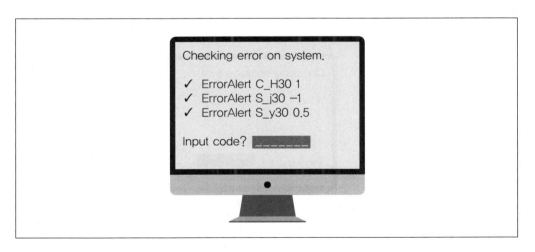

Checking error on system.

✓ ErrorAlert C_H30 1
✓ ErrorAlert S_j30 −1
✓ ErrorAlert S_y30 0.5

Input code? _____

① Whit3 ② 0reen ③ 7ello
④ M8nta ⑤ 8lack

18. 다음 화면에서 한구름 씨가 입력할 코드는?

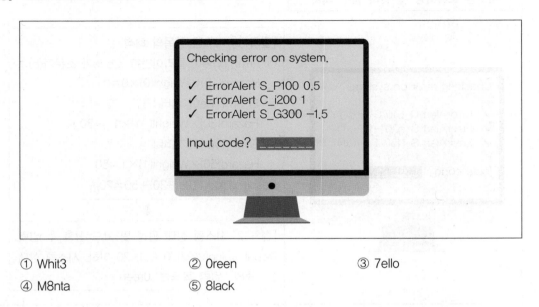

① Whit3   ② 0reen   ③ 7ello

④ M8nta   ⑤ 8lack

19. 다음 화면에서 한구름 씨가 입력할 코드는?

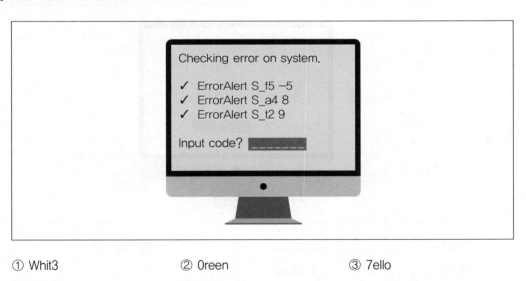

① Whit3   ② 0reen   ③ 7ello

④ M8nta   ⑤ 8lack

20. 다음 화면에서 한구름 씨가 입력할 코드는?

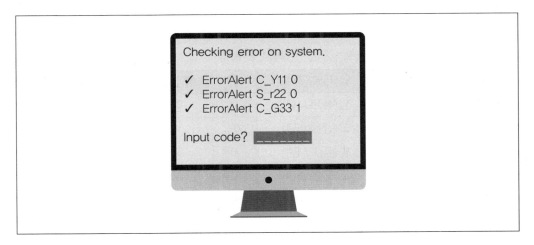

Checking error on system.

✓ ErrorAlert C_Y11 0
✓ ErrorAlert S_r22 0
✓ ErrorAlert C_G33 1

Input code? _____

① Whit3　　　　　　② 0reen　　　　　　③ 7ello
④ M8nta　　　　　　⑤ 8lack

[21 ~ 23] △△공사는 근무지를 재배치하기 위해 각 직원들의 희망 근무지를 확인하고 있다. 〈근무지 배치 규칙〉을 참고하여 이어지는 질문에 답하시오.

〈희망 근무지〉

직원	희망 근무지	업무분야(경력)	직원	희망 근무지	업무분야(경력)
가	서울	입환유도(1년)	사	경기도	입환유도(6년)
나	강원도	고속전호(5년)	아	부산	구내운전(2년)
다	강원도	입환유도(4년)	자	경기도	입환유도(2년)
라	경기도	고속전호(3년)	차	서울	고속전호(1년)
마	제주도	고속전호(4년)	카	부산	구내운전(5년)
바	부산	구내운전(4년)	타	서울	고속전호(4년)

〈근무지 평점〉

근무지	평점	근무지	평점
강원도	2	부산	7
서울	6	광주	9
경기도	8	제주도	3

〈근무지 배치 규칙〉

- 한 근무지당 2명의 직원이 배치되며, 배치된 직원들은 업무 분야가 달라야 한다.
- 희망 근무지를 우선하여 배치하되 희망인원을 초과할 경우 고속전호, 입환유도, 구내운전 순으로 우선 배치한다(단, 동일한 업무분야의 직원 2명 이상이 동일한 희망 근무지를 작성한 경우에는 경력이 많은 순으로 우선 배치한다).
- 희망 근무지에 배치되지 못한 경우 희망자는 미달인 근무지에 배치하며 입환유도, 구내운전, 고속전호 순으로 근무지 평점이 좋은 근무지부터 순서대로 배치한다(단, 동일한 업무분야의 직원이 2명 이상 있을 경우에는 경력이 적은 순으로 우선 배치한다).

21. 다음 중 경기도와 서울에 배치될 직원끼리 알맞게 짝지은 것은?

	경기도	서울			경기도	서울
①	라, 사	가, 차		②	라, 사	가, 타
③	라, 자	가, 타		④	라, 자	가, 차
⑤	사, 자	가, 타				

22. 다음 중 희망 근무지에 배치되는 직원은?

① 바 직원   ② 아 직원   ③ 자 직원
④ 차 직원   ⑤ 카 직원

23. 다음과 같이 근무지 배치 규칙이 달라졌을 때, 마 직원과 같은 근무지에 배치되는 직원은?

- 한 근무지당 2명의 직원이 배치되며, 배치된 직원들은 업무 분야가 달라야 한다.
- 한 근무지당 최소 1명은 경력이 4년 이상인 직원이 배치되어야 한다.
- 1차 배치 시 희망 근무지를 우선하여 배치하되, 해당 근무지의 희망 직원이 2명을 초과하는 경우 고속전호, 입환유도, 구내운전 순으로 우선 배치한다(단, 동일한 업무분야의 직원 2명 이상이 동일한 희망 근무지를 작성한 경우에는 경력이 많은 순으로 우선 배치한다).
- 희망 근무지에 배치되지 못한 경우 2차 배치를 실시한다. 이때 희망자가 미달인 근무지에 배치하되, 다음과 같은 규칙을 적용한다.
  - 업무분야가 입환유도, 구내운전, 고속전호인 순으로, 같은 업무분야에서 경력이 적은 순으로 평점이 높은 근무지에 배치한다.
  - 단, 평점이 높은 근무지에 이미 같은 업무분야 직원이 배치되어 있거나, 최소 1명의 경력이 4년 이상인 직원이 배치되어 있지 않은 경우, 그 다음으로 평점이 높은 근무지에 배치한다.

① 가 직원   ② 바 직원   ③ 아 직원
④ 차 직원   ⑤ 카 직원

24. 총무부 K 사원은 워크숍에 필요한 직원 50명의 단체복을 주문하기 위하여 제품별 가격표를 검토하고 있다. 품목 및 업체선정 우선순위와 직원선호도, 그리고 제품 가격을 고려하여 최종 선정할 때, K 사원이 선정한 업체와 품목은?

〈제품별 가격표〉

품목	직원 선호도 순위	A 업체	B 업체
라운드넥 티셔츠	3	12,000원	13,000원
칼라넥 티셔츠	2	14,000원	17,500원
집업 점퍼	1	22,000원	20,000원
플리스 점퍼	4	25,000원	22,000원

※ B 업체의 경우 상품과 관계없이 30개 이상 구매 시 전체 지급금액의 10%가 할인된다.

〈품목 및 업체선정 우선순위〉

• 직원 선호도를 최우선으로 선정하나, 다음 순위 선호도 품목의 총 금액이 우선 품목 대비 20% 이상 저렴한 경우 다음 순위 품목을 선정한다.
• 동일한 품목에서 총 구매금액이 더 저렴한 업체를 선정한다.

① B 업체 – 집업 점퍼
② A 업체 – 칼라넥 티셔츠
③ A 업체 – 라운드넥 티셔츠
④ B 업체 – 플리스 점퍼
⑤ B 업체 – 라운드넥 티셔츠

[25 ~ 27] 다음 자료를 읽고 이어지는 질문에 답하시오.

20X0년 3월 설비관리 점검일지

1. 담당자 : 설비팀 최○○ 대리
2. 최종 점검 일자 : 20X0. 03. 31.
3. 설비 점검 내용

구분		점검 항목	일지						
설비		점검 항목	3/4	3/8	3/12	3/16	3/20	3/24	3/28
세척기	모터부	모터 작동 여부	✓		✓		✓		✓
		체인의 마모 상태	✓				✓		
		구리스 주입 상태	✓			✓			✓
	세척부	설비 청소 상태			✓			✓	
포장기	운전부	베어링	✓			✓			✓
		온도 센서	✓						✓
	컨베이어 벨트	설비 청소 상태		✓			✓		
열처리기	살균 · 냉각조	냉 · 난방온도 센서	✓	✓	✓	✓	✓	✓	✓
		수위 조절 레벨		✓		✓		✓	
		설비 청소 상태	✓			✓			✓
검출기	금속 검출기	모터 작동 상태	✓		✓		✓		✓
		컨베이어 벨트		✓				✓	
		검출센서			✓				✓
		설비 청소 상태		✓				✓	
용수탱크	용수탱크	주위 청소 상태	✓			✓			✓
		본체 균열 · 누수 여부	✓						✓
		배관 오염 여부		✓					✓
		녹 등 침식물 여부	✓			✓			✓
		월류관 파손 여부	✓			✓			✓
		램프 작동 여부		✓		✓		✓	
		수질 상태 체크		✓			✓		

※ 설비관리 주기는 매달 동일함.

25. 다음 중 최 대리가 설비관리 점검일지를 통하여 파악한 업무 내용으로 옳은 것은?

① 포장기의 베어링, 검출기의 컨베이어 벨트, 용수탱크의 침식물 여부는 같은 날 점검했다.

② 열처리기의 냉·난방온도 센서는 매일 점검해야 한다.

③ 모든 설비는 매월 2회 이상 설비 청소 상태를 점검해야 한다.

④ 용수탱크의 본체 균열·누수 여부 점검은 점검 주기가 가장 긴 항목 중 하나이다.

⑤ 3월 16일에는 모든 설비에 대해 1개 이상의 항목을 점검했다.

26. 제시된 설비관리 점검일지의 점검 주기와 동일하게 설비 관리를 할 때, 4월 1일에 점검해야 할 항목을 모두 바르게 나열한 것은?

① 세척부의 설비 청소 상태, 살균·냉각조의 냉·난방온도 센서, 컨베이어 벨트의 설비 청소 상태

② 컨베이어 벨트의 설비 청소 상태, 살균·냉각조의 냉·난방온도 센서, 살균·냉각조의 수위 조절 레벨, 용수탱크의 램프 작동 여부, 용수탱크의 수질 상태 체크

③ 살균·냉각조의 냉·난방온도 센서, 살균·냉각조의 수위 조절 레벨, 용수탱크의 램프 작동 여부

④ 살균·냉각조의 냉·난방온도 센서, 금속검출기의 모터 작동 상태, 금속검출기의 컨베이어 벨트, 용수탱크의 램프 작동 여부

⑤ 세척부의 설비 청소 상태, 살균·냉각조의 냉·난방온도 센서, 금속검출기의 컨베이어 벨트, 용수탱크의 월류관 파손 여부, 용수탱크의 수질 상태 체크

27. 최 대리가 박 과장의 조언에 따라 4월 점검 계획을 수립 중일 때, 다음 중 옳은 내용은?

> 최 대리 : 부장님께 관리 점검에 비용이 많이 든다는 지적을 받았는데 해결 방법이 있을까요?
>
> 박 과장 : 냉·난방온도 센서 점검과 점검 주기가 8일인 경우에는 점검 주기를 16일로 늘리는 것이 좋겠습니다. 또 점검 주기가 동일한 항목들은 모두 같은 날 점검하도록 하면 비용을 줄일 수 있습니다. 4월 첫 점검은 4월 4일로 시행해 보면 어떨까요?

① 4월 8일과 24일은 모든 설비에서 점검할 항목이 존재하지 않는다.

② 용수탱크 수질 상태 체크와 배관 오염 여부는 항상 같은 날에 점검을 진행한다.

③ 4월 동안 열처리기의 점검 항목을 모두 점검하는 날은 2일이다.

④ 살균·냉각조의 설비 청소 상태와 금속검출기의 설비 청소 상태는 동일한 주기로 점검을 하게 된다.

⑤ 살균·냉각조의 냉·난방온도 센서와 용수탱크의 램프 작동 여부는 동일한 주기로 점검할 것이다.

28. 다음 중 〈보기〉에서 제시하고 있는 기술 사례에 해당하지 않는 것은?

보기

> 지속가능한 기술 발전은 지구촌의 현재와 미래를 포괄하는 개념으로 지금 우리의 현재를 충족시키면서도, 동시에 후속 세대의 충족을 침해하지 않는 발전을 의미합니다. 또한 경제적 활력, 사회적 평등, 환경의 보존을 동시에 충족시키는 발전을 의미하기도 합니다. 따라서 기술 발전은 현재와 미래 세대의 발전과 환경의 요구를 충족하는 방향으로 이루어져야 하며, 그렇기 때문에 환경보호가 발전의 중심적인 요소가 되어야 합니다.

① 철도노선 저탄소 제품 인증 확대

② 환경오염물질 배출 최소화 전략 수립 및 이행

③ ICT 및 데이터분석을 통한 기계설비의 과학적 유지

④ 환경오염 방지시설의 설치 및 개량 사업 투자

⑤ 배출허용량보다 높은 수준의 자체 온실가스 에너지 감축 목표 수립

29. 다음 〈보기〉는 '조하리의 창(Johari's Window)'과 관련된 사례이다. 이에 대한 설명으로 적절하지 않은 것은?

보기

ㄱ. 이 대리는 본인이 밝고 긍정적이라고 여기며, 직장 동료 역시 이 대리를 동일하게 평가한다.

ㄴ. 오 과장의 부하직원들은 그가 깐깐한 편이라고 생각하지만 오 과장은 그러한 자기의 모습을 알지 못한다.

ㄷ. 김 사원은 자신에 대해 종종 감성에 빠지는 편이라고 하지만 주변에서는 그러한 김 사원의 모습을 상상하지 못한다.

ㄹ. 최 사원은 흥이 많은 사람이지만 본인도, 주변에서도 그러한 성격을 모르고 있다.

① ㄱ은 공개된 자아의 사례이다.

② ㄴ은 숨겨진 자아의 사례이다.

③ ㄱ과 ㄷ을 구분하는 기준은 타인이 파악한 자신의 모습이다.

④ ㄷ에 해당하는 사람의 경우 상대방의 말을 잘 경청하고 신중함을 보이나 정작 자신의 속마음은 잘 드러내지 않는다.

⑤ ㄹ에 해당하는 사람의 경우 자신에 대한 지속적인 관심과 피드백을 통해 공개된 자아 영역으로 넓힐 필요가 있다.

30. 다음 중 업무수행 성과를 높이기 위한 행동전략으로 적절하지 않은 것은?

① 해야 될 일은 바로바로 처리한다.

② 직장 내 역할 모델을 설정하고 모델링한다.

③ 비슷한 업무는 묶어서 처리한다.

④ 회사와 팀의 업무 지침에 따라 일한다.

⑤ 다른 사람과 최대한 같은 방식으로 일한다.

31. 다음은 S사가 신입사원을 대상으로 한 교육의 내용이다. 강사의 물음에 대한 대답으로 적절한 것은?

여러분은 거절을 잘하는 편인가요? 혹여 능력이 없다고 보거나 예의 없다고 보지는 않을까 하는 등의 고민으로 주저하는 경우가 많을 겁니다. 그러나 자기개발을 위해서는 적절한 거절이 필요할 때가 있습니다.

여러분이 거절의 의사결정을 보다 잘할 수 있도록 퀴즈를 내보겠습니다. 설명이 틀린 카드는 무엇일까요?

⊙
거절했을 때 발생될 문제와 수락했을 때 발생될 문제의 기회비용을 따져본다.

ⓛ
상대방의 말을 들을 때는 귀를 기울여서 문제의 본질을 파악한다.

ⓒ
거절의 의사결정은 느릴수록 좋다. 빠른 의사결정은 고민의 흔적이 없어 보이므로 상대방에 대한 예의가 아니다.

ⓔ
거절을 할 때는 분명한 이유를 밝혀야 한다.

ⓜ
거절을 할 때는 거절에 대한 대안을 함께 제시하는 것이 좋다.

① ⊙
② ⓛ
③ ⓒ
④ ⓔ
⑤ ⓜ

32. 경력개발이 필요한 이유는 환경 변화, 조직 요구, 개인 요구의 차원으로 나누어 살펴볼 수 있다. 다음 〈보기〉의 요소들을 각 차원에 맞게 분류한 것은?

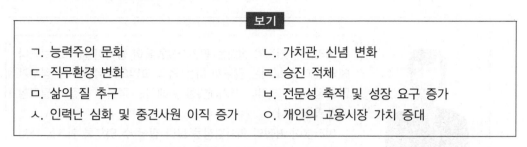

> 보기

ㄱ. 능력주의 문화
ㄴ. 가치관, 신념 변화
ㄷ. 직무환경 변화
ㄹ. 승진 적체
ㅁ. 삶의 질 추구
ㅂ. 전문성 축적 및 성장 요구 증가
ㅅ. 인력난 심화 및 중견사원 이직 증가
ㅇ. 개인의 고용시장 가치 증대

	환경 변화	조직 요구	개인 요구
①	ㅁ, ㅅ	ㄱ, ㄷ, ㄹ	ㄴ, ㅂ, ㅇ
②	ㄱ, ㄷ, ㅅ	ㄹ, ㅂ	ㄴ, ㅁ, ㅇ
③	ㄷ, ㅁ, ㅅ	ㄱ, ㄴ, ㄹ	ㅂ, ㅇ
④	ㅁ, ㅅ	ㄱ, ㄷ, ㅂ	ㄴ, ㄹ, ㅇ
⑤	ㄷ, ㅅ	ㄱ, ㄹ, ㅇ	ㄴ, ㅁ, ㅂ

33. 〈보기〉는 코칭의 진행과정을 도식화한 것이다. 다음 중 ㉠ ~ ㉤ 단계와 내용이 잘못 연결된 것은?

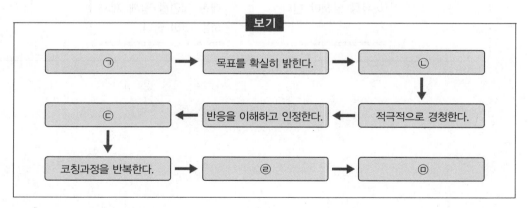

> 보기

㉠ → 목표를 확실히 밝힌다. → ㉡
㉡ ↓
적극적으로 경청한다.
반응을 이해하고 인정한다. ← 적극적으로 경청한다.
㉢ ← 반응을 이해하고 인정한다.
㉢ ↓
코칭과정을 반복한다. → ㉣ → ㉤

① ㉠ : 시간을 명확히 알린다.
② ㉡ : 코칭의 기대효과에 대해 설명한다.
③ ㉢ : 직원 스스로가 해결책을 찾도록 유도한다.
④ ㉣ : 인정할 만한 일에 대해서는 확실히 인정한다.
⑤ ㉤ : 결과에 따른 후속 작업에 집중한다.

34. 다음 〈보기〉에서 갈등을 파악하는 데 도움이 되는 단서로 적절한 것을 모두 고르면?

보기

ㄱ. 타인의 말이 채 끝나기도 전에 타인의 의견에 대해 비난부터 한다.
ㄴ. 자기 입장의 핵심을 이해하지 못한 것에 대해 서로를 공격한다.
ㄷ. 지나치게 감정적으로 토론을 하고 제안을 한다.
ㄹ. 집단적인 수준에서 통계적인 방식으로 서로를 공격한다.
ㅁ. 편을 나눠 다른 편과의 협력을 거부한다.

① ㄱ, ㄴ, ㄷ   ② ㄱ, ㄹ, ㅁ   ③ ㄴ, ㄷ, ㄹ
④ ㄱ, ㄴ, ㄷ, ㅁ   ⑤ ㄱ, ㄴ, ㄷ, ㄹ, ㅁ

35. 〈보기〉의 페인트 가격 협상에 대한 구매자들의 반응을 참고하여 의사결정 차원에서 협상을 바라보고 있는 구매자를 고르면?

보기

갑 : 나는 페인트 가격을 인하해야 하는 이유를 들어서 판매자를 설득할 거야. 협상이란 내가 원하는 것을 쟁취하기 위해서 이루어지니까.
을 : 지금 판매자와 나는 갈등 상황에 놓여 있어. 그리고 공통의 이익을 증진하기 위해 협상을 진행하는 거지.
병 : 나는 페인트 가격을 인하하고 싶은데, 어떻게 하면 판매자보다 우월한 지위를 점유하면서 가격 인하를 얻어낼 수 있을까?
정 : 가격에 대한 여러 가지 대안이 있는데 이중에서 판매자와 나 모두가 수용 가능한 대안을 찾아야 해.
무 : 협상이란 판매자와 내가 페인트 가격에 대해 합의하기 위해 공동의 의사결정을 내리는 과정이야.

① 갑   ② 을   ③ 병
④ 정   ⑤ 무

36. 고객 만족을 조사하는 방법에는 설문조사와 심층면접법이 있다. 다음 중 조사방법의 유형과 그에 대한 〈보기〉의 설명을 적절하게 짝지은 것은?

> **보기**
>
> ㄱ. 조사결과를 통계적으로 의뢰할 수 있다.
> ㄴ. 독특한 정보를 얻을 수 있다.
> ㄷ. 비교적 빠른 시간 내에 고객 만족을 조사할 수 있다.
> ㄹ. 응답자들이 쉽게 알아들을 수 있도록 질문을 구성해야 한다.
> ㅁ. 응답자의 잠재된 동기를 파악할 수 있다.
> ㅂ. 수집한 자료를 사실과 다르게 해석할 위험이 있다.

	설문조사	심층면접법		설문조사	심층면접법
①	ㄱ, ㄴ	ㄷ, ㄹ, ㅁ, ㅂ	②	ㄱ, ㄷ	ㄴ, ㄹ, ㅁ, ㅂ
③	ㄱ, ㄷ, ㄹ	ㄴ, ㅁ, ㅂ	④	ㄱ, ㄷ, ㅂ	ㄴ, ㄹ, ㅁ
⑤	ㄱ, ㄴ, ㄹ, ㅂ	ㄷ, ㅁ			

37. 다음 〈보기〉에서 정직에 대한 설명으로 옳은 것을 모두 고르면?

> **보기**
>
> ㄱ. 아직 우리 사회에서 정직성이 완벽하지 못한 이유 중 하나는 원칙보다 집단 내의 의리를 중요시하는 문화의 영향이다.
> ㄴ. 정직한 사람은 자신의 삶을 옳은 방향으로 이끌어갈 수 있는 사고를 한다.
> ㄷ. 정직한 사람은 조급한 모습을 보이지 않으며, 가식적이지 않다.
> ㄹ. 정직은 개인과 개인이 협력하는 데 필요한 가장 기본적인 규범이다.
> ㅁ. 정직은 정보화 사회에서 더욱 필요한 덕목이다.

① ㄷ, ㄹ 　　　　② ㄱ, ㄷ, ㅁ 　　　　③ ㄴ, ㄷ, ㄹ
④ ㄱ, ㄷ, ㄹ, ㅁ 　　⑤ ㄱ, ㄴ, ㄷ, ㄹ, ㅁ

38. ○○기업은 신입사원 교육에서 퀴즈 시간을 가지려고 한다. 개인윤리와 직업윤리, 그리고 그 두
윤리의 조화에 대한 다음의 설명카드 중 적절하지 않은 것은?

안녕하세요? ○○기업 신입사원 여러분, 지금부터 개인윤리
와 직업윤리에 관련된 퀴즈 게임을 진행하고자 합니다. 지금
제가 들고 있는 5장의 카드에는 개인윤리와 직업윤리의 조화
에 대한 내용이 적혀 있습니다. 제가 지금부터 카드 한 장을 읽
어 드릴 것입니다. 그러면 여러분은 틀린 내용이 적힌 카드를
골라 주시면 됩니다.

[카드 1]
직업윤리는 개인윤리에 비
해서 자주성을 가지고 있
다. 개인윤리에서는 폭력
이 절대 금기되지만 군인
의 직업윤리에서는 필요
에 따라 허용될 수 있다
는 것이 그 예이다.

[카드 2]
수많은 사람이 관련되어
고도화된 공동의 협력을
요구하므로 맡은 역할에
대해 주도적으로 책임을
완수하는 것보다는 팀원
들과 업무를 공유하는 것
이 합당하다.

[카드 3]
규모가 큰 공동의 재산,
정보 등을 개인의 권한하
에 위임, 관리하므로 높
은 윤리의식이 요구된다.

[카드 4]
기업은 경쟁을 통하여 달
성한 것에 대해 책임을
다하고, 보다 강한 경쟁
력을 위하여 직원 개인의
역할과 능력이 경쟁상황
을 통해 꾸준히 향상되어
야 한다.

[카드 5]
업무상 개인의 판단과 행
동이 사회적으로 영향력
이 큰 기업시스템을 통하
여 다수의 이해관계자에
게 영향을 준다.

① 카드 1
② 카드 2
③ 카드 3
④ 카드 4
⑤ 카드 5

39. 다음은 근면에 필요한 자세에 대한 대화이다. 다음 중 가장 적절한 설명을 하고 있는 사람은?

A: 시간관리능력을 갖춰야 근면한 자세를 얻을 수 있습니다. 회사에서 캘린더와 다이어리를 나누어 주는 것도 이러한 이유 때문입니다.

B: 근면하기 위해서는 일하는 분야에서의 전문성이 필요합니다. 따라서 해당 직무와 관련된 업무역량을 쌓는 것이 중요하죠.

C: 근면에서 가장 중요한 것은 적극적이고 능동적인 자세입니다. 능동적인 자세로 일한다면 근무시간이 보다 줄어들 거예요.

D: 직원들의 근면을 위해서는 회사 복지를 개선해야 합니다. 회사가 직원을 진심으로 생각하고 있다는 마음이 전해져야 직원들이 더 열심히 일하고 싶은 마음이 생길 수 있습니다.

E: 회사가 직원들의 근면을 위해 꼭 약속해 주어야 하는 것은 연봉 인상입니다. 왜냐하면 월급은 회사를 다니는 이유 중 하나이기 때문입니다.

① A   ② B   ③ C
④ D   ⑤ E

40. 다음 〈보기〉의 사례에 나타난 명함 교환 예절로 적절하지 않은 것은?

보기

S 공사에 다니는 김 사원은 협력 업체의 직원을 처음 만나 명함을 받았다. 김 사원은 ㉠미리 새 명함을 준비해 가서 ㉡명함을 명함 지갑에서 꺼내 협력 업체의 직원에게 건네었다. ㉢ 김 사원과 협력 업체 직원이 동시에 명함을 꺼내어 왼손으로 서로 교환하고 오른손으로 옮겼다. 김 사원은 받은 명함을 잃어버리지 않기 위해 ㉣명함을 받은 후 바로 호주머니에 넣었다. 또한 협력 업체 직원에 대해 적고 싶은 것이 있어, ㉤직원과의 만남이 끝난 후 명함에 부가 정보를 적었다.

① ㉠   ② ㉡   ③ ㉢

④ ㉣   ⑤ ㉤

1회 기출예상 2회 기출예상 3회 기출예상 4회 기출예상 5회 기출예상 6회 기출예상 7회 기출예상 8회 기출예상 인성검사 면접가이드

고시넷 서울교통공사 **NCS**

파트 2 인성검사

01 인성검사의 이해

1 인성검사, 왜 필요한가?

채용기업은 지원자가 '직무적합성'을 지닌 사람인지를 인성검사와 NCS기반 필기시험을 통해 판단한다. 인성검사에서 말하는 인성(人性)이란 그 사람의 성품, 즉 각 개인이 가지는 사고와 태도 및 행동 특성을 의미한다. 인성은 사람의 생김새처럼 사람마다 다르기 때문에 몇 가지 유형으로 분류하고 이에 맞추어 판단한다는 것 자체가 억지스럽고 어불성설일지 모른다. 그럼에도 불구하고 기업들의 입장에서는 입사를 희망하는 사람이 어떤 성품을 가졌는지 정보가 필요하다. 그래야 해당 기업의 인재상에 적합하고 담당할 업무에 적격한 인재를 채용할 수 있기 때문이다.

지원자의 성격이 외향적인지 아니면 내향적인지, 어떤 직무와 어울리는지, 조직에서 다른 사람과 원만하게 생활할 수 있는지, 업무 수행 중 문제가 생겼을 때 어떻게 대처하고 해결할 수 있는지에 대한 전반적인 개성은 자기소개서를 통해서나 면접을 통해서도 어느 정도 파악할 수 있다. 그러나 이것들만으로 인성을 충분히 파악할 수 없기 때문에 객관화되고 정형화된 인성검사로 지원자의 성격을 판단하고 있다.

채용기업은 필기시험을 높은 점수로 통과한 지원자라 하더라도 해당 기업과 거리가 있는 성품을 가졌다면 탈락시키게 된다. 일반적으로 필기시험 통과자 중 인성검사로 탈락하는 비율이 10% 내외가 된다고 알려져 있다. 물론 인성검사를 탈락하였다 하더라도 특별히 인성에 문제가 있는 사람이 아니라면 절망할 필요는 없다. 자신을 되돌아보고 다음 기회를 대비하면 되기 때문이다. 탈락한 기업이 원하는 인재상이 아니었다면 맞는 기업을 찾으면 되고, 경쟁자가 많았기 때문이라면 자신을 다듬어 경쟁력을 높이면 될 것이다.

2 인성검사의 특징

우리나라 대다수의 채용기업은 인재개발 및 인적자원을 연구하는 한국행동과학연구소(KIRBS), 에스에이치알(SHR), 한국사회적성개발원(KSAD), 한국인재개발진흥원(KPDI) 등 전문기관에 인성검사를 의뢰하고 있다.

이 기관들의 인성검사 개발 목적은 비슷하지만 기관마다 검사 유형이나 평가 척도는 약간의 차이가 있다. 또 지원하는 기업이 어느 기관에서 개발한 검사지로 인성검사를 시행하는지는 사전에 알 수 없다. 그렇지만 공통으로 적용하는 척도와 기준에 따라 구성된 여러 형태의 인성검사지로 사전 테스트를 해 보고 자신의 인성이 어떻게 평가되는가를 미리 알아보는 것은 가능하다.

인성검사는 필기시험 당일 직무능력평가와 함께 실시하는 경우와 직무능력평가 합격자에 한하여 면접과 함께 실시하는 경우가 있다. 인성검사의 문항은 100문항 내외에서부터 최대 500문항까지 다양하다. 인성검사에 주어지는 시간은 문항 수에 비례하여 30 ~ 100분 정도가 된다.

문항 자체는 단순한 질문으로 어려울 것은 없지만 제시된 상황에서 본인의 행동을 정하는 것이 쉽지만은 않다. 문항 수가 많을 경우 이에 비례하여 시간도 길게 주어지지만 단순하고 유사하며 반복되는 질문에 방심하여 집중하지 못하고 실수하는 경우가 있으므로 컨디션 관리와 집중력 유지에 노력하여야 한다. 특히 같거나 유사한 물음에 다른 답을 하는 경우가 가장 위험하다.

🔍 3 인성검사 척도 및 구성

1 미네소타 다면적 인성검사(MMPI)

MMPI(Minnesota Multiphasic Personality Inventory)는 1943년 미국 미네소타 대학교수인 해서웨이와 매킨리가 개발한 대표적인 자기 보고형 성향 검사로서 오늘날 가장 대표적으로 사용되는 객관적 심리검사 중 하나이다. MMPI는 약 550여 개의 문항으로 구성되며 각 문항을 읽고 '예(YES)' 또는 '아니오(NO)'로 대답하게 되어 있다.

MMPI는 4개의 타당도 척도와 10개의 임상척도로 구분된다. 500개가 넘는 문항들 중 중복되는 문항들이 포함되어 있는데 내용이 똑같은 문항도 10문항 이상 포함되어 있다. 이 반복 문항들은 응시자가 얼마나 일관성 있게 검사에 임했는지를 판단하는 지표로 사용된다.

구분	척도명	약자	주요 내용
타당도 척도 (바른 태도로 임했는지, 신뢰할 수 있는 결론인지 등을 판단)	무응답 척도 (Can not say)	?	응답하지 않은 문항과 복수로 답한 문항들의 총합으로 빠진 문항을 최소한으로 줄이는 것이 중요하다.
	허구 척도 (Lie)	L	자신을 좋은 사람으로 보이게 하려고 고의적으로 정직하지 못한 답을 판단하는 척도이다. 허구 척도가 높으면 장점까지 인정받지 못하는 결과가 발생한다.
	신뢰 척도 (Frequency)	F	검사 문항에 빗나간 답을 한 경향을 평가하는 척도로 정상적인 집단의 10% 이하의 응답을 기준으로 일반적인 경향과 다른 정도를 측정한다.
	교정 척도 (Defensiveness)	K	정신적 장애가 있음에도 다른 척도에서 정상적인 면을 보이는 사람을 구별하는 척도로 허구 척도보다 높은 고차원으로 거짓 응답을 하는 경향이 나타난다.
임상척도 (정상적 행동과 그렇지 않은 행동의 종류를 구분하는 척도로, 척도마다 다른 기준으로 점수가 매겨짐)	건강염려증 (Hypochondriasis)	Hs	신체에 대한 지나친 집착이나 신경질적 혹은 병적 불안을 측정하는 척도로 이러한 건강염려증이 타인에게 어떤 영향을 미치는지도 측정한다.
	우울증 (Depression)	D	슬픔·비관 정도를 측정하는 척도로 타인과의 관계 또는 본인 상태에 대한 주관적 감정을 나타낸다.
	히스테리 (Hysteria)	Hy	갈등을 부정하는 정도를 측정하는 척도로 신체 증상을 호소하는 경우와 적대감을 부인하며 우회적인 방식으로 드러내는 경우 등이 있다.
	반사회성 (Psychopathic Deviate)	Pd	가정 및 사회에 대한 불신과 불만을 측정하는 척도로 비도덕적 혹은 반사회적 성향 등을 판단한다.
	남성-여성특성 (Masculinity-Feminity)	Mf	남녀가 보이는 흥미와 취향, 적극성과 수동성 등을 측정하는 척도로 성에 따른 유연한 사고와 융통성 등을 평가한다.

편집증 (Paranoia)	Pa	과대 망상, 피해 망상, 의심 등 편집증에 대한 정도를 측정하는 척도로 열등감, 비사교적 행동, 타인에 대한 불만과 같은 내용 을 질문한다.
강박증 (Psychasthenia)	Pt	과대 근심, 강박관념, 죄책감, 공포, 불안감, 정리정돈 등을 측정하는 척도로 만성 불안 등을 나타낸다.
정신분열증 (Schizophrenia)	Sc	정신적 혼란을 측정하는 척도로 자폐적 성향이나 타인과의 감정 교류, 충동 억제불능, 성적 관심, 사회적 고립 등을 평가 한다.
경조증 (Hypomania)	Ma	정신적 에너지를 측정하는 척도로 생각의 다양성 및 과장성, 행동의 불안정성, 흥분성 등을 나타낸다.
사회적 내향성 (Social introversion)	Si	대인관계 기피, 사회적 접촉 회피, 비사회성 등의 요인을 측정하 는 척도로 외향성 및 내향성을 구분한다.

2 캘리포니아 성격검사(CPI)

CPI(California Psychological Inventory)는 캘리포니아 대학의 연구팀이 개발한 성검사로 MMPI와 함께 세계에서 가장 널리 사용되고 있는 인성검사 툴이다. CPI는 다양한 인성 요인을 통해 지원자가 답변한 응답 왜곡 가능성, 조직 역량 등을 측정한다. MMPI가 주로 정서적 측면을 진단하는 특징을 보인다면, CPI는 정상적인 사람의 심리적 특성을 주로 진단한다.

CPI는 약 480개 문항으로 구성되어 있으며 다음과 같은 18개의 척도로 구분된다.

구분	척도명	주요 내용
제1군 척도 (대인관계 적절성 측정)	지배성(Do)	리더십, 통솔력, 대인관계에서의 주도권을 측정한다.
	지위능력성(Cs)	내부에 잠재되어 있는 내적 포부, 자기 확신 등을 측정한다.
	사교성(Sy)	참여 기질이 활발한 사람과 그렇지 않은 사람을 구분한다.
	사회적 자발성(Sp)	사회 안에서의 안정감, 자발성, 사교성 등을 측정한다.
	자기 수용성(Sa)	개인적 가치관, 자기 확신, 자기 수용력 등을 측정한다.
	행복감(Wb)	생활의 만족감, 행복감을 측정하며 긍정적인 사람으로 보이고자 거짓 응답하는 사람을 구분하는 용도로도 사용된다.
제2군 척도 (성격과 사회화, 책임감 측정)	책임감(Re)	법과 질서에 대한 양심, 책임감, 신뢰성 등을 측정한다.
	사회성(So)	가치 내면화 정도, 사회 이탈 행동 가능성 등을 측정한다.
	자기 통제성(Sc)	자기조절, 자기통제의 적절성, 충동 억제력 등을 측정한다.
	관용성(To)	사회적 신념, 편견과 고정관념 등에 대한 태도를 측정한다.
	호감성(Gi)	타인이 자신을 어떻게 보는지에 대한 민감도를 측정하며, 좋은 사람으로 보이고자 거짓 응답하는 사람을 구분한다.
	임의성(Cm)	사회에 보수적 태도를 보이고 생각 없이 적당히 응답한 사람을 판단하는 척도로 사용된다.

제3군 척도 (인지적, 학업적 특성 측정)	순응적 성취(Ac)	성취동기, 내면의 인식, 조직 내 성취 욕구 등을 측정한다.
	독립적 성취(Ai)	독립적 사고, 창의성, 자기실현을 위한 능력 등을 측정한다.
	지적 효율성(Le)	지적 능률, 지능과 연관이 있는 성격 특성 등을 측정한다.
제4군 척도 (제1~3군과 무관한 척도의 혼합)	심리적 예민성(Py)	타인의 감정 및 경험에 대해 공감하는 정도를 측정한다.
	융통성(Fx)	개인적 사고와 사회적 행동에 대한 유연성을 측정한다.
	여향성(Fe)	남녀 비교에 따른 흥미의 남향성 및 여향성을 측정한다.

3 SHL 직업성격검사(OPQ)

OPQ(Occupational Personality Questionnaire)는 세계적으로 많은 외국 기업에서 널리 사용하는 CEB 사의 SHL 직무능력검사에 포함된 직업성격검사이다. 4개의 질문이 한 세트로 되어 있고 총 68세트 정도 출제되고 있다. 4개의 질문 안에서 '자기에게 가장 잘 맞는 것'과 '자기에게 가장 맞지 않는 것'을 1개씩 골라 '예', '아니오'로 체크하는 방식이다. 단순하게 모든 척도가 높다고 좋은 것은 아니며, 척도가 낮은 편이 좋은 경우도 있다.

기업에 따라 척도의 평가 기준은 다르다. 희망하는 기업의 특성을 연구하고, 채용 기준을 예측하는 것이 중요하다.

척도	내용	질문 예
설득력	사람을 설득하는 것을 좋아하는 경향	- 새로운 것을 사람에게 권하는 것을 잘한다. - 교섭하는 것에 걱정이 없다. - 기획하고 판매하는 것에 자신이 있다.
지도력	사람을 지도하는 것을 좋아하는 경향	- 사람을 다루는 것을 잘한다. - 팀을 아우르는 것을 잘한다. - 사람에게 지시하는 것을 잘한다.
독자성	다른 사람의 영향을 받지 않고, 스스로 생각해서 행동하는 것을 좋아하는 경향	- 모든 것을 자신의 생각대로 하는 편이다. - 주변의 평가는 신경 쓰지 않는다. - 유혹에 강한 편이다.
외향성	외향적이고 사교적인 경향	- 다른 사람의 주목을 끄는 것을 좋아한다. - 사람들이 모인 곳에서 중심이 되는 편이다. - 담소를 나눌 때 주변을 즐겁게 해 준다.
우호성	친구가 많고, 대세의 사람이 되는 것을 좋아하는 경향	- 친구와 함께 있는 것을 좋아한다. - 무엇이라도 얘기할 수 있는 친구가 많다. - 친구와 함께 무언가를 하는 것이 많다.
사회성	세상 물정에 밝고 사람 앞에서도 낯을 가리지 않는 성격	- 자신감이 있고 유쾌하게 발표할 수 있다. - 공적인 곳에서 인사하는 것을 잘한다. - 사람들 앞에서 발표하는 것이 어렵지 않다.

겸손성	사람에 대해서 겸손하게 행동하고 누구라도 똑같이 사귀는 경향	– 자신의 성과를 그다지 내세우지 않는다. – 절제를 잘하는 편이다. – 사회적인 지위에 무관심하다.
협의성	사람들에게 의견을 물으면서 일을 진행하는 경향	– 사람들의 의견을 구하며 일하는 편이다. – 타인의 의견을 묻고 일을 진행시킨다. – 친구와 상담해서 계획을 세운다.
돌봄	측은해 하는 마음이 있고, 사람을 돌봐 주는 것을 좋아하는 경향	– 개인적인 상담에 친절하게 답해 준다. – 다른 사람의 상담을 진행하는 경우가 많다. – 후배의 어려움을 돌보는 것을 좋아한다.
구체적인 사물에 대한 관심	물건을 고치거나 만드는 것을 좋아하는 경향	– 고장 난 물건을 수리하는 것이 재미있다. – 상태가 안 좋은 기계도 잘 사용한다. – 말하기보다는 행동하기를 좋아한다.
데이터에 대한 관심	데이터를 정리해서 생각하는 것을 좋아하는 경향	– 통계 등의 데이터를 분석하는 것을 좋아한다. – 표를 만들거나 정리하는 것을 좋아한다. – 숫자를 다루는 것을 좋아한다.
미적가치에 대한 관심	미적인 것이나 예술적인 것을 좋아하는 경향	– 디자인에 관심이 있다. – 미술이나 음악을 좋아한다. – 미적인 감각에 자신이 있다.
인간에 대한 관심	사람의 행동에 동기나 배경을 분석하는 것을 좋아하는 경향	– 다른 사람을 분석하는 편이다. – 타인의 행동을 보면 동기를 알 수 있다. – 다른 사람의 행동을 잘 관찰한다.
정통성	이미 있는 가치관을 소중히 여기고, 익숙한 방법으로 사물을 대하는 것을 좋아하는 경향	– 실적이 보장되는 확실한 방법을 취한다. – 낡은 가치관을 존중하는 편이다. – 보수적인 편이다.
변화 지향	변화를 추구하고, 변화를 받아들이는 것을 좋아하는 경향	– 새로운 것을 하는 것을 좋아한다. – 해외여행을 좋아한다. – 경험이 없더라도 시도해 보는 것을 좋아한다.
개념성	지식에 대한 욕구가 있고, 논리적으로 생각하는 것을 좋아하는 경향	– 개념적인 사고가 가능하다. – 분석적인 사고를 좋아한다. – 순서를 만들고 단계에 따라 생각한다.
창조성	새로운 분야에 대한 공부를 하는 것을 좋아하는 경향	– 새로운 것을 추구한다. – 독창성이 있다. – 신선한 아이디어를 낸다.
계획성	앞을 생각해서 사물을 예상하고, 계획적으로 실행하는 것을 좋아하는 경향	– 과거를 돌이켜보며 계획을 세운다. – 앞날을 예상하며 행동한다. – 실수를 돌아보며 대책을 강구하는 편이다.

치밀함	정확한 순서를 세워 진행하는 것을 좋아하는 경향	- 사소한 실수는 거의 하지 않는다. - 정확하게 요구되는 것을 좋아한다. - 사소한 것에도 주의하는 편이다.
꼼꼼함	어떤 일이든 마지막까지 꼼꼼하게 마무리 짓는 경향	- 맡은 일을 마지막까지 해결한다. - 마감 시한은 반드시 지킨다. - 시작한 일은 중간에 그만두지 않는다.
여유	평소에 릴랙스하고, 스트레스에 잘 대처하는 경향	- 감정의 회복이 빠르다. - 분별없이 함부로 행동하지 않는다. - 스트레스에 잘 대처한다.
근심 · 걱정	어떤 일이 잘 진행되지 않으면 불안을 느끼고, 중요한 일을 앞두면 긴장하는 경향	- 예정대로 잘되지 않으면 근심 · 걱정이 많다. - 신경 쓰이는 일이 있으면 불안하다. - 중요한 만남 전에는 기분이 편하지 않다.
호방함	사람들이 자신을 어떻게 생각하는지를 신경 쓰지 않는 경향	- 사람들이 자신을 어떻게 생각하는지 그다지 신경 쓰지 않는다. - 상처받아도 동요하지 않고 아무렇지 않은 태도를 취한다. - 사람들의 비판에 크게 영향받지 않는다.
억제력	감정을 표현하지 않는 경향	- 쉽게 감정적으로 되지 않는다. - 분노를 억누른다. - 격분하지 않는다.
낙관적	사물을 낙관적으로 보는 경향	- 낙관적으로 생각하고 일을 진행시킨다. - 문제가 일어나도 낙관적으로 생각한다.
비판적	비판적으로 사물을 생각하고, 이론 · 문장 등의 오류에 신경 쓰는 경향	- 이론의 모순을 찾아낸다. - 계획이 갖춰지지 않은 것이 신경 쓰인다. - 누구도 신경 쓰지 않는 오류를 찾아낸다.
행동력	운동을 좋아하고, 민첩하게 행동하는 경향	- 동작이 날렵하다. - 여가를 활동적으로 보낸다. - 몸을 움직이는 것을 좋아한다.
경쟁성	지는 것을 싫어하는 경향	- 승부를 겨루게 되면 지는 것을 싫어한다. - 상대를 이기는 것을 좋아한다. - 싸워 보지 않고 포기하는 것을 싫어한다.
출세 지향	출세하는 것을 중요하게 생각하고, 야심적인 목표를 향해 노력하는 경향	- 출세 지향적인 성격이다. - 곤란한 목표도 달성할 수 있다. - 실력으로 평가받는 사회가 좋다.
결단력	빠르게 판단하는 경향	- 답을 빠르게 찾아낸다. - 문제에 대한 빠른 상황 파악이 가능하다. - 위험을 감수하고도 결단을 내리는 편이다.

🔍 4 인성검사 합격 전략

1 포장하지 않은 솔직한 답변

"다른 사람을 험담한 적이 한 번도 없다.", "물건을 훔치고 싶다고 생각해 본 적이 없다."

이 질문에 당신은 '그렇다', '아니다' 중 무엇을 선택할 것인가? 채용기업이 인성검사를 실시하는 가장 큰 이유는 '이 사람이 어떤 성향을 가진 사람인가'를 효율적으로 파악하기 위해서이다.

인성검사는 도덕적 가치가 빼어나게 높은 사람을 판별하려는 것도 아니고, 성인군자를 가려내기 위함도 아니다. 인간의 보편적 성향과 상식적 사고를 고려할 때, 도덕적 질문에 지나치게 겸손한 답변을 체크하면 오히려 솔직하지 못한 것으로 간주되거나 인성을 제대로 판단하지 못해 무효 처리가 되기도 한다. 자신의 성격을 포장하여 작위적인 답변을 하지 않도록 솔직하게 임하는 것이 예기치 않은 결과를 피하는 첫 번째 전략이 된다.

2 필터링 함정을 피하고 일관성 유지

앞서 강조한 솔직함은 일관성과 연결된다. 인성검사를 구성하는 많은 척도는 여러 형태의 문장 속에 동일한 요소를 적용해 반복되기도 한다. 예컨대 '나는 매우 활동적인 사람이다'와 '나는 운동을 매우 좋아한다'라는 질문에 '그렇다'고 체크한 사람이 '휴일에는 집에서 조용히 쉬며 독서하는 것이 좋다'에도 '그렇다'고 체크한다면 일관성이 없다고 평가될 수 있다.

그러나 일관성 있는 답변에만 매달리면 '이 사람이 같은 답변만 체크하기 위해 이 부분만 신경 썼구나'하는 필터링 함정에 빠질 수도 있다. 비슷하게 보이는 문장이 무조건 같은 내용이라고 판단하여 똑같이 답하는 것도 주의해야 한다. 일관성보다 중요한 것은 솔직함이다. 솔직함이 전제되지 않은 일관성은 허위 척도 필터링에서 드러나게 되어 있다. 유사한 질문의 응답이 터무니없이 다르거나 양극단에 치우치지 않는 정도라면 약간의 차이는 크게 문제되지 않는다. 중요한 것은 솔직함과 일관성이 하나의 연장선에 있다는 점을 명심하자.

3 지원한 직무와 연관성을 고려

다양한 분야의 많은 계열사와 큰 조직을 통솔하는 대기업은 여러 사람이 조직적으로 움직이는 만큼 각 직무에 걸맞은 능력을 갖춘 인재가 필요하다. 그래서 기업은 매년 신규채용으로 입사한 신입사원들의 젊은 패기와 참신한 능력을 성장 동력으로 활용한다.

기업은 사교성 있고 활달한 사람만을 원하지 않는다. 해당 직군과 직무에 따라 필요로 하는 사원의 능력과 개성이 다르기 때문에, 지원자가 희망하는 계열사나 부서의 직무가 무엇인지 제대로 파악하여 자신의 성향과 맞는지에 대한 고민은 반드시 필요하다. 같은 질문이라도 기업이 원하는 인재상이나 부서의 직무에 따라 판단 척도가 달라질 수 있다.

4 평상심 유지와 컨디션 관리

역시 솔직함과 연결된 내용이다. 한 질문에 오래 고민하고 신경 쓰면 불필요한 생각이 개입될 소지가 크다. 이는 직관을 떠나 이성적 판단에 따라 포장할 위험이 높아진다는 뜻이기도 하다. 긴 시간 생각하지 말고 자신의 평상시 생각과 감정대로 답하는 것이 중요하며, 가능한 건너뛰지 말고 모든 질문에 답하도록 한다. 300 ~ 400개 정도 문항을 출제하는 기업이 많기 때문에, 끝까지 집중하여 임하는 것이 중요하다.

특히 적성검사와 같은 날 실시하는 경우, 적성검사를 마친 후 연이어 보기 때문에 신체적·정신적으로 피로한 상태에서 자세가 흐트러질 수도 있다. 따라서 컨디션을 유지하면서 문항당 7 ~ 10초 이상 쓰지 않도록 하고, 문항 수가 많을 때는 답안지에 바로바로 표기하자.

02 인성검사 연습

1 인성검사 출제유형

인성검사는 기업이 추구하는 '열정과 도전정신을 가진 인재'라는 내부 기준에 따라 적합한 인재를 찾기 위해 가치관과 태도를 측정하는 것이다. 응시자 개인의 사고와 태도·행동 특성 및 유사 질문의 반복을 통해 거짓말 척도 등으로 기업의 인재상에 적합한지를 판단하므로 특별하게 정해진 답은 없다.

2 인성검사 합격 전략

1 100개 내외의 문항군으로 구성된 검사지에 자신에게 해당되는 '① 아니다 ② 약간 그렇다 ③ 대체로 그렇다 ④ 매우 그렇다'에 표시한다. 아래를 참고하여 문항 내용이 자신의 평소 생각이나 행동에 조금이라도 더 가까운 쪽으로 한 문항도 빠짐없이 응답한다.

■ 다르거나 비슷하지 않다.	→	① 아니다
■ 약간 같거나 비슷하다.	→	② 약간 그렇다
■ 대체로 같거나 비슷하다.	→	③ 대체로 그렇다
■ 매우 같거나 비슷하다.	→	④ 매우 그렇다

번호	문항	아니다	약간 그렇다	대체로 그렇다	매우 그렇다
1	내가 한 행동에 대해 절대 후회하지 않는다.	①	●	③	④
2	내 기분이 나쁘더라도 모임의 분위기에 맞춰 행동하려고 노력한다.	①	②	●	④
3	나보다 사정이 급한 사람이 있을 때는 순서를 양보해준다.	①	②	③	●

2 각 문항의 내용을 읽고 평소 자신의 생각 및 행동과 유사하거나 일치하면 '예', 다르거나 일치하지 않으면 '아니오'에 표시한다.

1	나는 수줍음을 많이 타는 편이다.	○ 예	○ 아니오
2	나는 과거의 실수가 자꾸만 생각나곤 한다.	○ 예	○ 아니오
3	나는 사람들과 서로 일상사에 대해 이야기하는 것이 쑥스럽다.	○ 예	○ 아니오

3 구성된 검사지에 문항 수가 많으면 일관된 답변이 어려울 수도 있으므로 최대한 꾸밈없이
자신의 가치관과 신념을 바탕으로 솔직하게 답하도록 노력한다.

1. 직관적으로 솔직하게 답한다.
2. 모든 문제를 신중하게 풀도록 한다.
3. 비교적 일관성을 유지할 수 있도록 한다.
4. 평소의 경험과 선호도를 자연스럽게 답한다.
5. 각 문항에 너무 골똘히 생각하거나 고민하지 않는다.
6. 지원한 분야와 나의 성격의 연관성을 미리 생각하고 분석해 본다.

3 모의 연습

※ 자신의 모습 그대로 솔직하게 응답하십시오. 솔직하고 성의 있게 응답하지 않을 경우 결과가 무효 처리됩니다.

[01~100] 모든 문항에는 옳고 그른 답이 없습니다. 다음 문항을 잘 읽고 ① ~ ④ 중 본인에게 해당되는 부분에
표시해 주십시오.

번호	문항	아니다	약간 그렇다	대체로 그렇다	매우 그렇다
1	내가 한 행동이 가져올 결과를 잘 알고 있다.	①	②	③	④
2	다른 사람의 주장이나 의견이 어떤 맥락을 가지고 있는지 생각해 본다.	①	②	③	④
3	나는 어려운 문제를 보면 반드시 그것을 해결해야 직성이 풀린다.	①	②	③	④
4	시험시간이 끝나면 곧바로 정답을 확인해 보는 편이다.	①	②	③	④
5	물건을 구매할 때 가격 정보부터 찾는 편이다.	①	②	③	④
6	항상 일을 할 때 개선점을 찾으려고 한다.	①	②	③	④
7	사적인 스트레스로 일을 망치는 일은 없다.	①	②	③	④
8	일이 어떻게 진행되고 있는지 지속적으로 점검한다.	①	②	③	④
9	궁극적으로 내가 달성하고자 하는 것을 자주 생각한다.	①	②	③	④
10	막상 시험기간이 되면 계획대로 되지 않는다.	①	②	③	④
11	다른 사람에게 궁금한 것이 있어도 참는 편이다.	①	②	③	④
12	요리하는 TV프로그램을 즐겨 시청한다.	①	②	③	④

13	후회를 해 본 적이 없다.	①	②	③	④
14	스스로 계획한 일은 하나도 빠짐없이 실행한다.	①	②	③	④
15	낮보다 어두운 밤에 집중력이 좋다.	①	②	③	④
16	인내심을 가지고 일을 한다.	①	②	③	④
17	많은 생각을 필요로 하는 일에 더 적극적이다.	①	②	③	④
18	미래는 불확실하기 때문에 결과를 예측하는 것은 무의미하다.	①	②	③	④
19	매일 긍정적인 감정만 느낀다.	①	②	③	④
20	쉬는 날 가급적이면 집 밖으로 나가지 않는다.	①	②	③	④
21	나는 약속 시간을 잘 지킨다.	①	②	③	④
22	영화보다는 연극을 선호한다.	①	②	③	④
23	아무리 계획을 잘 세워도 결국 일정에 쫓기게 된다.	①	②	③	④
24	생소한 문제를 접하면 해결해 보고 싶다는 생각보다 귀찮다는 생각이 먼저 든다.	①	②	③	④
25	내가 한 일의 결과물을 구체적으로 상상해 본다.	①	②	③	④
26	새로운 것을 남들보다 빨리 받아들이는 편이다.	①	②	③	④
27	나는 친구들의 생일선물을 잘 챙겨 준다.	①	②	③	④
28	나를 알고 있는 모든 사람은 나에게 칭찬을 한다.	①	②	③	④
29	일을 할 때 필요한 나의 능력에 대해 정확하게 알고 있다.	①	②	③	④
30	나는 질문을 많이 하는 편이다.	①	②	③	④
31	가급적 여러 가지 대안을 고민하는 것이 좋다.	①	②	③	④
32	만일 일을 선택할 수 있다면 어려운 것보다 쉬운 것을 선택할 것이다.	①	②	③	④
33	나는 즉흥적으로 일을 한다.	①	②	③	④
34	배가 고픈 것을 잘 참지 못한다.	①	②	③	④
35	단순한 일보다는 생각을 많이 해야 하는 일을 선호한다.	①	②	③	④
36	갑작스럽게 힘든 일을 겪어도 스스로를 통제할 수 있다.	①	②	③	④
37	가능성이 낮다 하더라도 내가 믿는 것이 있으면 그것을 실현시키기 위해 노력할 것이다.	①	②	③	④
38	내가 잘하는 일과 못하는 일을 정확하게 알고 있다.	①	②	③	④
39	어떤 목표를 세울 것인가 보다 왜 그런 목표를 세웠는지가 더 중요하다.	①	②	③	④
40	나는 성인이 된 이후로 하루도 빠짐없이 똑같은 시간에 일어났다.	①	②	③	④
41	다른 사람들보다 새로운 것을 빠르게 습득하는 편이다.	①	②	③	④

42	나는 모르는 것이 있으면 수단과 방법을 가리지 않고 알아낸다.	①	②	③	④
43	내 삶을 향상시키기 위한 방법을 찾는다.	①	②	③	④
44	내 의견이 옳다는 생각이 들면 다른 사람과 잘 타협하지 못한다.	①	②	③	④
45	나는 집요한 사람이다.	①	②	③	④
46	가까운 사람과 사소한 일로 다투었을 때 먼저 화해를 청하는 편이다.	①	②	③	④
47	무엇인가를 반드시 성취해야 하는 것은 아니다.	①	②	③	④
48	일을 통해서 나의 지식과 기술을 후대에 기여하고 싶다.	①	②	③	④
49	내 의견을 이해하지 못하는 사람은 상대하지 않는다.	①	②	③	④
50	사회에서 인정받을 수 있는 사람이 되고 싶다.	①	②	③	④
51	착한 사람은 항상 손해를 보게 되어 있다.	①	②	③	④
52	내가 잘한 일은 남들이 꼭 알아줬으면 한다.	①	②	③	④
53	상황이 변해도 유연하게 대처한다.	①	②	③	④
54	나와 다른 의견도 끝까지 듣는다.	①	②	③	④
55	상황에 따라서는 거짓말도 필요하다.	①	②	③	④
56	평범한 사람이라고 생각한다.	①	②	③	④
57	남들이 실패한 일도 나는 해낼 수 있다.	①	②	③	④
58	남들보다 특별히 더 우월하다고 생각하지 않는다.	①	②	③	④
59	시비가 붙더라도 침착하게 대응한다.	①	②	③	④
60	화가 날수록 상대방에게 침착해지는 편이다.	①	②	③	④
61	세상은 착한 사람들에게 불리하다.	①	②	③	④
62	여러 사람과 이야기하는 것이 즐겁다.	①	②	③	④
63	다른 사람의 감정을 내 것처럼 느낀다.	①	②	③	④
64	내게 모욕을 준 사람들을 절대 잊지 않는다.	①	②	③	④
65	우리가 사는 세상은 살 만한 곳이라고 생각한다.	①	②	③	④
66	속이 거북할 정도로 많이 먹을 때가 있다.	①	②	③	④
67	마음속에 있는 것을 솔직하게 털어놓는 편이다.	①	②	③	④
68	일은 내 삶의 중심에 있다.	①	②	③	④
69	내가 열심히 노력한다고 해서 나의 주변 환경에 어떤 바람직한 변화가 일어나는 것은 아니다.	①	②		④
70	웬만한 일을 겪어도 마음의 평정을 유지하는 편이다.	①	②	③	④
71	사람들 앞에 서면 실수를 할까 걱정된다.	①	②	③	④

72	점이나 사주를 믿는 편이다.	①	②	③	④
73	화가 나면 언성이 높아진다.	①	②	③	④
74	차근차근 하나씩 일을 마무리한다.	①	②	③	④
75	어려운 목표라도 어떻게 해서든 실현 가능한 해결책을 만든다.	①	②	③	④
76	진행하던 일을 홧김에 그만둔 적이 있다.	①	②	③	④
77	사람을 차별하지 않는다.	①	②	③	④
78	창이 있는 레스토랑에 가면 창가에 자리를 잡는다.	①	②	③	④
79	다양한 분야에 관심이 있다.	①	②	③	④
80	무단횡단을 한 번도 해 본 적이 없다.	①	②	③	④
81	내 주위에서는 즐거운 일들이 자주 일어난다.	①	②	③	④
82	다른 사람의 행동을 내가 통제하고 싶다.	①	②	③	④
83	내 친구들은 은근히 뒤에서 나를 비웃는다.	①	②	③	④
84	아이디어를 적극적으로 제시한다.	①	②	③	④
85	규칙을 어기는 것도 필요할 때가 있다.	①	②	③	④
86	친구를 쉽게 사귄다.	①	②	③	④
87	내 분야에서 1등이 되어야 한다.	①	②	③	④
88	스트레스가 쌓이면 몸도 함께 아프다.	①	②	③	④
89	목표를 달성하기 위해서는 때로 편법이 필요할 때도 있다.	①	②	③	④
90	나는 보통사람들보다 더 존경받을 만하다고 생각한다.	①	②	③	④
91	내 주위에는 나보다 잘난 사람들만 있는 것 같다.	①	②	③	④
92	나는 따뜻하고 부드러운 마음을 가지고 있다.	①	②	③	④
93	어떤 일에 실패했어도 반드시 다시 도전한다.	①	②	③	④
94	회의에 적극 참여한다.	①	②	③	④
95	나는 적응력이 뛰어나다.	①	②	③	④
96	서두르지 않고 순서대로 일을 마무리한다.	①	②	③	④
97	나는 실수에 대해 변명한 적이 없다.	①	②	③	④
98	나는 맡은 일은 책임지고 끝낸다.	①	②	③	④
99	나는 눈치가 빠르다.	①	②	③	④
100	나는 본 검사에 성실하게 응답하였다.	①	②	③	④

※ 자신의 모습 그대로 솔직하게 응답하십시오. 솔직하고 성의 있게 응답하지 않을 경우 결과가 무효 처리됩니다.

[01~50] 모든 문항에는 옳고 그른 답이 없습니다. 문항의 내용을 읽고 평소 자신의 생각 및 행동과 유사하거나 일치하면 '예', 다르거나 일치하지 않으면 '아니오'로 표시해 주십시오.

1	나는 수줍음을 많이 타는 편이다.	○ 예	○ 아니오
2	나는 과거의 실수가 자꾸만 생각나곤 한다.	○ 예	○ 아니오
3	나는 사람들과 서로 일상사에 대해 이야기 하는 것이 쑥스럽다.	○ 예	○ 아니오
4	내 주변에는 나를 좋지 않게 평가하는 사람들이 있다.	○ 예	○ 아니오
5	나는 가족들과는 합리적인 대화가 잘 안 된다.	○ 예	○ 아니오
6	나는 내가 하고 싶은 일은 꼭 해야 한다.	○ 예	○ 아니오
7	나는 개인적 사정으로 타인에게 피해를 주는 사람을 이해할 수 없다.	○ 예	○ 아니오
8	나는 많은 것을 성취하고 싶다.	○ 예	○ 아니오
9	나는 변화가 적은 것을 좋아한다.	○ 예	○ 아니오
10	나는 내가 하고 싶은 일과 해야 할 일을 구분할 줄 안다.	○ 예	○ 아니오
11	나는 뜻대로 일이 되지 않으면 화가 많이 난다.	○ 예	○ 아니오
12	내 주변에는 나에 대해 좋게 얘기하는 사람이 있다.	○ 예	○ 아니오
13	요즘 세상에서는 믿을 만한 사람이 없다.	○ 예	○ 아니오
14	나는 할 말은 반드시 하고야 마는 사람이다.	○ 예	○ 아니오
15	나는 변화가 적은 것을 좋아한다.	○ 예	○ 아니오
16	나는 가끔 부당한 대우를 받는다는 생각이 든다.	○ 예	○ 아니오
17	나는 가치관이 달라도 친하게 지내는 친구들이 많다.	○ 예	○ 아니오
18	나는 새로운 아이디어를 내는 것이 쉽지 않다.	○ 예	○ 아니오
19	나는 노력한 만큼 인정받지 못하고 있다.	○ 예	○ 아니오
20	나는 매사에 적극적으로 참여한다.	○ 예	○ 아니오
21	나의 가족들과는 어떤 주제를 놓고도 서로 대화가 잘 통한다.	○ 예	○ 아니오
22	나는 사람들과 어울리는 일에서 삶의 활력을 얻는다.	○ 예	○ 아니오
23	학창시절 마음에 맞는 친구가 없었다.	○ 예	○ 아니오
24	특별한 이유 없이 누군가를 미워한 적이 있다.	○ 예	○ 아니오
25	내가 원하는 대로 일이 되지 않을 때 화가 많이 난다.	○ 예	○ 아니오
26	요즘 같은 세상에서는 누구든 믿을 수 없다.	○ 예	○ 아니오

27	나는 여행할 때 남들보다 짐이 많은 편이다.	○ 예	○ 아니오
28	나는 상대방이 화를 내면 더욱 화가 난다.	○ 예	○ 아니오
29	나는 반대 의견을 말하더라도 상대방을 무시하는 말을 하지 않으려고 한다.	○ 예	○ 아니오
30	나는 학창시절 내가 속한 동아리에서 누구보다 충성도가 높은 사람이었다.	○ 예	○ 아니오
31	나는 새로운 집단에서 친구를 쉽게 사귀는 편이다.	○ 예	○ 아니오
32	나는 다른 사람을 챙기는 태도가 몸에 배여 있다.	○ 예	○ 아니오
33	나는 항상 겸손하여 노력한다.	○ 예	○ 아니오
34	내 주변에는 나에 대해 좋지 않은 이야기를 하는 사람이 있다.	○ 예	○ 아니오
35	나는 가족들과는 합리적인 대화가 잘 안 된다.	○ 예	○ 아니오
36	나는 내가 하고 싶은 일은 꼭 해야 한다.	○ 예	○ 아니오
37	나는 스트레스를 받으면 몸에 이상이 온다.	○ 예	○ 아니오
38	나는 재치가 있다는 말을 많이 듣는 편이다.	○ 예	○ 아니오
39	나는 사람들에게 잘 보이기 위해 마음에 없는 거짓말을 한다.	○ 예	○ 아니오
40	다른 사람을 위협적으로 대한 적이 있다.	○ 예	○ 아니오
41	나는 부지런하다는 말을 자주 들었다.	○ 예	○ 아니오
42	나는 쉽게 화가 났다가 쉽게 풀리기도 한다.	○ 예	○ 아니오
43	나는 할 말은 반드시 하고 사는 사람이다.	○ 예	○ 아니오
44	나는 터질 듯한 분노를 종종 느낀다.	○ 예	○ 아니오
45	나도 남들처럼 든든한 배경이 있었다면 지금보다 훨씬 나은 위치에 있었을 것이다.	○ 예	○ 아니오
46	나는 종종 싸움에 휘말린다.	○ 예	○ 아니오
47	나는 능력과 무관하게 불이익을 받은 적이 있다.	○ 예	○ 아니오
48	누군가 내 의견을 반박하면 물러서지 않고 논쟁을 벌인다.	○ 예	○ 아니오
49	남이 나에게 피해를 입힌다면 나도 가만히 있지 않을 것이다.	○ 예	○ 아니오
50	내가 인정받기 위해서 규칙을 위반한 행위를 한 적이 있다.	○ 예	○ 아니오

서울교통공사

파트 3 면접가이드

NCS 면접의 이해

※ 능력중심 채용에서는 타당도가 높은 구조화 면접을 적용한다.

1 면접이란?

일을 하는 데 필요한 능력(직무역량, 직무지식, 인재상 등)을 지원자가 보유하고 있는지를 다양한 면접기법을 활용하여 확인하는 절차이다. 자신의 환경, 성취, 관심사, 경험 등에 대해 이야기하여 본인이 적합하다는 것을 보여 줄 기회를 제공하고, 면접관은 평가에 필요한 정보를 수집하고 평가하는 것이다.

- 지원자의 태도, 적성, 능력에 대한 정보를 심층적으로 파악하기 위한 선발 방법
- 선발의 최종 의사결정에 주로 사용되는 선발 방법
- 전 세계적으로 선발에서 가장 많이 사용되는 핵심적이고 중요한 방법

2 면접의 특징

서류전형이나 인적성검사에서 드러나지 않는 것들을 볼 수 있는 기회를 제공한다.

- 직무수행과 관련된 다양한 지원자 행동에 대한 관찰이 가능하다.
- 면접관이 알고자 하는 정보를 심층적으로 파악할 수 있다.
- 서류상의 미비한 사항과 의심스러운 부분을 확인할 수 있다.
- 커뮤니케이션, 대인관계행동 등 행동·언어적 정보도 얻을 수 있다.

3 면접의 평가요소

1 인재적합도

해당 기관이나 기업별 인재상에 대한 인성 평가

2 조직적합도

조직에 대한 이해와 관련 상황에 대한 평가

3 직무적합도

직무에 대한 지식과 기술, 태도에 대한 평가

🐾 4 면접의 유형

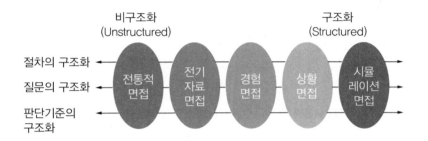

구조화된 정도에 따른 분류

비구조화 (Unstructured)　　　　　　　구조화 (Structured)

절차의 구조화
질문의 구조화
판단기준의 구조화

전통적 면접　전기 자료 면접　경험 면접　상황 면접　시뮬 레이션 면접

1 구조화 면접(Structured Interview)

사전에 계획을 세워 질문의 내용과 방법, 지원자의 답변 유형에 따른 추가 질문과 그에 대한 평가역량이 정해져 있는 면접 방식(표준화 면접)

> • 표준화된 질문이나 평가요소가 면접 전 확정되며, 지원자는 편성된 조나 면접관에 영향을 받지 않고 동일한 질문과 시간을 부여받을 수 있음.
> • 조직 또는 직무별로 주요하게 도출된 역량을 기반으로 평가요소가 구성되어, 조직 또는 직무에서 필요한 역량을 가진 지원자를 선발할 수 있음.
> • 표준화된 형식을 사용하는 특성 때문에 비구조화 면접에 비해 신뢰성과 타당성, 객관성이 높음.

2 비구조화 면접(Unstructured Interview)

면접 계획을 세울 때 면접 목적만 명시하고 내용이나 방법은 면접관에게 전적으로 일임하는 방식(비표준화 면접)

> • 표준화된 질문이나 평가요소 없이 면접이 진행되며, 편성된 조나 면접관에 따라 지원자에게 주어지는 질문이나 시간이 다름.
> • 면접관의 주관적인 판단에 따라 평가가 이루어져 평가 오류가 빈번히 일어남.
> • 상황 대처나 언변이 뛰어난 지원자에게 유리한 면접이 될 수 있음.

02 NCS 구조화 면접 기법

※ 능력중심 채용에서는 타당도가 높은 구조화 면접을 적용한다.

1 경험면접(Behavioral Event Interview)

면접 프로세스

안내
지원자는 입실 후, 면접관을 통해 인사말과 면접에 대한 간단한 안내를 받음.

질문
지원자는 면접관에게 평가요소(직업기초능력, 직무수행능력 등)와 관련된 주요 질문을 받게 되며, 질문에서 의도하는 평가요소를 고려하여 응답할 수 있도록 함.

세부질문
- 지원자가 응답한 내용을 토대로 해당 평가기준들을 충족시키는지 파악하기 위한 세부질문이 이루어짐.
- 구체적인 행동·생각 등에 대해 응답할수록 높은 점수를 얻을 수 있음.

- **방식**
  해당 역량의 발휘가 요구되는 일반적인 상황을 제시하고, 그러한 상황에서 어떻게 행동했었는지(과거경험)를 이야기하도록 함.

- **판단기준**
  해당 역량의 수준, 경험 자체의 구체성, 진실성 등

- **특징**
  추상적인 생각이나 의견 제시가 아닌 과거 경험 및 행동 중심의 질의가 이루어지므로 지원자는 사전에 본인의 과거 경험 및 사례를 정리하여 면접에 대비할 수 있음.

- **예시**

지원분야		지원자		면접관		(인)

경영자원관리
조직이 보유한 인적자원을 효율적으로 활용하여, 조직 내 유·무형 자산 및 재무자원을 효율적으로 관리한다.
주질문
A. 어떤 과제를 처리할 때 기존에 팀이 사용했던 방식의 문제점을 찾아내 이를 보완하여 과제를 더욱 효율적으로 처리했던 경험에 대해 이야기해 주시기 바랍니다.
세부질문
[상황 및 과제] 사례와 관련해 당시 상황에 대해 이야기해 주시기 바랍니다.

[역할] 당시 지원자께서 맡았던 역할은 무엇이었습니까?
[행동] 사례와 관련해 구성원들의 설득을 이끌어 내기 위해 어떤 노력을 하였습니까?
[결과] 결과는 어땠습니까?

기대행동	평점
업무진행에 있어 한정된 자원을 효율적으로 활용한다.	① - ② - ③ - ④ - ⑤
구성원들의 능력과 성향을 파악해 효율적으로 업무를 배분한다.	① - ② - ③ - ④ - ⑤
효과적 인적/물적 자원관리를 통해 맡은 일을 무리 없이 잘 마무리한다.	① - ② - ③ - ④ - ⑤

척도해설

1 : 행동증거가 거의 드러나지 않음	2 : 행동증거가 미약하게 드러남	3 : 행동증거가 어느 정도 드러남	4 : 행동증거가 명확하게 드러남	5 : 뛰어난 수준의 행동증거가 드러남

관찰기록 :

총평 :

※ 실제 적용되는 평가지는 기업/기관마다 다름.

2 상황면접(Situational Interview)

면접 프로세스

안내 — 지원자는 입실 후, 면접관을 통해 인사말과 면접에 대한 간단한 안내를 받음.

⌄

질문
- 지원자는 상황질문지를 검토하거나 면접관을 통해 상황 및 질문을 제공받음.
- 면접관의 질문이나 질문지의 의도를 파악하여 응답할 수 있도록 함.

⌄

세부질문
- 지원자가 응답한 내용을 토대로 해당 평가기준들을 충족시키는지 파악하기 위한 세부질문이 이루어짐.
- 구체적인 행동·생각 등에 대해 응답할수록 높은 점수를 얻을 수 있음.

- 방식
  직무 수행 시 접할 수 있는 상황들을 제시하고, 그러한 상황에서 어떻게 행동할 것인지(행동의도)를 이야기하도록 함.
- 판단기준
  해당 상황에 맞는 해당 역량의 구체적 행동지표
- 특징
  지원자의 가치관, 태도, 사고방식 등의 요소를 평가하는 데 용이함.

- 예시

지원분야		지원자		면접관	(인)

유관부서협업
타 부서의 업무협조요청 등에 적극적으로 협력하고 갈등 상황이 발생하지 않도록 이해관계를 조율하며 관련 부서의 협업을 효과적으로 이끌어 낸다.

주질문
당신은 생산관리팀의 팀원으로, 2개월 뒤에 제품 A를 출시하기 위해 생산팀의 생산 계획을 수립한 상황입니다. 그러나 원가가 곧 실적으로 이어지는 구매팀에서는 최대한 원가를 줄여 전반적 단가를 낮추려고 원가절감을 위한 제안을 하였으나, 연구개발팀에서는 구매팀이 제안한 방식으로 제품을 생산할 경우 대부분이 구매팀의 실적으로 산정될 것이므로 제대로 확인도 해보지 않은 채 적합하지 않은 방식이라고 판단하고 있습니다. 당신은 어떻게 하겠습니까?

세부질문
[상황 및 과제] 이 상황의 핵심적인 이슈는 무엇이라고 생각합니까?
[역할] 당신의 역할을 더 잘 수행하기 위해서는 어떤 점을 고려해야 하겠습니까? 왜 그렇게 생각합니까?
[행동] 당면한 과제를 해결하기 위해서 구체적으로 어떤 조치를 취하겠습니까? 그 이유는 무엇입니까?
[결과] 그 결과는 어떻게 될 것이라고 생각합니까? 그 이유는 무엇입니까?

척도해설

1 : 행동증거가 거의 드러나지 않음	2 : 행동증거가 미약하게 드러남	3 : 행동증거가 어느 정도 드러남	4 : 행동증거가 명확하게 드러남	5 : 뛰어난 수준의 행동증거가 드러남

관찰기록 :

총평 :

※ 실제 적용되는 평가지는 기업/기관마다 다름.

3 발표면접(Presentation)

면접 프로세스

안내
- 입실 후 지원자는 면접관으로부터 인사말과 발표면접에 대해 간략히 안내받음.
- 면접 전 지원자는 과제 검토 및 발표 준비시간을 가짐.

∨

발표
- 지원자들이 과제 주제와 관련하여 정해진 시간 동안 발표를 실시함.
- 면접관은 발표내용 중 평가요소와 관련해 나타난 가점 및 감점요소들을 평가하게 됨.

∨

질문응답
- 발표 종료 후 면접관은 정해진 시간 동안 지원자의 발표내용과 관련해 구체적인 내용을 확인하기 위한 질문을 함.
- 지원자는 면접관의 질문의도를 정확히 파악하여 적절히 응답할 수 있도록 함.
- 응답 시 명확하고 자신있게 전달할 수 있도록 함.

- 방식

  지원자가 특정 주제와 관련된 자료(신문기사, 그래프 등)를 검토하고, 그에 대한 자신의 생각을 면접관 앞에서 발표하며, 추가 질의응답이 이루어짐.

- 판단기준

  지원자의 사고력, 논리력, 문제해결능력 등

- 특징

  과제를 부여한 후, 지원자들이 과제를 수행하는 과정과 결과를 관찰·평가함. 과제수행의 결과뿐 아니라 과제수행 과정에서의 행동을 모두 평가함.

4 토론면접(Group Discussion)

면접 프로세스

안내
- 입실 후, 지원자들은 면접관으로부터 토론 면접의 전반적인 과정에 대해 안내받음.
- 지원자는 정해진 자리에 착석함.

∨

토론
- 지원자들이 과제 주제와 관련하여 정해진 시간 동안 토론을 실시함(시간은 기관별 상이).
- 지원자들은 면접 전 과제 검토 및 토론 준비시간을 가짐.
- 토론이 진행되는 동안, 지원자들은 다른 토론자들의 발언을 경청하여 적절히 본인의 의사를 전달할 수 있도록 함. 더불어 적극적인 태도로 토론면접에 임하는 것도 중요함.

∨

마무리 (5분 이내)
- 면접 종료 전, 지원자들은 토론을 통해 도출한 결론에 대해 첨언하고 적절히 마무리 지음.
- 본인의 의견을 전달하는 것과 동시에 다른 토론자를 배려하는 모습도 중요함.

- 방식

  상호갈등적 요소를 가진 과제 또는 공통의 과제를 해결하는 내용의 토론 과제(신문기사, 그래프 등)를 제시하고, 그 과정에서의 개인 간의 상호작용 행동을 관찰함.

- 판단기준

  팀워크, 갈등 조정, 의사소통능력 등

- 특징

  면접에서 최종안을 도출하는 것도 중요하나 주장의 옳고 그름이 아닌 결론을 도출하는 과정과 말하는 자세 등도 중요함.

1회 기출예상
2회 기출예상
3회 기출예상
4회 기출예상
5회 기출예상
6회 기출예상
7회 기출예상
8회 기출예상
인성검사
면접가이드

5 역할연기면접(Role Play Interview)

- 방식

  기업 내 발생 가능한 상황에서 부딪히게 되는 문제와 역할을 가상적으로 설정하여 특정 역할을 맡은 사람과 상호 작용하고 문제를 해결해 나가도록 함.

- 판단기준

  대처능력, 대인관계능력, 의사소통능력 등

- 특징

  실제 상황과 유사한 가상 상황에서 지원자의 성격이나 대처 행동 등을 관찰할 수 있음.

6 집단면접(Group Activity)

- 방식

  지원자들이 팀(집단)으로 협력하여 정해진 시간 안에 활동 또는 게임을 하며 면접관들은 지원자들의 행동을 관찰함.

- 판단기준

  대인관계능력, 팀워크, 창의성 등

- 특징

  기존 면접보다 오랜 시간 관찰을 하여 지원자들의 평소 습관이나 행동들을 관찰하려는 데 목적이 있음.

03 면접 최신 기출 주제

1회 기출예상
2회 기출예상
3회 기출예상
4회 기출예상
5회 기출예상
6회 기출예상
7회 기출예상
8회 기출예상
인성검사
면접가이드

- PT 면접 : 발표 주제를 제시하고 20분 간 발표 준비(주제와 관련된 자료 1페이지 제공) 후 1:5 다대일 발표(2분) 및 질의응답(3분)
- 집단 면접(인성면접) : 3:5 다대다 면접으로 전체 약 15분 간 진행
- 2024년부터 PT 면접이 상황(PT) 면접으로 유형이 변경되었다.

1 2023년 개별(PT) 면접 실제 기출 주제

1. 임산부 배려석의 효율적인 사용 방법을 제시하시오.

2. 열차 내 반려견동반승객과 일반승객 간의 갈등 문제의 대책을 제시하시오.

3. 성능시험제도에서 형식승인제도로의 변화의 장단점과 이를 통한 안전향상의 방향을 제시하시오.

4. 서울교통공사의 사업 수익을 다각화할 방법을 제시하시오.

5. 서울교통공사가 실행할 수 있는 온실가스 배출 개선방안을 제시하시오.

2 2023년 집단 면접 실제 기출 주제

1. 본인을 한 단어로 표현하면 무엇이고, 그 이유는?

2. 서울교통공사의 직렬 중 해당 직렬을 선택한 이유는 무엇인가?

3. 스트레스를 해소하는 본인의 방법은?

4. 고객서비스를 위한 마인드에서 중요한 것은 무엇인지 경험을 토대로 말해 보시오.

5. 자신과 맞지 않은 사람과의 업무를 수행한 경험을 말해 보시오.

6. 승무원으로 근무하게 되면 겪을 것 같은 어려움은 무엇인가?

7. 서울교통공사에 지원하는 것을 결정하는 과정에서 중요하게 생각한 것은?

8. 서울교통공사에 지원하기 위해 준비한 것이 있다면 무엇인가?

9. 본인이 생각하는 서울교통공사의 강점은 무엇인가?

10. 본인이 생각하는 자신의 장점과 단점은 무엇인가?

11. 본인의 예상을 뛰어넘는 성공을 한 경험을 말해 보시오.

12. 본인이 생각하는 일의 우선순위 기준은 무엇인가?

13. 서울교통공사가 본인을 뽑아야 하는 이유를 말해 보시오.

14. 본인이 소속한 조직에서 잘 적응하지 못했던 경험을 말해 보시오.

3 2022년 개별(PT) 면접 실제 기출 주제

1. 열차 운행 중의 절연구간이 열차에 미치는 영향과 그 해결책을 제시하시오.

2. 서울도시철도의 고객만족도 평가 지표를 참고하여 개선안을 제시하시오.

3. 본인이 생각하는 지하철 역사 내 새로운 사업 아이디어를 제시하시오.

4 2022년 집단 면접 실제 기출 주제

1. 봉사활동을 한 경험에 대해 말해 보시오.

2. 팀원들과 갈등을 겪고 이를 해결한 경험에 대해 말해 보시오.

3. 지원한 직무에 대한 본인만의 강점은 무엇이라고 생각하는가?

4. 자기계발을 위한 본인의 독특한 경험에 대해 말해 보시오.

5. 후배를 가르쳐 준 경험, 선배에게 도움을 받은 경험에 대해 말해 보시오.

6. 남들이 하기 힘들어 하는 일을 도맡아 했던 경험에 대해 말해 보시오.

7. 안전관리를 위해 본인이 노력한 경험에 대해 말해 보시오.

8. 부당한 대우에 대해 논리적으로 항변한 경험에 대해 말해 보시오.

9. 리더십을 발휘한 경험에 대해 말해 보시오.

10. 목표를 이루기 위해 꾸준하게 노력한 경험에 대해 말해 보시오.

11. 다른 사람의 지시 없이 본인 스스로 효율을 개선한 경험을 말해 보시오.

12. 다른 사람과 가치관이 충돌하여 발생한 갈등의 경험과 그 해결 방법을 말해 보시오.

5 2021년 개별(PT) 면접 실제 기출 주제

1. 서울교통공사의 부가수익 창출을 위한 사업다각화 방안을 제시하시오.

2. 지속 가능한 재난방지체계의 도입 방안을 제시하시오.

3. RTU(Remote Terminal Unit) 시스템에 대해 설명하시오.

4. 지하철 역명병기 사업의 도입 기준에 대해 설명하시오.

6 2021년 집단 면접 실제 기출 주제

1. 공동체 생활을 하면서 생긴 갈등과 이를 해결한 경험에 대해 말해 보시오.

2. 지원한 직무에 본인이 적합한 인재라고 생각하는 이유는 무엇이라고 생각하는가?

3. 고객 응대에서 가장 중요한 것은 무엇이라고 생각하는가?

4. 고객 응대에 관한 경험을 말해 보시오.

5. 다른 사람이 하기 싫어한 일을 스스로 나서서 해 본 경험에 대해 말해 보시오.

6. 본인을 가장 잘 나타낼 수 있는 경험을 소개하시오.

7. 본인의 전문성을 높이기 위해 매일 하고 있는 것이 있는가?

8. 인생에서 실패한 경험과 이를 극복한 과정, 실패를 통해 배운 것은 무엇인가?

9. 최근 행복했던 경험 두 가지를 말해 보시오.

10. 서울교통공사의 지하철을 이용하면서 불편했던 점이 있는가?

11. 자신이 다른 곳에 발령받았는데 팀장이 나를 붙잡는다면, 그 이유는 무엇일 것 같은가?

12. 입사 후 '본인을 뽑길 잘 했다'라고 생각하게 할 부분은?

13. 새로운 조직에 적응하기 위해 본인이 했던 노력을 말해 보시오.

1회 기출예상
2회 기출예상
3회 기출예상
4회 기출예상
5회 기출예상
6회 기출예상
7회 기출예상
8회 기출예상
인성검사
면접가이드

7 2020년 개별(PT) 면접 실제 기출 주제

1. [사무] 스마트스테이션 홍보 방안

2. [전기] 피뢰기와 피뢰침의 차이점

3. [통신] 아날로그 및 디지털 전송의 차이점

4. [토목] 레일파상마모에 대한 해결 방안

5. [차량] 가공복선식 전차선로 사용 이유

8 2020년 집단 면접 실제 기출 주제

1. 간략하게 자기소개를 하시오.

2. 서울교통공사에 지원하게 된 동기는?

3. 전공 지식을 활용해 실무 경험을 한 적이 있다면 말해 보시오.

4. 창의적인 사람인가? 본인의 경험을 말해 보시오.

5. 사기업과 다르게 서울교통공사가 가진 특징을 말해 보시오.

6. 다른 교통공사가 아닌 서울교통공사만이 가진 매력을 말해 보시오.

7. 서울교통공사가 핵심적으로 추진하고 있는 사업 3가지를 말해 보시오.

8. 서울교통공사 면접을 준비하면서 조사했던 것을 말해 보시오.

9. 공직자로서 가장 중요하게 생각하는 가치와 본인이 가진 것을 말해 보시오.

10. 기존의 관행이나 방식을 바꾸어 업무 효율을 높인 경험에 대해 말해 보시오.

11. 협력과 협상의 차이점과 사례를 설명하시오.

12. 본인을 채용해야 하는 이유에 대해 말해 보시오.

13. 서울교통공사에 입사하기 위해 한 노력을 말해 보시오.

14. 자기계발에 실패한 경험과 그 이유를 말해 보시오.

15. 자신의 장점과 단점은 무엇인가?

16. 다른 이해 관계자와 협상한 경험을 말해 보시오.

17. 마지막으로 하고 싶은 말은?

9 그 외 개별(PT) 면접 실제 기출 주제

1. 직장 내 괴롭힘 방지법 실효성 제고 방안

2. 수도권 내 지하철역 1곳을 선택하고 지역적 이미지와 특성을 살려 특별한 역사 공간(랜드마크)을 구성할 수 있는 방안

3. 이동상인 해결 방안

4. 블라인드 채용의 장단점

5. 지하철 불법 광고물 관리

6. 1회용 교통카드 관리 방안

7. 지하철 무인화에 대한 의견

8. 지하철 IoT 기술 적용 방안

9. 지하철 내 표지판 개선 방안

10. 지하철 내 양성평등 실현 방안

11. 지하철 에스컬레이터에 대한 의견

12. 대중교통을 이용하는 직장인들의 운동부족 문제 해결 방안

13. 철도차량 예지정비(CBM) 시스템 적용의 문제점과 해결 방안

14. 무임승차로 인해 발생하는 지하철 적자구조의 해결 방안

15. 지하철 내 임산부 배려문화를 정착시키기 위한 방안

16. 기관사의 인적오류(Human Error)를 줄이는 방안

17. 노후화된 전동차의 개선 방안

18. 열차 내 냉난방 민원에 대한 해결 방안

19. 지하철 내 성범죄 문제 해결 방안

20. 일회용 교통카드의 회수 방안

21. 우대권으로 인한 지하철 적자구조의 해결 방안

22. '또타' 앱의 장·단점과 개선 방안

23. 열차 내 혼잡도를 낮추고 승객의 스트레스를 줄이기 위한 방안

10 그 외 집단 면접 실제 기출 주제

1. 본인에게 회사란?

2. 자신의 역량을 펼칠 수 있는 직무는 무엇인가?

3. 팀 화합을 위해 노력한 사례를 말해 보시오.

4. 타인과 성격이 안 맞아서 갈등을 겪었던 경험을 말해 보시오.

5. 남을 위해 한 선행을 말해 보시오.

6. 인생에서 가장 존경하는 인물 혹은 나의 인생에 영향을 끼친 사건은?

7. 일 처리를 잘못했을 때 학교와 회사의 차이점에 대해 말해 보시오.

8. 서울교통공사가 관리하는 지하철의 노선 길이는?

9. 서비스를 한 단어로 표현하자면?

10. 지하철을 이용하면서 불편했던 점은?

11. 스크린도어 사고가 자주 일어나는 이유가 무엇이라 생각하는가?

12. 4차 산업혁명이 무엇인지 설명하고 지하철 시설에 어떻게 적용할 수 있는지 말해 보시오.

13. 상사로부터 부당한 지시를 받는다면 어떻게 행동하겠는가?

14. 지금까지 살면서 가장 후회하는 것이 있다면 무엇인가?

15. 노동조합의 활동에 대한 자신의 생각을 말해 보시오.

16. 현시점에서 가장 문제가 되는 사회현안이 무엇이라고 생각하는가?

17. 말도 안 되는 요구를 하는 고객에 대해 어떻게 대처할 것인가?

18. 같이 일하는 선배와 의견충돌이 발생한다면 어떻게 해결할 것인가?

19. 조직의 룰과 본인의 가치관이 충돌하는 일이 발생한다면 어떻게 할 것인가?

20. 악성 민원이 들어온다면 어떻게 대처할 것인가?

21. 서울교통공사의 자회사를 알고 있는가?

22. 10년, 20년, 30년 후의 인생 계획 및 목표를 말해 보시오.

23. 현재 생각하는 업무와 실제 업무가 다르다는 것을 알게 된다면 어떻게 할 것인가?

24. 입사 후 포부를 말해 보시오.

서울교통공사

1회 기출예상문제

성명표기란

수험번호

문번	답란					문번	답란					문번	답란				
1	①	②	③	④	⑤	16	①	②	③	④	⑤	31	①	②	③	④	⑤
2	①	②	③	④	⑤	17	①	②	③	④	⑤	32	①	②	③	④	⑤
3	①	②	③	④	⑤	18	①	②	③	④	⑤	33	①	②	③	④	⑤
4	①	②	③	④	⑤	19	①	②	③	④	⑤	34	①	②	③	④	⑤
5	①	②	③	④	⑤	20	①	②	③	④	⑤	35	①	②	③	④	⑤
6	①	②	③	④	⑤	21	①	②	③	④	⑤	36	①	②	③	④	⑤
7	①	②	③	④	⑤	22	①	②	③	④	⑤	37	①	②	③	④	⑤
8	①	②	③	④	⑤	23	①	②	③	④	⑤	38	①	②	③	④	⑤
9	①	②	③	④	⑤	24	①	②	③	④	⑤	39	①	②	③	④	⑤
10	①	②	③	④	⑤	25	①	②	③	④	⑤	40	①	②	③	④	⑤
11	①	②	③	④	⑤	26	①	②	③	④	⑤						
12	①	②	③	④	⑤	27	①	②	③	④	⑤						
13	①	②	③	④	⑤	28	①	②	③	④	⑤						
14	①	②	③	④	⑤	29	①	②	③	④	⑤						
15	①	②	③	④	⑤	30	①	②	③	④	⑤						

gosinet (주)고시넷

서울교통공사

2회 기출예상문제

감독관 확인란

수험번호

성명표기란

주민등록 앞자리 생년제외

문번	답란					문번	답란					문번	답란					문번	답란				
1	①	②	③	④	⑤	16	①	②	③	④	⑤	31	①	②	③	④	⑤						
2	①	②	③	④	⑤	17	①	②	③	④	⑤	32	①	②	③	④	⑤						
3	①	②	③	④	⑤	18	①	②	③	④	⑤	33	①	②	③	④	⑤						
4	①	②	③	④	⑤	19	①	②	③	④	⑤	34	①	②	③	④	⑤						
5	①	②	③	④	⑤	20	①	②	③	④	⑤	35	①	②	③	④	⑤						
6	①	②	③	④	⑤	21	①	②	③	④	⑤	36	①	②	③	④	⑤						
7	①	②	③	④	⑤	22	①	②	③	④	⑤	37	①	②	③	④	⑤						
8	①	②	③	④	⑤	23	①	②	③	④	⑤	38	①	②	③	④	⑤						
9	①	②	③	④	⑤	24	①	②	③	④	⑤	39	①	②	③	④	⑤						
10	①	②	③	④	⑤	25	①	②	③	④	⑤	40	①	②	③	④	⑤						
11	①	②	③	④	⑤	26	①	②	③	④	⑤												
12	①	②	③	④	⑤	27	①	②	③	④	⑤												
13	①	②	③	④	⑤	28	①	②	③	④	⑤												
14	①	②	③	④	⑤	29	①	②	③	④	⑤												
15	①	②	③	④	⑤	30	①	②	③	④	⑤												

서울교통공사

3회 기출예상문제

성명표기란

수험번호

(주민등록 앞자리 생년제외) 월일

※ 답안은 반드시 컴퓨터용 사인펜으로 보기와 같이 바르게 표기해야 합니다.
(보기) ① ② ③ ❹ ⑤

※ 성명표기란 위 칸에는 성명을 한글로 쓰고 아래 칸에는 성명을 정확하게 표기하십시오. (맨 왼쪽부터 성과 이름은 붙여 씁니다)

※ 수험번호/월일 위 칸에는 아라비아 숫자로 쓰고 아래 칸에는 숫자와 일치하게 표기하십시오.

※ 월일은 반드시 본인 주민등록번호의 생년월일을 제외한 월 두 자리, 일 두 자리를 표기하십시오.
(예) 1994년 1월 12일 → 0112

문번	답란	문번	답란	문번	답란
1	① ② ③ ④ ⑤	16	① ② ③ ④ ⑤	31	① ② ③ ④ ⑤
2	① ② ③ ④ ⑤	17	① ② ③ ④ ⑤	32	① ② ③ ④ ⑤
3	① ② ③ ④ ⑤	18	① ② ③ ④ ⑤	33	① ② ③ ④ ⑤
4	① ② ③ ④ ⑤	19	① ② ③ ④ ⑤	34	① ② ③ ④ ⑤
5	① ② ③ ④ ⑤	20	① ② ③ ④ ⑤	35	① ② ③ ④ ⑤
6	① ② ③ ④ ⑤	21	① ② ③ ④ ⑤	36	① ② ③ ④ ⑤
7	① ② ③ ④ ⑤	22	① ② ③ ④ ⑤	37	① ② ③ ④ ⑤
8	① ② ③ ④ ⑤	23	① ② ③ ④ ⑤	38	① ② ③ ④ ⑤
9	① ② ③ ④ ⑤	24	① ② ③ ④ ⑤	39	① ② ③ ④ ⑤
10	① ② ③ ④ ⑤	25	① ② ③ ④ ⑤	40	① ② ③ ④ ⑤
11	① ② ③ ④ ⑤	26	① ② ③ ④ ⑤		
12	① ② ③ ④ ⑤	27	① ② ③ ④ ⑤		
13	① ② ③ ④ ⑤	28	① ② ③ ④ ⑤		
14	① ② ③ ④ ⑤	29	① ② ③ ④ ⑤		
15	① ② ③ ④ ⑤	30	① ② ③ ④ ⑤		

gosinet (주)고시넷

gosinet (주)고시넷

4회 기출예상문제

감독관 확인란

수험번호

성명표기란

(주민등록 앞자리 생년제외) 월일

수험생 유의사항

※ 답안은 반드시 컴퓨터용 사인펜으로 보기와 같이 바르게 표기해야 합니다.
　〈보기〉① ② ③ ❹ ⑤
※ 성명표기란 위 칸에는 성명을 한글로 쓰고 아래 칸에는 성명을 정확하게 표기하십시오. (맨 왼쪽 칸부터 성과 이름은 붙여 씁니다)
※ 수험번호/월일 위 칸에는 아라비아 숫자로 쓰고 아래 칸에는 숫자와 일치하게 표기하십시오.
※ 월일은 반드시 본인 주민등록번호의 생년월일을 제외한 월 두 자리, 일 두 자리를 표기하십시오. (예) 1994년 1월 12일 → 0112

문번	답란	문번	답란	문번	답란	문번	답란
1	①②③④⑤	16	①②③④⑤	31	①②③④⑤	36	①②③④⑤
2	①②③④⑤	17	①②③④⑤	32	①②③④⑤	37	①②③④⑤
3	①②③④⑤	18	①②③④⑤	33	①②③④⑤	38	①②③④⑤
4	①②③④⑤	19	①②③④⑤	34	①②③④⑤	39	①②③④⑤
5	①②③④⑤	20	①②③④⑤	35	①②③④⑤	40	①②③④⑤
6	①②③④⑤	21	①②③④⑤				
7	①②③④⑤	22	①②③④⑤				
8	①②③④⑤	23	①②③④⑤				
9	①②③④⑤	24	①②③④⑤				
10	①②③④⑤	25	①②③④⑤				
11	①②③④⑤	26	①②③④⑤				
12	①②③④⑤	27	①②③④⑤				
13	①②③④⑤	28	①②③④⑤				
14	①②③④⑤	29	①②③④⑤				
15	①②③④⑤	30	①②③④⑤				

문번	답란				
1	①	②	③	④	⑤
2	①	②	③	④	⑤
3	①	②	③	④	⑤
4	①	②	③	④	⑤
5	①	②	③	④	⑤
6	①	②	③	④	⑤
7	①	②	③	④	⑤
8	①	②	③	④	⑤
9	①	②	③	④	⑤
10	①	②	③	④	⑤
11	①	②	③	④	⑤
12	①	②	③	④	⑤
13	①	②	③	④	⑤
14	①	②	③	④	⑤
15	①	②	③	④	⑤

문번	답란				
16	①	②	③	④	⑤
17	①	②	③	④	⑤
18	①	②	③	④	⑤
19	①	②	③	④	⑤
20	①	②	③	④	⑤
21	①	②	③	④	⑤
22	①	②	③	④	⑤
23	①	②	③	④	⑤
24	①	②	③	④	⑤
25	①	②	③	④	⑤
26	①	②	③	④	⑤
27	①	②	③	④	⑤
28	①	②	③	④	⑤
29	①	②	③	④	⑤
30	①	②	③	④	⑤

문번	답란				
31	①	②	③	④	⑤
32	①	②	③	④	⑤
33	①	②	③	④	⑤
34	①	②	③	④	⑤
35	①	②	③	④	⑤
36	①	②	③	④	⑤
37	①	②	③	④	⑤
38	①	②	③	④	⑤
39	①	②	③	④	⑤
40	①	②	③	④	⑤

서울교통공사

6회 기출예상문제

감독관 확인란

문번	답란
1	① ② ③ ④ ⑤
2	① ② ③ ④ ⑤
3	① ② ③ ④ ⑤
4	① ② ③ ④ ⑤
5	① ② ③ ④ ⑤
6	① ② ③ ④ ⑤
7	① ② ③ ④ ⑤
8	① ② ③ ④ ⑤
9	① ② ③ ④ ⑤
10	① ② ③ ④ ⑤
11	① ② ③ ④ ⑤
12	① ② ③ ④ ⑤
13	① ② ③ ④ ⑤
14	① ② ③ ④ ⑤
15	① ② ③ ④ ⑤
16	① ② ③ ④ ⑤
17	① ② ③ ④ ⑤
18	① ② ③ ④ ⑤
19	① ② ③ ④ ⑤
20	① ② ③ ④ ⑤
21	① ② ③ ④ ⑤
22	① ② ③ ④ ⑤
23	① ② ③ ④ ⑤
24	① ② ③ ④ ⑤
25	① ② ③ ④ ⑤
26	① ② ③ ④ ⑤
27	① ② ③ ④ ⑤
28	① ② ③ ④ ⑤
29	① ② ③ ④ ⑤
30	① ② ③ ④ ⑤
31	① ② ③ ④ ⑤
32	① ② ③ ④ ⑤
33	① ② ③ ④ ⑤
34	① ② ③ ④ ⑤
35	① ② ③ ④ ⑤
36	① ② ③ ④ ⑤
37	① ② ③ ④ ⑤
38	① ② ③ ④ ⑤
39	① ② ③ ④ ⑤
40	① ② ③ ④ ⑤

성명표기란

수험번호

(주민등록 앞자리 생년제외) 월일

수험생 유의사항

※ 답안은 반드시 컴퓨터용 사인펜으로 보기와 같이 바르게 표기해야 합니다.
〈보기〉 ① ② ③ ● ⑤

※ 성명표기란 위 칸에는 성명을 한글로 쓰고 아래 칸에는 성명을 정확하게 표기하십시오. (맨 왼쪽 칸부터 성과 이름은 붙여 씁니다)

※ 수험번호/월일 위 칸에는 아라비아 숫자로 쓰고 아래 칸에는 숫자와 일치하게 표기하십시오.

※ 월일은 반드시 본인 주민등록번호의 생년을 제외한 월 두 자리, 일 두 자리를 표기하십시오.
〈예〉 1994년 1월 12일 → 0112

감독관
확인란

성명표기란

수험번호

(주민등록 앞자리 생년제외) 월일

수험생 유의사항

문번	답란
1	① ② ③ ④ ⑤
2	① ② ③ ④ ⑤
3	① ② ③ ④ ⑤
4	① ② ③ ④ ⑤
5	① ② ③ ④ ⑤
6	① ② ③ ④ ⑤
7	① ② ③ ④ ⑤
8	① ② ③ ④ ⑤
9	① ② ③ ④ ⑤
10	① ② ③ ④ ⑤
11	① ② ③ ④ ⑤
12	① ② ③ ④ ⑤
13	① ② ③ ④ ⑤
14	① ② ③ ④ ⑤
15	① ② ③ ④ ⑤

문번	답란
16	① ② ③ ④ ⑤
17	① ② ③ ④ ⑤
18	① ② ③ ④ ⑤
19	① ② ③ ④ ⑤
20	① ② ③ ④ ⑤
21	① ② ③ ④ ⑤
22	① ② ③ ④ ⑤
23	① ② ③ ④ ⑤
24	① ② ③ ④ ⑤
25	① ② ③ ④ ⑤
26	① ② ③ ④ ⑤
27	① ② ③ ④ ⑤
28	① ② ③ ④ ⑤
29	① ② ③ ④ ⑤
30	① ② ③ ④ ⑤

문번	답란
31	① ② ③ ④ ⑤
32	① ② ③ ④ ⑤
33	① ② ③ ④ ⑤
34	① ② ③ ④ ⑤
35	① ② ③ ④ ⑤
36	① ② ③ ④ ⑤
37	① ② ③ ④ ⑤
38	① ② ③ ④ ⑤
39	① ② ③ ④ ⑤
40	① ② ③ ④ ⑤

gosinet
(주)고시넷

서울교통공사

8회 기출예상문제

성명표기란

수험번호

주민등록 앞자리 생년제외 월일

수험생 유의사항

※ 답안은 반드시 컴퓨터용 사인펜으로 보기와 같이 바르게 표기해야 합니다.
　〈보기〉① ② ③ ❹ ⑤
※ 성명표기란 위 칸에는 성명을 한글로 쓰고 아래 칸에는 성명을 정확하게 표기하십시오. (맨 왼
　쪽 칸부터 성과 이름은 붙여 씁니다)
※ 수험번호/월일 위 칸에는 아라비아 숫자로 쓰고 아래 칸에는 숫자와 일치하게 표기하십시오.
※ 월일은 반드시 본인 주민등록번호의 생년을 제외한 월 두 자리, 일 두 자리를 표기하십시오.
　(예) 1994년 1월 12일 → 0112

문번	답란	문번	답란	문번	답란
1	① ② ③ ④ ⑤	16	① ② ③ ④ ⑤	31	① ② ③ ④ ⑤
2	① ② ③ ④ ⑤	17	① ② ③ ④ ⑤	32	① ② ③ ④ ⑤
3	① ② ③ ④ ⑤	18	① ② ③ ④ ⑤	33	① ② ③ ④ ⑤
4	① ② ③ ④ ⑤	19	① ② ③ ④ ⑤	34	① ② ③ ④ ⑤
5	① ② ③ ④ ⑤	20	① ② ③ ④ ⑤	35	① ② ③ ④ ⑤
6	① ② ③ ④ ⑤	21	① ② ③ ④ ⑤	36	① ② ③ ④ ⑤
7	① ② ③ ④ ⑤	22	① ② ③ ④ ⑤	37	① ② ③ ④ ⑤
8	① ② ③ ④ ⑤	23	① ② ③ ④ ⑤	38	① ② ③ ④ ⑤
9	① ② ③ ④ ⑤	24	① ② ③ ④ ⑤	39	① ② ③ ④ ⑤
10	① ② ③ ④ ⑤	25	① ② ③ ④ ⑤	40	① ② ③ ④ ⑤
11	① ② ③ ④ ⑤	26	① ② ③ ④ ⑤		
12	① ② ③ ④ ⑤	27	① ② ③ ④ ⑤		
13	① ② ③ ④ ⑤	28	① ② ③ ④ ⑤		
14	① ② ③ ④ ⑤	29	① ② ③ ④ ⑤		
15	① ② ③ ④ ⑤	30	① ② ③ ④ ⑤		

문번	답란
1	① ② ③ ④ ⑤
2	① ② ③ ④ ⑤
3	① ② ③ ④ ⑤
4	① ② ③ ④ ⑤
5	① ② ③ ④ ⑤
6	① ② ③ ④ ⑤
7	① ② ③ ④ ⑤
8	① ② ③ ④ ⑤
9	① ② ③ ④ ⑤
10	① ② ③ ④ ⑤
11	① ② ③ ④ ⑤
12	① ② ③ ④ ⑤
13	① ② ③ ④ ⑤
14	① ② ③ ④ ⑤
15	① ② ③ ④ ⑤

문번	답란
16	① ② ③ ④ ⑤
17	① ② ③ ④ ⑤
18	① ② ③ ④ ⑤
19	① ② ③ ④ ⑤
20	① ② ③ ④ ⑤
21	① ② ③ ④ ⑤
22	① ② ③ ④ ⑤
23	① ② ③ ④ ⑤
24	① ② ③ ④ ⑤
25	① ② ③ ④ ⑤
26	① ② ③ ④ ⑤
27	① ② ③ ④ ⑤
28	① ② ③ ④ ⑤
29	① ② ③ ④ ⑤
30	① ② ③ ④ ⑤

문번	답란
31	① ② ③ ④ ⑤
32	① ② ③ ④ ⑤
33	① ② ③ ④ ⑤
34	① ② ③ ④ ⑤
35	① ② ③ ④ ⑤
36	① ② ③ ④ ⑤
37	① ② ③ ④ ⑤
38	① ② ③ ④ ⑤
39	① ② ③ ④ ⑤
40	① ② ③ ④ ⑤

잘라서 활용하세요.

서울교통공사

기출예상문제_연습용

감독관 확인란

성명표기란

수험번호

주민등록 앞자리 (생년제외) 월일

수험생 유의사항

※ 답안은 반드시 컴퓨터용 사인펜을 보기와 같이 바르게 표기해야 합니다.
  〈보기〉① ② ③ ● ⑤

※ 성명표기란 위 칸에는 성명을 한글로 쓰고 아래 칸에는 성명을 정확하게 표기하십시오. (맨 왼쪽 칸부터 성과 이름은 붙여 씁니다)

※ 수험번호/월일 위 칸에는 아라비아 숫자로 쓰고 아래 칸에는 숫자와 일치하게 표기하십시오.

※ 월일은 반드시 본인 주민등록번호의 생년월일을 제외한 월 두 자리, 일 두 자리를 표기하십시오.
  〈예〉 1994년 1월 12일 → 0112

대기업 · 금융

저마다의 일생에는,

특히 그 일생이 동터 오르는 여명기에는

모든 것을 결정짓는 한 순간이 있다.

그 순간을 다시 찾아내는 것은 어렵다.

그것은 다른 수많은 순간들의 퇴적 속에

깊이 묻혀있다.

  - 장 그르니에, 섬 LES ILES